DU SENSATIONNEL

PLACE DE L'ÉVÉNEMENTIEL

DANS LE JOURNALISME DE MASSE

Collection **Logiques sociales**
dirigée par Dominique Desjeux et Bruno Péquignot

Dernières parutions :

Seguin M.-Th., *Pratiques coopératives et mutations sociales*, 1995.
Werrebrouk J.-C., *Déclaration des droits de l'école*, 1995.
Zheng Li-Hua, *Les Chinois de Paris*, 1995.
Waser A.-M., *Sociologie du tennis*, 1995.
Hierle J.-P., *Relations sociales et cultures d'entreprise*, 1995.
Vilbrod A., *Devenir éducateur, une affaire de famille*, 1995.
Courpasson D., *La modernisation bancaire*, 1995.
Aventure J., *Les systèmes de santé des pays industrialisés*, 1995.
Colloque de Cerisy, *Le service public ? La voie moderne*, 1995.
Terrail J.-P., *La dynamique des générations, activités individuelles et changement social (1968-1993)*, 1995.
Semprini A., *L'objet comme et comme action. De la nature et de l'usage des objets dans la vie quotidienne*, 1995.
Zolotareff J.-P., Cercle A. (eds), *Pour une alcoologie plurielle*, 1995.
Griffet J., *Aventures marines, Images et pratiques*, 1995.
Cresson G., Le travail domestique de santé, 1995.
Martin P. (ed.), *Pratiques institutionnelles et théorie des psychoses. Actualité de la psychothérapie institutionelle*, 1995.
D'Houtard A., Taleghani M. (eds.), *Sciences sociales et alcool*, 1995.
Lajarte (de) I., *Anciens villages, nouveaux peintres. De Barbizon à Pont-Aven*, 1995
Walter J., *Directeur de communication. Les avatars d'un modèle professionnel*, 1995.
Borredon A., *Une jeunesse dans la crise. Les nouveaux acteurs lycéens*, 1995.
Guillaume J.-F., Legrand M, Vrancken D, *La sociologie et ses métiers*, 1995.
Deniot J., Dutheil C., *Métamorphoses ouvrières*, Tomes I et II, 1995.
Deniot J., *Ethnologie du décor en milieu ouvrier. Le Bel Ordinaire*, 1995.

Collection ***Logiques sociales***
dirigée par Dominique Desjeux et Bruno Péquignot

Gloria AWAD

DU SENSATIONNEL

PLACE DE L'ÉVÉNEMENTIEL DANS LE JOURNALISME DE MASSE

Editions L'Harmattan
5-7 rue de l'Ecole-Polytechnique
75 005 Paris

ISBN : 2-7384-3944-6

A Pierre

INTRODUCTION

Qu'est-ce qui fait qu'une information est publiée par un journal de masse ? En quoi réside la valeur d'une information ? Est-ce en la « dose » de sensationnel qu'elle contient ? L'information se réduirait-elle finalement à cette « dose » de sensationnel ?

Né de la lecture des journaux de masse, ce questionnement se trouve à l'origine de ce travail. Il s'enracine dans le concept même d'information, dans la mesure où il sous-entend l'inattendu, la surprise. « On appelle information, au sens strict, la quantité d'originalité, d'imprévisibilité qu'apporte un message. »[1]

Par l'expression « journaux de masse », nous désignons les journaux de la grande presse, dont l'expansion est placée sous le signe de la libre entreprise et de la concurrence et qui s'adressent à un public nombreux et diversifié, pouvant être segmenté en plusieurs cibles selon des critères d'âge, de sexe, de profession... ou de consommation. Et par sensationnel tout ce qui peut produire une impression de surprise, d'intérêt ou d'émotion. Autant de caractéristiques qui constituent la valeur d'une information ou « news-value ». A ce titre, « l'information est ce qui perturbe les systèmes rationalisateurs qui s'efforcent de maintenir une relation d'intelligibilité entre l'esprit du récepteur et le monde »[2].

Aussi, nous nous sommes délibérément refusé de limiter notre approche des journaux de masse au cadre restreint du dispositif émetteur-message-récepteur. Il ne s'agit certainement pas de nier l'importance de cette trilogie. Mais ce schéma ne rend compte que de l'aspect technique élémentaire de l'acte de communiquer

---

1 A. MOLES, *Sociodynamique de la culture*, La Haye et Paris, Mouton, 1967, p. 245.

2 E. MORIN, *L'esprit du temps*, Paris, Grasset, 1962, 2 vol., Vol. 2, p. 33.

et non de la communication « ciment de la société »[3]. Il isole l'émetteur et le récepteur de leurs environnements respectifs et les fige dans un vide social hors du temps et de l'espace, dans un modèle de communication mécaniciste[4] et linéaire. Modèle qui a été remis en question par les différentes orientations prises par les recherches en communication.

Ce modèle est né aux Etats-Unis où les premières recherches empiriques sur les médias sont marquées par les recherches en télécommunications. En effet, la Théorie mathématique de l'information a fortement inspiré le schéma mécaniciste de H. Lasswell qui a longtemps dominé les études sur les médias. Selon cette théorie, élaborée en 1945 par C. Shannon et W. Weaver, ingénieurs de la Bell Telephone, et publiée en 1949 dans leur ouvrage intitulé *The Mathematical Theory of Communication*[5], la communication comprend cinq éléments : une source de l'information, un émetteur qui transforme le message en signal, un récepteur qui décode le signal et une destination qui peut être une personne ou un support physique. Ses auteurs se sont d'ailleurs élevés contre l'utilisation de leur théorie pour la communication humaine, estimant que la transposition était non pertinente. Quand au paradigme des effets de Lasswell, il repose sur la question-programme suivante : « qui, dit quoi, par quel canal, à qui, et avec quel effet ? » En répondant à ces questions, on peut, selon l'auteur, décrire « convenablement une action de communication ».

En fait, à l'époque des premières recherches sur les médias, la formule de Lasswell présentait l'avantage de découper le domaine étudié en plusieurs champs. Elle répond par ailleurs à la demande

---

3 N. WIENER, *Cybernetics, or Control and Communication in the Animal and the Machine*, Paris, Hermann, 1948 (trad. fr. : *Cybernétique et société*, Paris, Synoptique, 1972, p. 325).

4 L. SFEZ, *Critique de la communication*, Paris, Seuil, 1988.

5 C. SHANNON et W. WEAVER, *The Mathematical Theory of Communication*, Urbana-Champaign (Ill), University of Illinois Press, 1949 (trad. fr. : *La Théorie mathématique de la communication*, Paris, Retz-CEPL, 1975).

des commanditaires des études sur les médias à l'époque, les détenteurs des pouvoirs politiques et économiques, et qui portait exclusivement sur la mesure des audiences et l'identification de leurs attentes ainsi que sur la maîtrise de la puissance de persuasion supposée des médias. Cela en raison de l'assimilation, par les politiciens américains, de la radio naissante à un instrument de propagande potentiel tout puissant, ce qui les amène à rechercher les moyens de maximiser l'effet persuasif de leurs prestations sur le public. De leur côté, les radios cherchaient à s'attacher un public aussi large que possible, afin de le vendre aux annonceurs. Autant d'éléments qui expliquent la domination du « quoi » et du « à qui » de la formule lasswellienne. Le « quoi » est dénombré au moyen de l'analyse de contenu sans être toutefois rattaché à une société ou à une culture. Le « à qui » est analysé suivant deux formes méthodologiques qui ont dominé les recherches sur les médias à cette époque : l'expérience en laboratoire d'une part et l'enquête par sondage de l'autre. Ainsi, C. Hovland s'applique à étudier in vitro les mécanismes de persuasion et la formation des attitudes chez les soldats américains. Tandis que les enquêtes par sondage prolifèrent.

Dans son ouvrage intitulé *The Effects of Mass Communication*[6], J. T. Klapper dresse le bilan des travaux et recherches sur les médias menés durant les deux décennies précédentes. Dominés par le modèle de Lasswell dit de la « piqûre hypodermique », ces travaux débouchent cependant sur des résultats qui ne vont pas toujours dans le sens du paradigme des effets. Ainsi *The People's Choice*, l'étude réalisée par P. Lazarsfeld, B. Berelson et H. Gaudet pendant la campagne des élections présidentielles américaines en 1940, met en lumière les résistances - avant le terme - aux médias. Relativisant l'influence de la radio, les chercheurs on souligné qu'« il y a de très fortes chances pour que les gens qui travaillent, ou vivent ensemble ou

---

6 J. KLAPPER, *The Effects of Mass Communication*, Glencoe, Free Press, 1955.

encore partagent les mêmes loisirs, votent pour les mêmes candidats »[7]. A la suite d'une nouvelle enquête intitulée *Voting, A Study of Opinion Formation*, et menée en 1948, B. Berelson, P. Lazarsfeld et W. McPhee formulent le concept de l'exposition sélective aux informations, qui postule que les gens s'exposent en priorité aux communications qui s'accordent avec leurs opinions préalables. A cette première contestation du schéma mécaniciste de Lasswell s'ajoute, en 1955, la théorie connue sous le nom de *« two step flow of communication »* qui remet en cause l'efficacité mécanique du modèle linéaire. Elaborée par E. Katz et P. Lazarsfeld à la suite de plusieurs enquêtes réalisées au cours de campagnes électorales, elle propose un schéma de communication à deux étages : dans un premier temps, les messages des médias atteignent d'abord une catégorie d'individus plus influents que d'autres et très socialisés, qualifiés de *« guides d'opinion » (opinion leaders)*. Ces guides, parmi les mieux informés, diffusent par la suite l'information au sein de leur communauté d'appartenance (famille, amis, collègues), baptisée depuis groupe de référence, partiel ou restreint. Ils sont ainsi un relais obligé entre les grands médias et le public. J. Klapper clôture son bilan en structurant cette résistance aux médias en réception sélective, perception sélective et rétention sélective.

La trilogie émetteur-message-récepteur et le schéma béhavioriste stimulus-réponse qui la sous-tend sont ainsi remis en question. Les chercheurs se rendent compte que les effets des médias ne sont plus aussi facilement prévisibles puisqu'ils résultent d'une opération qui met en jeu à la fois un message, une situation, un guide d'opinion et un ou des groupes. W. Schramm souligne que le changement social se produit dans le double jeu de la communication de masse et des communications interpersonnelles. Les chercheurs déplacent alors la problématique en s'interrogeant sur les besoins qui guident les individus dans leur exposition aux médias, les *« uses and*

---

7 F. BALLE, *Médias et Sociétés*, Paris, Montchrestien, 4e édition, 1988, p. 21.

gratifications researchs », et sur les fonctions remplies par les médias auprès de leur public. Déjà en 1948, Lasswell confère aux médias les rôles de *surveillance de l'environnement* par la détection et la transmission des nouvelles, de *cohésion sociale* et de *transmission de l'héritage culturel.* En 1959, Wright ajoute la fonction distractive. En 1973, Katz, Gurevitch et Hass structurent ces fonctions en cinq catégories : les besoins cognitifs, les besoins affectifs, les besoins d'intégration, le contact et l'évasion.

L'approche fonctionnaliste ne remet pas totalement en cause le paradigme des effets, mais elle l'élargit en reconnaissant au récepteur un contre-pouvoir qui lui est propre, balisé par des « besoins », des « attentes », des « utilisations » et des « gratifications ».

Tous ces travaux empiriques ont labouré en long, en large et de travers le champ tout neuf des études sur les médias. Qu'ils portent sur des contenus, des effets, des besoins ou des fonctions, ils s'appliquent toujours à un schéma de communication linéaire où le récepteur peut s'approprier le message mais ne peut avoir une rétroaction sur l'émetteur. C'est la fonction importante qu'introduit la cybernétique dans les recherches sur la communication.

En 1948, le savant américain N. Wiener publie *Cybernetics*[8]. Un an avant la parution de *The Mathematical Theory of Communication*, publiée par C. Shannon, un de ses anciens élèves. Née de la comparaison de la commande et de la communication chez l'animal et la machine, la cybernétique introduit l'importante fonction du feed-back ou rétroaction, généralisant aux domaines de la biologie et de l'organisation sociale les conclusions des mathématiciens et des ingénieurs sur les mécanismes auto-correcteurs, dans un modèle de communication circulaire, que L. Sfez qualifie d'organiciste. Elle a lesté les mots information et communication d'un poids nouveau qu'ils n'avaient pas jusqu'en 1948, date à laquelle

---

8 N. WIENER, op. cit.

N. Wiener commença à les populariser. Wiener a indiqué que cybernétique venait du mot grec « kubernets » qui signifie « pilote » ou « gouvernail »[9]. Ph. Breton souligne que cette famille de racines étymologiques donnera également « gouvernement » comme « forme de pilotage du social »[10]. Fidèle à ses multiples racines étymologiques, la « science du pilote » développe une proposition « épistémologiquement très forte qui pourrait s'énoncer ainsi : le réel peut tout entier s'interpréter en terme d'information et de communication »[11]. Cette affirmation que tout peut s'expliquer en terme de relations implique que tout est à « l'extérieur et qu'il n'y a pas de reste »[12].

Malgré les excès de certains de ses adeptes qui ont estimé que les « machines pensantes » sont appelées à remplacer l'homme, la cybernétique a exercé une forte influence en anthropologie et en sciences humaines. « Niveaux de complexité », « contextes multiples » et « systèmes circulaires »[13] font leur entrée dans les recherches en communication, notamment par la systémique[14], née du croisement de la cybernétique et de la Théorie générale des systèmes[15], mais surtout par l'intermédiaire de G. Bateson[16]

---

9 Y. WINKINS (textes recueillis et présentés par), *La nouvelle communication*, Paris, Seuil, 1981, p. 16.

10 Ph. BRETON, « La cybernétique ou l'émergence de l'idée moderne de communication », in *Cinémaction* n° 63, mars 1992, pp. 41 à 44.

11 Ph. BRETON, *L'utopie de la communication*, Paris, La Découverte, 1992, p. 21.

12 Ibid., p. 22.

13 J. DE ROSNAY, *Le Macroscope. Vers une vision globale*, Paris, Seuil, 1975.

14 La systémique envisage les éléments d'une conformation complexe, les faits (notamment les faits économiques), non pas isolément mais globalement, en tant que parties intégrantes d'un ensemble dont les différents composants sont dans une relation de dépendance réciproque.

15 L. VON BERTALANFFY, *General System Theory*, New York, Braziller, 1968 (trad. fr. : *Théorie générale des systèmes*, Paris, Dunod, 1973).

16 G. BATESON, *Steps to an Ecology of Mind*, San Fransisco, Chandler, 1972 (tr. fr. : *Vers une écologie de l'esprit*, Paris, Seuil, t. I 1977, t. II

et l'école psychiatrique de Palo Alto qui proposent une nouvelle « logique de la communication »[17]. Ce nouveau modèle de la communication « n'est pas fondé sur l'image du télégraphe ou du ping-pong - un émetteur envoie un message à un récepteur qui devient à son tour un émetteur, etc. - mais sur la métaphore de l'orchestre »[18] où chacun ajoute sa note à la partition qui se joue. Il s'intéresse autant au contenu d'un message qu'à son contexte, qui n'est ni un environnement ni un milieu, mais « un ici et maintenant ethnographique vérifié... un lieu d'activité et un temps d'activité, d'actions et de règles de signification de celle-ci - qui sont elles-mêmes de l'activité »[19].

Formulées pour l'étude de la communication interpersonnelle, ou pour l'analyse des systèmes, ces thèses étendent progressivement leur spectre au discours médiatique et aux multiples aspects de la communication. Au point que les sociétés occidentales industrielles sont désormais baptisées sociétés de communication et de médiatisation où le lien social consiste à réagir à une réaction. Les médias seraient dans ce contexte les outils permettant au citoyen de ces sociétés de réagir de façon appropriée aux réactions qui l'entourent[20].

Il nous semble évident qu'un phénomène, quel qu'il soit, ne peut être étudié en dehors de son contexte, de son environnement écologique. Comme le souligne R. Birdwhistell à propos de la communication interpersonnelle, « les gens qui tirent les poissons hors de l'eau pour voir comment ils nagent fournissent des paradigmes de recherche pour ceux qui essaient d'étudier la communication en observant des sujets qui se trémoussent, font

---

1980), et *Mind an Nature. A Necessary Unity*, New York, Dutton, 1979 (trad. fr. : *La nature et la pensée*, Paris, Seuil, 1984).

17 P. WATZLAWICK / J. BEAVIN, *Une logique de la communication*, Paris, Seuil, 1972.

18 Y. WINKIN, op. cit., p. 7.

19 Ibid, p. 293.

20 Ph. BRETON, op. cit., pp. 51-52.

des grimaces ou remuent les orteils »[21]. Les médias ne sauraient être étudiés comme des phénomènes en soi, placés dans une sorte de vide social, mais comme appartenant à un système industriel qui les façonne et dont ils constituent l'élément central contribuant à le refléter, à le consolider et à le développer en produisant du sens.

M. Mc Luhan[22], le prophète canadien de l'ère électronique, est le premier à tisser, quoique avec ses intuitions, un lien entre les médias et la société. Il affirme non seulement que le médium est le message, mais que c'est aussi un véritable massage, « en ce sens qu'il pétrit littéralement, pénètre à saturation, modèle et transforme nos activités sensorielles dont il restructure l'équilibre »[23]. Le sociologue canadien, dont les théories ont eu un grand succès, rappelle qu'un même message peut avoir des effets très différents selon le média qui en assure la transmission. Il souligne ce faisant que les médias ne sont pas des moyens de communication neutres et qu'ils déterminent des modes de penser, d'agir et de sentir la société. C'est d'ailleurs en fonction de leurs moyens de communication qu'il analyse les sociétés, s'inspirant de l'ouvrage de D. Riesman, *La foule solitaire*[24].

---

21 « Entretien avec Ray Birdwhistell », in Y. WINKIN, op. cit., pp. 296-297.

22 M. Mc LUHAN, *Pour comprendre les médias*, Paris, Mame/Seuil, 1977 et *La galaxie Gutenberg*, Paris, Gallimard, 1977.

23 M. Mc LUHAN, *La galaxie Gutenberg*, op. cit., p. 32.

24 D. RIESMAN, *Anatomie de la société moderne. La foule solitaire*, Paris, Arthaud, 1964. L'auteur structure la vie sociale en trois âges, auxquels correspondent trois types d'humanité, fortement déterminés par les modes de communication. L'homme est extrodéterminé au cours du premier âge, où la civilisation est archaïque et communautaire et où la communication, orale, passe par la légende. Il est introdéterminé pendant le deuxième âge, celui de l'avènement de l'écriture et de l'imprimé qui véhiculent à distance des modèles culturels qui ne sont pas forcément ceux de la communauté d'appartenance. Enfin, l'homme redevient extrodéterminé avec le troisième âge où domine la communication de masse et où d'autres groupes, de contemporains et d'amis, retrouvent leur dominance.

Ainsi, il décompose la vie sociale en trois stades. Le premier est celui de « la vie tribale », dominée par l'oreille. Le second, « l'ère scribale », apparaît avec l'imprimerie, prolongement de l'oeil. Et le troisième est la « galaxie Marconi », née de l'audiovisuel, qui remplace la « galaxie Gutenberg » et institue un nouveau tribalisme oral, dans un village désormais planétaire. En fait, ce que Mc Luhan explique ainsi, c'est le changement social, « sous le double aspect de ses agents et de ses modalités »[25].

Cette industrie du sens constitue un système. Les fondateurs de l'Ecole de Francfort le soulignaient déjà dès les années trente. En effet, l'Ecole de Francfort est la première à développer une recherche investigatrice reposant sur des fondements conceptuels solides, balisés par la Théorie critique nourrie par deux affluents : le marxisme et la psychanalyse. M. Adorno et Th. Horkheimer inventent le concept d'« industrie culturelle » à propos des médias et affirment pour la première fois que « le film, la radio et les médias font système », dans leur célèbre article intitulé « La production industrielle des biens culturels. Raison et mystification des masses »[26]. Ecrit entre 1942 et 1944 aux Etats-Unis, où se sont réfugiés ses auteurs fuyant le nazisme, publié à Amsterdam en allemand en 1947 et vite épuisé, réédité officiellement à Francfort en 1969, ce texte ne sera publié en français qu'en 1974. Les deux auteurs y affirment également que l'industrie culturelle exerce son pouvoir par l'amusement, en procurant du plaisir. Et, enfin, que ce pouvoir vise à produire un état mental : « Marquer les sens des hommes à la sortie de l'usine, le soir, jusqu'à leur arrivée à l'horloge de pointage, le lendemain matin, du sceau du travail à la chaîne qu'ils doivent assurer eux-mêmes durant la journée. »[27] Soit « une barbarie stylisée » dans une « société totalement administrée ». L'« homme

---

25 F. BALLE, op. cit., p. 32.

26 M. HORKEIMER, Th. W. ADORNO, « La production industrielle des biens culturels. Raison et mystification des masses », in *La dialectique de la raison*, Paris, Tel-Gallimard, 1983, pp. 129-176.

27 Ibid.

unidimensionnel » de H. Marcuse[28] complètera le tableau par la suite. Dans cette première « articulation des médias à la production et à la société »[29], les médias sont tout puissants, leur public est totalement passif, et leur action perçue selon un modèle linéaire, mécaniciste, pratiquement identique à celui de la Théorie mathématique de la communication. Un modèle que récuse le philosophe J. Habermas, qui se rattache cependant à l'Ecole de Francfort, tant dans l'histoire qu'il propose de la communication politique au sens large à travers son analyse de la transformation de la sphère publique[30], que dans sa vaste théorie de l'« agir communicationnel » [31]. La conception habermassienne de l'espace public l'est en termes de « normes historique et sociologique à une étude philosophique des conditions de communication qui sont censées garantir l'exercice effectif de la raison discursive »[32]. La sphère publique est ainsi présentée à la fois comme une sphère publique politique et comme une sphère publique bourgeoise. Elle constitue un espace de discussion caractérisé par l'exercice critique de la raison où est censée valoir, seule, la force du meilleur argument, dans une situation idéale de parole. Mais cette discussion n'admet que ceux qui possèdent une culture leur permettant de faire un usage public de la raison. Le peuple plébéien en est donc exclu au départ et n'y participe que par des « représentants éclairés ». Ainsi conçue, la sphère publique assure la médiation entre l'Etat et la société. Cette médiation est remise en cause lorsque des non-bourgeois pénètrent dans la sphère publique, pervertissant ainsi l'exercice de la « publicité ». Celle-ci, au départ caractérisée par l'exercice

---

28 H. MARCUSE, *L'homme unidimensionnel*, Paris, Minuit, 1968.

29 X. DELCOURT, « Les Etats-Unis, socle historique... », in *Cinémacton*, op. cit., pp. 33-39.

30 J. HABERMAS, *L'espace public. Archéologie de la publicité comme dimension constitutive de la société bourgeoise*, Paris, Payot, 1978.

31 J. HABERMAS, *Théorie de l'agir communicationnel*, Paris, Fayard, 1987, 2 vol.

32 R. BAUTIER, « Habermas et le champs de la communication », in *Cinémaction*, op. cit., pp. 87-92.

de la raison, se transforme en manipulation, en publicité pensée de haut, par des promoteurs en quête de l'assentiment d'un public « vassalisé ». Le prêt-à-consommer médiatique est ainsi analysé comme instrument de réduction de la capacité de faire un usage critique de la raison.[33]

La situation idéale de parole autour de laquelle s'articule la conception de l'espace public constitue également la charnière de la Théorie de l'agir communicationnel où l'auteur rejette toutefois le schéma d'une communication à sens unique. Pour cela, il propose une démarche en deux temps : aller d'une conception téléologique de l'action vers les concepts d'action communicative et de Lebenswelt ou « vécu du monde », et joindre ce vécu du monde à la Théorie des systèmes[34]. Il resitue ainsi la communication médiatique dans un cadre discursif intersubjectif et souligne que les médias, ces formes généralisées de la communication, ne remplacent pas l'intercompréhension langagière.

Nous reprochons aux Francfortois d'avoir ancré leur conception dans un discours monologique à sens unique : les médias tout puissants officieraient selon eux dans une société amorphe et inerte, qui serait modelée ainsi par une minorité agissante. D'ailleurs, Habermas estime que le modèle francfortois conduit à des « simplifications hyperschématiques » qui ne tiennent compte ni de l'ambivalence de ce système, susceptible il est vrai de renforcer l'ordre établi, mais dont l'autorité est précarisée tant par les valeurs diverses des différents émetteurs que par l'appropriation du message par le destinataire qui risque de détourner l'action manipulatrice. Toutefois, la situation idéale de parole, basée sur le consensus où chacun des actants abandonne ses propres intérêts, et qui structure la théorie habermassienne de l'agir communicationnel, nous paraît utopique. Comme l'indique E. Goffman, « ce genre d'harmonie

---

33 G. LIPOVETSKY, *L'empire de l'éphémère*, Paris, Gallimard, 1987, p. 18.

34 L. SFEZ, op. cit., p. 152.

est un idéal optimiste et, en tout état de cause, il n'est pas indispensable au bon fonctionnement de la société »[35]. De même, il nous paraît difficile sinon idéaliste de dissocier communication rationnelle et communication stratégique, notamment dans l'espace public qui, dans les agoras de la Grèce antique, a donné naissance à la rhétorique ou l'art de convaincre, et, dans la sphère publique bourgeoise, a introduit la séduction, pervertissant ainsi, selon Habermas, le principe de publicité.

Toutefois, nous adhérons à la conception habermassienne de la genèse et de l'évolution de la sphère publique essentiellement politique vers la sphère privée qui englobe le social dans son ensemble, sans cependant partager sa surévaluation de l'espace public bourgeois ancien. Cette sphère constitue le point d'ancrage du journal moderne, toujours pourvoyeur d'opinions mais aussi producteur de sens, qui prend le relais de la parole divine, pour informer, mettre en forme le social, dans un monde déjà en voie de désacralisation. C'est dans ces creusets lointains qu'on trouve déjà les racines profondes du néoarchaïsme morénien.

Bien entendu, la seule évolution historique ne peut rendre compte du journal de masse moderne et des médias dans leur complexité actuelle. Pour comprendre un journal, il faut croiser cette dimension historique verticale avec une autre dimension horizontale qui est sa place dans le circuit social, son contexte. Le contexte étant « un ici et maintenant ethnographique vérifié. Ce n'est pas un environnement, ce n'est pas un milieu. C'est un lieu d'activité et un temps d'activité ; d'activité et des règles de signification de celle-ci - qui sont elles-mêmes de l'activité »[36]. En d'autres termes, le contexte du journal de masse c'est, non seulement la société industrielle dans son ensemble, mais aussi, à titre d'exemple, ses contraintes en tant qu'entreprise marchande, les attentes de son lectorat telles que les perçoivent ses services marketing, son rapport aux sources qui l'alimentent, aux

---

35 E. GOFFMAN, *La mise en scène de la vie quotidienne*, Paris, Minuit, 1973, vol. 1, p. 18.

36 « Entretien avec Ray Birdwhistell », in Y. WINKIN, op. cit, p. 293.

politiques de communication ou de secret qui l'enserrent et aux ouvriers du Livre qui le fabriquent.

En France, le sociologue J. Stoetzel est un des premiers à souligner que la presse est une institution sociale, un trait culturel intégré à un certain type de civilisation, qui s'est développé dans le temps, qui a une histoire, qui s'est diffusé et qui exerce certaines fonctions[37]. Les fonctions annexes qu'elle assume en plus de celle, centrale, de l'information sont au nombre de trois.

1. La presse est un instrument d'appartenance sociale remarquablement adapté à la société de masse puisqu'elle favorise la participation de l'individu lecteur à la vie des groupes, notamment le groupe national, et permet l'identification de chaque sujet lecteur au public tout entier.

2. La fonction récréative de la presse est due au fait que la lecture du journal est une activité de loisir et qu'une bonne part « d'attitude de jeu entre dans le comportement du lecteur et du journal »[38].

3. La fonction psychothérapique de la presse découle de sa fonction récréative : « la distraction amène un repos, une détente, voire une « purgation » des tensions inexprimées »[39]. En publiant des photos des personnalités de premier plan comme des coupables, en dénonçant les scandales, la presse permet à son public d'établir des « relations primaires » d'amour ou de haine et donne satisfaction au besoin de protester de ses lecteurs.

Cette fonction psychothérapique se trouve au centre de la culture de masse telle que la définit E. Morin dans son ouvrage *L'esprit du temps*[40], à savoir comme un système propre et comme un système en relation, formé et modifié par le système social et

---

37 J. STOETZEL, « Fonctions de la presse : à côté de l'information », in F. BALLE, J.G. PADIOLEAU, *Sociologie de l'information.Textes fondamentaux*, Paris, Larousse, 1973,pp. 227-283.

38 Ibid., p. 281.

39 Ibid., p. 281.

40 E. MORIN, *L'esprit du temps*, op. cit.

l'histoire[41]. La culture de masse morénienne irrigue « la vie réelle d'imaginaire et l'imaginaire de vie réelle » par l'intermédiaire des nouveaux Olympiens, ces mythes de femme-enfant, de femme-objet, de séducteur ou de casse-cou..., que les médias vont chercher dans l'imaginaire collectif et qu'ils transforment en « patterns », en modèles culturels, proposés à la mimésis et à la catharsis collectives au moyen des processus psychanalytiques de projection-identification-transfert. Parti de l'économique, le système morénien s'articule et se ramifie jusqu'au psychologique, et même au psychoaffectif, dégageant ainsi « l'esprit du temps ».

J. Cazeneuve[42] va plus loin, indiquant que cette nouvelle mythologie sécrétée par les médias fait partie d'une fonction globale qu'assument les moyens de communication de masse. Dans la société moderne désacralisée, c'est aux médias de combler le vide laissé par ce que M. Weber appelait la désacralisation du social ou le désenchantement du monde. Ce qu'ils font par la transmutation du réel en spectacle.

A. Moles propose une approche différente tant des mass media que de la culture. S'appuyant sur la théorie cybernétique, il entreprend, dans son ouvrage *Sociodynamique de la culture*[43], une grande systématisation unificatrice des deux champs. Ainsi, Moles conçoit la culture comme « cycle socioculturel » sur un circuit dont les médias constituent désormais l'élément moteur, ils sont en ce sens « le système qui systématise la culture ». Le circuit étant fermé, il n'y a pas de départ : la culture est ainsi un nombre infini d'éléments, les « culturèmes », qui prennent forme à partir d'un micro-milieu créateur, sont transformés en produits culturels par les mass media et arrivent à un macro-milieu consommateur où sont immergés les créateurs qui réagissent à

---

41 E. MORIN, « Nouveaux courants dans l'étude des communications de masse », in. F. BALLE et J.G. PADIOLEAU, op. cit.,pp. 97-122.

42 J. CAZENEUVE, *La société de l'ubiquité. Communication et diffusion*, Paris, Denoël/Gonthier, 1972.

43 A. MOLES, *Sociodynamique de la culture*, op. cit.

cette culture de masse en réinventant des culturèmes. Moles définit la culture moderne en étendue, c'est la culture mosaïque, au caractère semi-aléatoire car livrée en vrac par les médias.

Ainsi, au contexte de l'émetteur correspond un contexte du récepteur. Aussi adopterons-nous la définition que la sémiologie donne du destinateur et du destinataire, notions qu'elle substitue à celles, mécanicistes, d'émetteur et de récepteur, et qu'elle définit l'un et l'autre comme « un sujet doué d'une compétence et saisi à un moment quelconque de son devenir »[44]. Cette approche restitue à chacune des deux instances de la communication à la fois un pouvoir et une histoire[45].

De même, nous adhérons au concept sémiologique de l'immanence du message, contenant et contenu, discours structurant un champ de significations essentielles à la communication, portant les marques de son destinateur et construisant son destinataire. B. Berelson, l'initiateur de l'analyse de contenu, la définit comme une « technique de recherche pour la description objective, systématique et quantitative du contenu manifeste de la communication »[46]. L'analyse de contenu a pris son essor aux Etats-Unis, au début du siècle, avec les premières études empiriques des médias. Son objet était alors essentiellement constitué de journaux et elle tirait sa rigueur scientifique de la mesure et de la quantification consistant à recenser des mots, images ou thèmes et les classer sur la base statistique. Le caractère systématique invoqué ne se réfère donc pas à un système. Celui-ci sera progressivement ébauché avec le croisement salutaire du quantitatif et du qualitatif, notamment avec l'utilisation de l'ordinateur. Ce qui dissipe la confusion entre objectivité ou scientificité et minutie fréquentielle et amène

---

44 A.J. GREIMAS et J. COURTES, *Sémiotique, dictionnaire raisonné de la théorie du langage*, Paris, Hachette Université, 1979,pp. 121 et 306.

45 J. MAUDUIT, *Du rôle de la presse dans la féminisation de la société française*, thèse d'Etat, 1985, p. 294.

46 B. BERELSON, *Content Analysis in Communication Research*, New York , III. Univ. Press, 1952, Hafber Publ. Co., 1971, p. 489.

l'analyse de contenu à abandonner sa portée uniquement descriptive pour aborder *l'inférence* qui permet, à partir des résultats d'analyse, de remonter aux causes, voire de descendre aux effets, des caractéristiques de communication[47]. Cette tendance sera davantage confirmée avec *l'apport de la linguistique (Saussure et Jacobson), de la sémiologie (Barthes) et de l'anthropologie structurale (Levi-Strauss)*. Ce que Morin appelle le « front commun linguistico-séméiologico-structural »[48] (les trois démarches se retrouvant confondues dès qu'il s'agit de messages exprimés par le langage), qui pose une méthodologie différente dans son approche du message. L'analyse linguistico-sémiologico-structurale est immanente, elle ne cherche rien hors du message lui-même, mais elle pose que celui-ci, qu'il soit texte ou image, est à la fois contenant et contenu, c'est un discours qui a sa propre organisation qu'il faut mettre à jour. Cette mise à jour s'effectue d'abord par la recherche de l'unité de base irréductible qui entrera dans les combinaisons porteuses de sens ; ensuite en établissant un cadre commun aux deux niveaux d'un message, le contenu et la forme, où le style (ou la forme) est le niveau d'intégration du contenu à l'intérieur du code dont il relève ; et enfin en s'imposant de prendre en considération tout ce qui a une signification dans une communication, c'est-à-dire tout ce qui ne peut être changé sans que la communication change[49]. Cette pensée réintroduit ainsi les communications de masse dans la science exacte tout en les laissant ouvertes à la communication et à la culture.

Cette approche nous paraît indiquée pour rendre compte de la rencontre des deux actants de la communication et saisir le discours imprimé du journal de masse. Ce discours est à la fois typographique et topographique, balisé par des rubriques, des

---

47 L. BARDIN, *L'analyse de contenu*, Paris, PUF, 1977,pp. 21-22.

48 E. MORIN, « Nouveaux courants dans l'étude des communications de masse », in F. BALLE et J.G. PADIOLEAU, op. cit., p. 115.

49 O. BURGELIN, « Structural Analysis on Mass-Communications », in F. BALLE et J.G. PADIOLEAU, op. cit., p. 116.

titres, des filets[50] et... des photos. Cependant, nous estimons indispensable de croiser cette approche avec une analyse morphologique, démarche qui, seule, peut rendre compte du facteur « espace », assise de base d'un journal. Comme son nom l'indique, cette démarche, mise au point par le fondateur de l'Institut Français de Presse, J. Kayser[51], vise à dégager la charpente du journal en le décomposant en chacun de ses éléments constitutifs, afin de mesurer le rapport interne entre ses différentes parties et pouvoir établir ainsi une première comparaison entre les différents journaux étudiés.

Cette rencontre entre destinateur et destinataire d'un journal est placée sous le signe du marché. Le produit de presse est un produit industriel qui, même s'il présente une spécificité qui lui est propre, obéit à la caractéristique essentielle de la norme industrielle, la production en série. « Les contraintes de cette production sérielle, conduisant à la nécessité de diffuser auprès du plus large public possible un produit générateur de profit, débouchent sur l'impératif de rationalisation des procédures créatives. »[52] Ces opérations de façonnage liées à la série s'exercent aussi bien sur la forme, notamment avec la mise en page, que sur le fond, avec le réécriture d'un contenu plus ou moins stéréotypé pour l'ajuster aux attentes d'un public plus ou moins large. Les attentes du public sont définies par le marketing, c'est-à-dire par une technique d'influence de l'offre sur la demande - celle-ci n'étant prise en compte que pour permettre à l'offre de se réassurer. Tirant les enseignements d'une longue expérience dans le marketing de presse, J. Mauduit indique que la rencontre, telle qu'elle a lieu en matière de presse en particulier et de médias en général, d'un type d'offre et d'un type de demande est une transaction dont les partenaires ne se rencontrent qu'abstraitement, et pour finir à l'initiative d'un seul.

---

50 Dans le langage graphique, le filet est un trait d'épaisseur variable, utilisé pour séparer ou encadrer des textes, des illustrations.

51 J. KAYSER, *Le quotidien français*, Paris, A. Colin, 1963.

52 J. MAUDUIT, « Normalité et singularité du produit de presse », in *Revue française du marketing*, novembre-décembre 1983,pp. 5-16.

Il en conclut l'altérité fondamentale du destinateur et du destinataire, même s'il y a réciprocité de la manipulation. « Ce ne sont ni les mêmes bénéfices auxquels aspirent destinateurs et destinataires, ni la même façon de les évaluer qu'ils mettent en oeuvre, ni la même perception qu'ils ont du message qui leur sert théoriquement d'objet transactionnel. »[53] Conception à laquelle nous adhérons, car c'est dans cette altérité et dans cette manipulation réciproque que se trouvent les fondements du système événementiel du journalisme de masse dont l'objectif est d'assurer la rencontre entre destinateur et destinataire au moyen du journal.

La problématique de cette recherche est donc qu'il existe un système événementiel qui est la clé du journalisme de masse et dont le sensationnalisme est l'élément moteur.

Pris dans son sens diffus, confus même, le concept de sensationnalisme renvoie systématiquement à la rubrique de faits divers, de people ou de terrorisme. Il évoque les nouvelles à sensation, que les « canardiers », ces journalistes du XIXe siècle, développaient déjà abondamment dans leurs « canards », et où le sang coulait à flot, les criminels étaient monstrueux et les victimes de rang élevé.[54]

Mais le concept de sensationnalisme devient plus précis lorsqu'on apprend, tant dans les écoles de journalisme que dans la pratique de cette profession, que la nouvelle dans son essence même est sensationnelle. En effet, la notion de nouvelle est enseignée dans les écoles de journalisme par ce biais connu, emprunté au journalisme américain : si un chien mord un homme, ce n'est pas une nouvelle. Mais si un homme mord un chien, alors dans ce cas, oui, c'en est une.

Pour nous, la nouvelle est une mise en forme de l'événement. En tant que telle, elle est synonyme de l'information-unité-de-

---

53 J. MAUDUIT, *Du rôle de la presse dans la féminisation de la société française*, op. cit., p. 360.

54 J.P. SEGUIN, *Nouvelles à sensation. Canards du XIXe siècle*, Paris, Armand Colin, 1959, p. 45.

base et cellule constituante élémentaire de l'information-flux, qui est une fonction permanente des médias.

Nous émettons l'hypothèse que l'information-unité-de-base entretient avec l'événement une relation dynamique que nous articulons en nous inspirant de celle que le linguiste danois L. Hjelmslev a élaborée entre le signifiant et le signifié[55]. L'information est ainsi la forme d'une substance, l'événement, et d'un contenu, le sensationnel, chacune de ces composantes ayant sa forme et sa matière. La dynamique qui relie ces trois éléments se trouve à la base du système événementiel du journalisme de masse et revêt l'aspect cyclique suivant :

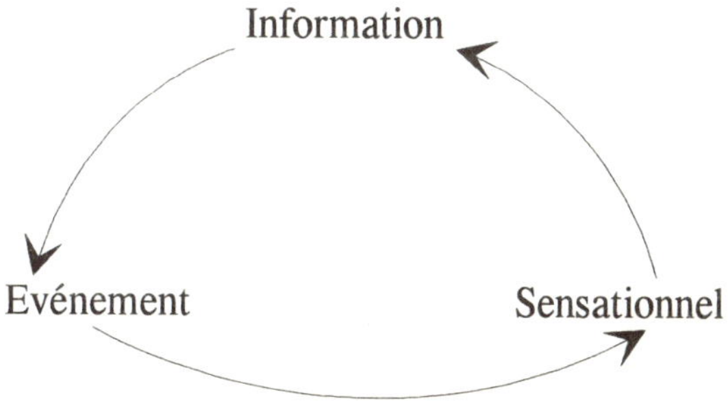

Schéma n° 1 : la dynamique cyclique du système événementiel du journalisme de masse

L'événement lui-même est déjà pris dans un jeu, dans une pâte d'ingrédients préétablis : ce que le journal retient comme événements est infime par rapport à ce que les correspondants et les agenciers ont amassé un peu partout dans le monde et à ce qui lui a été communiqué par ses différentes sources. Ce qui s'explique par l'existence, au départ, d'un sensationnalisme diffus qui est un vaste conditionnement résultant des rapports d'interdépendance entre le journal et les différentes instances composant son environnement.

C'est ainsi que l'événement finit par être un cadre mental. Et que l'événementiel peut être défini comme une manière de prélever et de catégoriser dans le flux de la vie, des textes et des

55 L. HJELMSLEV, *Le Langage*, Paris, Minuit, 1966, et *Prolégomènes à une théorie du langage*, Paris, Minuit, 1968.

discours, puisque les journalistes travaillent presque toujours sur des textes, des discours et des images, et rarement sur un fait brut. Paradoxalement, les catégories ainsi établies sont destinées à exclure tout le reste.

Intégré au système événementiel du journalisme de masse, le concept de sensationnalisme devient plus précis : c'est un prélèvement de deuxième niveau qui dramatise l'événement et le spectacularise. Après le prélèvement de premier niveau portant sur le signifié, le sensationnalisme constitue un prélèvement de second niveau portant sur le signifiant. Il confère une connotation, un coefficient de dramatisation à l'événementiel et le spectacularise. Ce qui fait dire qu'« il existe comme une pulsion de l'événement brut, de l'information objective, des faits et des pensées les plus secrètes de se commuer en spectacle »[56].

Nourrie par une approche interdisciplinaire des médias, de l'approche fonctionnaliste, la cybernétique, la sémiologie et la linguistique, cette problématique constitue le fondement de notre travail de recherche dont l'objectif est de dégager l'architecture du système événementiel du journalisme de masse. Pour la valider ou l'infirmer, nous entreprenons une étude du système d'offre et du système d'attente essentiellement à travers une analyse qualitative et quantitative du produit presse. Celui-ci porte les traces des conditions sociales de sa production ainsi que les marques permettant l'embrayage de ce produit dans « une situation de pouvoir, dans un réseau de rapports sociaux déterminés »[57]. Le système d'offre fait partie d'un ensemble, la société industrielle, et il est soumis dans ce cadre à l'économie de marché. Le système d'attente s'inscrit dans le même contexte où l'information est un produit de grande consommation et où chaque produit construit son consommateur tout en portant l'empreinte de l'attente présupposée de ce même consommateur.

---

56 J. BAUDRILLARD, *Les stratégies fatales*, Paris, Grasset, 1983, p. 264.

57 E. VERON, « Sémiosis de l'idéologie et du pouvoir », in *Communications* n° 28, 1978, pp. 7-20.

Notre travail d'analyse porte sur un corpus qui restreint le champ d'étude au journalisme écrit de masse. Nous pensons en effet posséder des méthodes d'analyses suffisamment éprouvées pour décortiquer le discours imprimé du journalisme de masse.

Le corpus étudié se compose de 85 numéros répartis entre trois quotidiens nationaux : *Le Figaro*, *Libération* et *Le Monde* ; un ex-quotidien national qui s'est repositionné en quotidien régional : *Le Parisien* ; deux quotidiens régionaux : *Ouest-France* et *La Voix du Nord* ; trois magazines d'information générale dont deux newsmagazines, *L'Express* et *Le Nouvel Observateur*, et un magazine illustré, *Paris-Match*.

Le choix de ces titres est raisonné : les quotidiens nationaux et régionaux, les magazines d'information générale constituent les genres du journalisme de masse dans son discours imprimé.

De plus, en matière de diffusion, les huit titres occupent les premières places dans leurs genres respectifs. Ainsi, *Le Figaro*, *Libération* et *Le Monde* se placent au premier rang de la presse quotidienne nationale française avec, respectivement, une diffusion totale de 428.736, 180.045 et 381.558 exemplaires[58].

---

58 Source OJD 1989.

Les titres du corpus

Le Figaro	26.08.86	16.09.86		
	06.11.89	09.11.89	11.11.89	
	19.12.89	22.12.89	25.12.89	28.12.89
	22.03.90	24.03.90	28.03.90	
Le Monde	26.08.86	16.09.86		
	07.11.89	10.11.89	12.11.89	
		23.12.89	26.12.89	29.12.89
	23.03.90	25.03.90	29.03.90	
Libération	26.08.86	16.09.86		
	06.11.89	09.11.89	11.11.89	
	19.12.89	22.12.89	25.12.89	28.12.89
	22.03.90	24.03.90	28.03.90	
Le Parisien	06.11.89	09.11.89	11.11.89	
	19.12.89	22.12.89	25.12.89	28.12.89
	22.03.90	24.03.90	28.03.90	
Ouest-France	06.11.89	09.11.89	10.11.89	
	19.12.89	22.12.89	23.12.89	28.12.89
	22.03.90	24.03.90	28.03.90	
La Voix du nord	05.11.89	09.11.89	12.11.89	
	19.12.89	22.12.89	25.12.89	28.12.89
	22.03.90	25.03.90	28.03.90	
L'Express	10.11.89	17.11.89		
	22.12.89	29.12.89		
	22.03.90	30.03.90		
Le Nouvel Observateur	09.11.89	16.11.89		
	21.12.89	28.12.89		
	22.03.90	29.03.90		
Paris-Match	05.09.86	19.09.86		
	09.11.89	16.11.89		
	21.12.89	28.12.89		
	22.03.90	29.03.90		

Tableau n° 1

Premier quotidien de la région parisienne, *Le Parisien* réalise une diffusion de 405.262 exemplaires. Avec une diffusion totale de 786.525 exemplaires, *Ouest-France* enregistre le plus beau score de la presse quotidienne régionale. Deuxième dans le hit-parade régional en 1988, *La Voix du Nord* retourne à la troisième place avec 372.172 exemplaires en 1989, se laissant dépasser par *Sud-Ouest*, alors que nous avions intégré ce titre à notre corpus précisément pour sa position de « vice-leader ». *L'Express* (579.858 exemplaires) vient en tête des newsmagazines. Il est suivi par *Le Nouvel Observateur* (403.328 exemplaires). Quant à *Paris-Match*, seul magazine illustré en France, il réalise un score de 875.392 exemplaires, soit l'équivalent de la diffusion des deux premiers newsmagazines. Et il accorde une place privilégiée à l'image : « Le poids des mots, le choc des photos » est son slogan publicitaire.

La diffusion des titres du corpus

Titre	Diffusion payée France			Diffusion totale payée			Diffusion totale
	1989	1988	Evolution	Abon./DTP	Ventes au numéro	Total	
Le Figaro	394 248	400 172	-1,4 %	17,0%	339 044	408 643	428 736
Le Monde	316 220	311 416	1,5 %	22,1%	289 156	371 620	381 558
Libération	166 628	180 704	-7,7 %	4,4 %	169 767	177 723	180 045
Le Parisien	395 593	373 530	5,9 %	12,8%	345 997	397 081	405 262
Ouest-France	765 843	745 383	2,7 %	22,0%	597 318	766 055	786 525
La Voix du Nord	347 947	355 499	-2,1 %	4,8%	331 202	348 224	372 172
L'Express	409 512	407 963	0,3 %	71,9%	159 113	566 688	579 858
Le Nouvel Observateur	365 121	330 182	10,5%	70,5%	116 696	396 418	403 328
Paris-Match	632 533	647 486	-2,3 %	16,1%	716 335	857 517	875 392

Source OJD 1989

Tableau n° 2

Trois périodes-événements sont étudiées : la chute du Mur de Berlin et les événements de Roumanie en novembre-décembre 1989, les attentats terroristes à Paris en septembre 1986 et une semaine d'« événements ordinaires » en mars 1990. Donc un événement par définition : la révolution ; du sensationnalisme par définition : le terrorisme ; et des événements ordinaires pris au hasard de la normalité du journalisme de masse.

La révolution, car elle constitue l'événement dans sa plénitude. L'événement étant non pas ce qui arrive mais ce qui arrive d'exceptionnel, d'imprévu, de rare, avec une implication du plus grand nombre. Une implication aussi forte pour l'individu que pour le groupe social. Autant de caractéristiques qui s'appliquent à la révolution survenue en Europe de l'Est en novembre et décembre 1989, prise dans son instantanéité médiatique événementielle.

Le terrorisme en raison d'un constat : il existe, dans notre monde moderne, un couple dialectique médias-terrorisme. D'un côté, les médias constituent le principal objectif de l'action terroriste. Et de l'autre, le terrorisme incarne le piège auquel les médias sont accusés de se laisser toujours prendre.

La normalité de l'information pour voir si les périodes de révolution ou de terrorisme médiatiques sont aussi anormales qu'elles le paraissent au premier abord. Et si les informations des temps ordinaires sont moins chargées d'événementiel et de sensationnel que celles des temps médiatiques de la révolution et du terrorisme.

Notre approche du discours imprimé du journalisme de masse est structurée par ces trois périodes-événements. Chacune d'entre elles correspond en effet à une phase de notre démarche analytique, dans laquelle nous accordons autant d'importance à la théorie qu'à la pratique, et à un temps du système événementiel du journalisme de masse.

L'événementiel, qui constitue la première catégorisation effectuée par le journal dans l'information-flux, est analysé dans son fonctionnement et ses modalités dans la première partie de notre travail. Avec cette première catégorisation, le journal hiérarchise et structure son attente d'événement, conditionnée tant par son contexte et son histoire que par le contrat de lecture qu'il établit avec son destinataire. Comme l'ont montré la cybernétique et l'école de Palo Alto, « un phénomène demeure incompréhensible tant que le champ d'observation n'est pas suffisamment large pour qu'y soit inclus le contexte dans lequel ledit phénomène se produit »[59]. Aussi effectuerons-nous un exposé récapitulatif de l'évolution du journal de masse, depuis sa naissance à l'époque moderne, et une « biographie » des titres

---

59 P. WATZLAWICK, J. BEAVIN, op. cit., p. 15.

étudiés avant d'aborder la partie pratique de l'analyse. Celle-ci se propose de saisir le discours imprimé dans son ensemble à travers ses différentes composantes : l'espace, au moyen de l'analyse morphologique qui permet de dégager la charpente d'un journal ; la titraille et l'iconographique, qui balisent le discours imprimé dont ils constituent les parties « en relief », au moyen d'une analyse sémiologique ; et l'énonciation de l'événement ou son annonce proclamatoire par le journal, au moyen d'une analyse sémiologique du sous-sol qualificatif des articles étudiés. L'objectif étant de valider ou d'infirmer l'hypothèse de l'événement comme cadre mental et objet de cette première catégorisation, tout en dégageant les ressorts essentiels éventuels de celle-ci.

Le sensationnel et la normalité de l'information constituent les deux articulations-charnières de la deuxième partie de ce travail. Notre analyse du sensationnel, en tant que deuxième catégorisation s'exerçant sur ce qui est déjà sélectionné comme événement par le journal de masse, vise à démonter les mécanismes selon lesquels opère ce coefficient de dramatisation. Nous y accorderons une place non négligeable à la pensée traitant de la dramatisation du réel et sa mise en spectacle par les médias en général et le journal de masse en particulier, ainsi qu'à celle traitant des rapports complexes et obscurs entre les médias et le terrorisme, la violence et la mort. Notre hypothèse étant l'existence d'un rapport de couple entre médias et terrorisme, nourri, côté destinateur et destinataire, par le processus morénien de projection-identification-transfert, et, côté terroristes, par la prise de force de la parole médiatique en substitut à la prise de pouvoir. Pour la validation de cette hypothèse, nous adopterons la même démarche analytique que celle mise en oeuvre dans la première partie. L'objectif final de cette étape de notre recherche est de dégager, en cas de validation, les modalités du fonctionnement du sensationnel comme coefficient de dramatisation de l'information.

L'objectif de notre analyse de la normalité de l'information est de valider ou d'infirmer l'hypothèse selon laquelle le système événementiel du journalisme de masse ne s'exerce pas seulement sur les temps anormaux de l'information et que l'information-flux, en temps normal ou autre, secrète le vraisemblable, cette image du réel qui n'est pas le réel mais sa représentation tout en étant le seul accès au réel que nous en possédons. Aussi appliquons-nous à un corpus de numéros ordinaires la même démarche analytique adoptée dans notre étude de l'événementiel et du sensationnel, à la fois pour valider ou infirmer nos hypothèses et dégager la rhétorique du vraisemblable dans le journalisme de masse. Ceci avant d'arriver à dégager, à partir des résultats de cette recherche, l'organisation du système événementiel du journalisme de masse. La masse étant « ce qui reste quand on a tout oublié du social »[60].

---

60 J. BAUDRILLARD, *A l'ombre des majorités silencieuses*, Denoël/Gonthier, Paris, 1982, p. 12.

PREMIERE PARTIE

L'EVENEMENTIEL : LA PREMIERE CATEGORISATION

Qu'est ce que l'événementiel ? Selon le point de vue de l'historien, l'histoire événementielle est une narration des événements en suivant le seul ordre chronologique, par opposition notamment à l'histoire causale, analyse qui met en relation ces mêmes événements. Dans les sciences de la gestion, la comptabilité événementielle s'applique aux événements économiques, c'est-à-dire aux opérations commerciales telles qu'elles sont traitées par la technique des comptes à partie double. Chez les professionnels de la communication, l'événementiel regroupe l'ensemble des stratégies et des procédures de communication par l'événement, qui s'exercent notamment par le mécénat et le sponsoring.

Le concept d'événementiel tel que nous le définissons est relatif à un événement bien précis : l'événement cadre mental. Celui-ci représente le type d'événements dont le journal est en attente et qu'il applique, tel un gaufrier, sur le flux de la vie, des textes et des discours, bref sur les événements qu'il reçoit. L'événementiel est ainsi une structuration de l'attente d'événements du journal et une première catégorisation effectuée dans le processus de mise en forme de l'information. L'événement se situe au seuil du journal, encore en deçà de l'information, sa mise en forme finale, mais déjà au-delà du réel qu'il ne fait qu'encadrer. Il n'est pas le fait brut dans sa brutalité primaire, mais une représentation de ce dernier, un palier dans la rhétorique de l'information. C'est un effet de texte et non un effet de réel comme il se positionne. Grâce à l'apport des sémanticiens, on sait désormais que ce qui est transmis par le journal, ou par un autre média, n'est pas un événement mais une abstraction de celui-ci, traduite sous une forme transmissible.[61] Un fait qui a lieu n'est pas nécessairement un événement. Pour qu'il le devienne, il faut que les médias en parlent. Car c'est aux médias que revient désormais le monopole de l'événement qui s'inscrit dans les archives de nos sociétés modernes : journaux, agences de nouvelles ou d'images, livres. « La connexion entre

61 F. BALLE et J.G. PADIOLEAU, op. cit., p. 45.

information et société n'a jamais été aussi évidente »[62]. Si les développements les plus spectaculaires de ce phénomène n'ont pas plus d'un siècle, ses origines remontent aux environs de la Renaissance, aux premiers balbutiements de l'époque moderne. Aussi, avant de développer notre analyse de l'événementiel comme première phase du système événementiel du journalisme de masse, il nous semble nécessaire de remonter aux origines de ce système qui naît avec le journal. Bien entendu, cet historique ne prétend pas à l'exhaustivité.

---

62 Ibid., p. 4.

I. Le système de production de sens

I.1. Le journal prend le relais de la parole divine

« Le prototype des journaux de l'époque moderne » naît dans la concurrence et peut être classé comme un « organe officieux du gouvernement »[63]. *La Gazette*, créée en 1631 par Th. Renaudot, obtient, après une vive concurrence avec les *Nouvelles* de Vendosme publiée la même année, et grâce à l'appui de Richelieu, le privilège exclusif de « faire imprimer et vendre par qui bon lui semblera, les gazettes, nouvelles et récits de tout ce qui s'est passé tant dedans que dehors le royaume ». S'il a fallu deux siècles après l'apparition des presses à imprimer avant que des nouvelles soient imprimées et diffusées selon une périodicité régulière, c'est encore deux siècles plus tard que naîtra la grande presse, avec les premiers journaux de masse.

Entre-temps, la classe des « lecteurs moyens cultivés » s'accroît. Le dix-huitième siècle voit la prolifération des journaux d'expression d'abord et d'opinion par la suite. Les uns et les autres sont souvent l'oeuvre d'une seule personne. Dans un premier temps, la presse devient un instrument privilégié de l'expression, pour des savants ou des écrivains sur le continent, et l'aristocratie de l'argent en Angleterre. « Le one-man newspaper illustre bien cette époque : le journal était non seulement fabriqué et financé, mais également conçu, écrit et réalisé par un seul homme. La division du travail n'avait pas encore accompli son oeuvre : l'apparition d'éditoriaux constitue seulement le prodrome d'une autonomisation progressive et d'une professionnalisation encore virtuelle des activités rédactionnelles. »[64]

La presse dépasse rapidement le stade de circulation de nouvelles et occupe une place centrale dans l'espace public où elle stimule la discussion politique en la prolongeant. Elle devient ainsi un médiateur entre le pouvoir politique et un public de citoyens bourgeois, comme l'indique Habermas, sachant déjà

---

63 F. BALLE, op. cit.,pp. 81-82.
64 Ibid.

lire, ce qui est un luxe à l'époque, ou étant membres de clubs dans lesquels la lecture des journaux à haute voix était pratiquement l'objet de toutes les réunions des adhérents, ce qui est un élément de distinction, dans le sens que lui donne P. Bourdieu[65], de la bourgeoisie de l'époque et non du peuple. A la veille de la Révolution française, de nombreuses villes de province avaient déjà leurs journaux. F. Balle indique que dans le Paris de 1789 comme dans celui de 1848, un homme politique sur deux avait son propre journal. La presse se révèle un instrument essentiel pour la communication politique, au sens que lui donne J.M. Cotteret, c'est-à-dire l'échange d'informations entre gouvernants et gouvernés, par des canaux de transmission structurés ou informels[66]. Aussi assiste-t-on à une surabondance de journaux politiques lorsque, suite à la Révolution française, l'article 11 de la Déclaration des droits de l'homme et du citoyen stipule que « la libre communication des pensées et des opinions est un des droits les plus précieux de l'homme : tout citoyen peut donc parler, écrire, imprimer librement, sauf à répondre des abus de cette liberté dans les cas déterminés par la loi ». P. Albert recense, entre 1789 et 1799, plus de mille cinq cents périodiques.[67] Les éditeurs de ces journaux, ou feuilles, les dotaient d'une simple infrastructure matérielle et ne s'occupaient pas de les commercialiser.

Le Journal de Paris, premier quotidien français qui paraît en 1777, assure et illustre la transition entre la presse d'opinion et la grande presse, notamment par sa quotidienneté et ses côtés pratique, informatif et publicitaire[68]. *La Presse*, quotidien fondé par E. de Girardin en 1836, et *Le Siècle*, son concurrent paru la même année, innovent avec un prix d'abonnement très bas et la

---

65 P. BOURDIEU, *La distinction*, Paris, Minuit, 1979.

66 J.M. COTTERET, *Giscard d'Estaing - Mitterrand, 54 774 mots pour convaincre*, Paris, PUF, 1976.

67 P. ALBERT, *La presse française*, Paris, Documentation française, 1983, p. 125.

68 Z.H. AN, *Presse et culture à l'apogée des Lumières, premier quotidien français : Le Journal de Paris 1777-1786*, Nouveau Doctorat, 1988.

création de la notion moderne d'annonces : ils annoncent déjà la presse populaire ou la grande presse. Les feuilles réapparaissent au cours des événements de 1848, mais sont marginalisées par l'avènement de la grande presse qui commence avec *Le Petit Journal*, lancé en 1863 au prix de cinq centimes. Il est suivi par *Le Petit Parisien*, *Le Matin* et *Le Journal*. Ces quatre titres dominent le marché français de la presse, avec chacun un tirage de plus d'un million d'exemplaires. On est bien loin du one-man newspaper qui a cédé la place à la presse de masse. Celle-ci est née de la convergence de plusieurs conditions. « D'abord, l'amélioration des techniques d'impression, qui permettront l'augmentation des tirages. Ensuite, l'expansion de l'instruction qui élargit à la fois le public potentiel de lecteurs et le champ de curiosités. Désormais, l'avenir de l'information est lié, dans une très large mesure, aux grandes manoeuvres du monde industriel, au recul de la pauvreté et aux progrès de l'enseignement. »[69]

Le Petit Journal, *Le Petit Parisien*, *Le Matin* et *Le Journal*, les quatre grands de l'histoire de la presse, « sont, au tournant du siècle dernier, les éléments de cette transformation massive du psychisme qui doit se réaliser sur la base de la transformation économico-sociale : de même que l'école doit devenir l'instrument qui organise la distribution sociale des générations à venir, l'information doit tendre à pénétrer quotidiennement les pores de cette société rurale, largement obscurantiste et retardataire, pour ajuster les consciences sur les pôles dominants de la nouvelle société »[70].

Grâce au développement du chemin de fer, qui permet de constituer enfin un marché national, et au bas prix de ses journaux, la presse populaire va construire une opinion publique en diffusant les mêmes informations à des millions d'individus, dont l'opinion, jusque-là, ne pouvait se faire qu'à travers les relations restreintes du voisinage ou occasionnelles des produits

---

69 F. BALLE, op. cit., p. 84.

70 Y. DE LA HAYE, *Journalisme, mode d'emploi, des manières d'écrire l'actualité*, Grenoble, La Pensée Sauvage, 1985, p. 10.

de colportage. Désormais, l'information n'est plus limitée aux microcosmes politisés et citadins. Il y a un changement de nature du secteur de l'information et de la communication : la presse commence avec les quatre grands à occuper le nouveau terrain de l'opinion publique. Celle-ci naît dans sa forme démocratique moderne en même temps que les masses, appelées foules au dix-neuvième siècle.

Avec les quatre grands commence également la recherche professionnalisée du sensationnel. Dans le sillage des Américains, les promoteurs de la presse populaire découvrent les liens entre nouvelles à sensation et forts tirages : en 1869, *Le Petit Journal* augmente son tirage de près de 100.000 exemplaires en une semaine, pendant laquelle il a consacré chaque jour jusqu'à trois pages entières au massacre de toute une famille dans la banlieue parisienne[71]. Cette récupération des nouvelles à sensation par la presse populaire à un sou accélère la disparition des *canards*, alors lus par le peuple, successeurs des *occasionnels* des siècles précédents, ces autres feuilles non périodiques qui publiaient uniquement des nouvelles à sensation : couronnements et batailles, mais surtout crimes, épidémies, incendies, inondations.[72]

La fin du dix-neuvième siècle et le début du vingtième constituent l'âge d'or des quotidiens. Ceux-ci résistent à la Première Guerre mondiale, mais sont atteints aussitôt après par la « contagion du déficit »[73]. Cette tendance succède aux situations prospères, non seulement en raison de la crise économique générale, mais surtout en raison des conditions mêmes de l'économie de presse, marquée essentiellement par l'augmentation constante des frais généraux et l'exacerbation de la concurrence. Les quatre grands continuent à dominer la presse parisienne et à s'unir contre les nouveaux venus sur le marché. Ce qui

---

71 J. KAYSER, *La mort d'une liberté*, Paris, Plon, 1955, p. 108.

72 J.-P. SEGUIN, op. cit., p. 11.

73 F. TERROU, *L'information*, Paris, PUF, Que sais-je ?, 3e édition, 1968, p. 68.

n'empêche pas le phénomène *Paris-Soir*. Lancé en 1930, ce quotidien du soir atteindra les deux millions d'exemplaires en 1938. Il conjugue l'impartialité politique avec le sensationnel et les photos. En province, les journaux régionaux résistent mieux à la crise, grâce notamment à leur noyau dur de lecteurs et à l'adaptation des tirages aux transports locaux. A la veille du deuxième conflit mondial, on évalue à 11 millions d'exemplaires le tirage des quotidiens, dont 47,3% pour la presse de province.[74]

La Seconde Guerre mondiale apporte un profond bouleversement dans le secteur de la presse. Seuls, les journaux entrés dans la clandestinité sous l'Occupation ou ayant carrément cessé leur activité sont autorisés à reparaître. La loi du 11 mai 1946 prononce le transfert à l'Etat « des biens et éléments d'actifs des entreprises qui avaient été frappées d'interdiction provisoire et des entreprises connexes »[75]. L'élimination de la presse qui a continué à paraître pendant l'Occupation s'accompagne de la construction d'une nouvelle presse et l'élaboration pour celle-ci d'un nouveau statut. On assiste à la Libération à une rapide montée de la presse quotidienne. En 1945, son tirage atteint 12 millions d'exemplaires. En juin 1946, il dépasse les 15 millions dont 60,5% pour la presse de province. Déjà à cette époque, *Ouest-France* avait un tirage de 400.000 exemplaires.[76] A cette même date, le nombre des titres s'élève à 203, dont 28 pour Paris et 175 pour la province.

Mais cette rapide montée dans l'euphorie de l'immédiat après-guerre est aussitôt suivie d'un déclin qui se poursuit jusqu'en 1952. Pour redresser leurs ventes, les quotidiens doivent restructurer leur capital, qu'ils ouvrent aux puissances financières (à l'exception du *Monde*, en raison notamment de l'aide qui lui

---

74 Ibid., p. 70.

75 Ibid., p. 78.

76 C. BELLANGER, J. GODECHOT, p. GUIRAL, F. TERROU (sous la direction de), *Histoire générale de la presse française*, Paris, PUF, 5 vol., 1969-1976, vol. 4, p. 455.

est accordée par l'Etat), et leur formule qui a souffert d'un excès d'engagement politique. En même temps, ils instaurent la règle de la complémentarité avec les médias audiovisuels naissants, et que résume la formule de H. Beuve-Méry, le fondateur du *Monde* : « La radio annonce l'événement, la télévision le montre, la presse l'explique. »

Avec le début des années soixante, la concurrence entre la radio, la télévision et les quotidiens met fin à la complémentarité, notamment après la guerre d'Algérie, où la radio montre des avantages de maniabilité et de mobilité très grandes. Avec le développement, par la radio et la télévision, de magazines d'information, et la naissance des newsmagazines, les quotidiens perdent le monopole de l'explication de l'événement après avoir été dépossédés du privilège d'annoncer la nouvelle. Les newsmagazines sont une nouvelle formule revue et corrigée des magazines illustrés nés dans les années trente, mis à mal par la concurrence de la télévision et qui en ont tiré les enseignements. Ces magazines d'information générale se positionnent comme un nouveau genre du journalisme de masse, à qui revient le ministère hebdomadaire du classement, de la hiérarchisation et de la glose de l'actualité, qui permet au lecteur de ne pas se perdre dans le chevauchement chaotique des nouvelles diffusées par les norias de bulletins d'informations radiophoniques et télévisées.

Les news appliquent à l'information les techniques modernes du rewriting et de la mise en page, qui permettent une lecture plus facile. Ils exploitent également l'impression en quadrichromie[77] et la photo ainsi que les techniques modernes du marketing qui leur permettent de cibler un public hétérogène, mais aussi segmenté en fonction des rubriques. Autant de procédés auxquels adhéreront les quotidiens par la suite, notamment à partir des années soixante-dix. Ils segmenteront leur lectorat en fonction de cahiers-rendez-vous, hebdomadaires pour les quotidiens nationaux, et géographiques territoriaux pour les

77 Impression utilisant quatre films superposés en quatre couleurs : jaune, magenta, cyan et noir.

régionaux, adopteront l'impression en couleur, les nouvelles techniques du rewriting et du graphisme, élaborant ainsi un discours imprimé typographique et topographique. Malgré leurs difficultés actuelles, amplifiées notamment par la crise économique générale, ils demeurent, par leur autorité et par le fait qu'ils fixent chaque jour noir sur blanc les traces matérielles de l'actualité qui peuvent aisément se stocker, se compulser et se comprendre, « en grande partie le creuset du modèle de communication sociale valant peu ou prou pour l'ensemble des médias »[78].

I.2. La masse, donnée de base de la modernité et des médias

Le modèle de communication sociale valant pour le journal en particulier et les médias en général ne peut être compris en dehors de la société industrielle, caractérisée par l'arrachement de l'homme aux communautés et aux proximités de la société traditionnelle prévalant jusqu'à l'avènement de l'industrialisation avec laquelle naissent à la fois l'individu et la masse. Dans la société traditionnelle précapitaliste, l'homme était pris, « pour le meilleur et pour le pire, dans un tissu extrêmement serré de castes, d'ordres, de confréries, de corporations, structures fixes elles-mêmes fortement hiérarchisées, au sein desquelles il assumait des rôles à la fois assignés et complexes, dans des unités sociales polymorphes où niveaux et fonctions se côtoyaient et dans une dimension écologique qui lui rendait familiers le cours du temps, l'espace, les choses, les gens eux-mêmes »[79]. Avec l'écroulement de l'Ancien Régime, les institutions spirituelles, les cadres religieux et politiques traditionnels sont entraînés dans la chute. Des lézardes fissurent le monde séculaire des familles, des groupes de voisinage, des campagnes. Les hommes sont arrachés à leurs clochers et à leurs campagnes et drainés en masse vers l'instabilité des villes naissantes. Ce passage de la tradition à la

---

78 Y. DE LA HAYE, op. cit., p. 30.

79 J. MAUDUIT, *Du rôle de la presse dans la féminisation de la société française*, op. cit.,pp. 434-435.

modernité, que le sociologue allemand F. Tönnies dépeint par sa fameuse métaphore du passage de la communauté à la société, « jette sur le marché une multitude d'individus anonymes, atomes sociaux sans liens entre eux »[80]. Un homme nouveau, l'homme-masse, se forge dans l'entassement des grandes villes, marché où se créent à la fois la culture et les habitudes de consommation.

Dans ce nouveau monde, la grande presse, entreprise marchande et industrielle, joue un rôle de premier plan. C'est le journal de masse qui prend le relais de la parole divine, jusque-là seule porteuse de sens. Il constitue le grand bazar du sens où la société industrielle naissante vient s'approvisionner. Ce faisant, il assume déjà une fonction de régulation au sein de cette société naissante où il est chargé, en sa qualité « d'usine à communication », de couler « les esprits dans un moule uniforme »[81].

Le sociologue allemand G. Simmel fut un des premiers, avec le Français G. Le Bon, à s'interroger sur « la négativité des façons collectives de se comporter »[82]. Simmel indique que « dans le cas des actions de masse, les motifs des individus sont souvent à ce point différents que leur unification est d'autant plus aisée à obtenir que le contenu de l'action est simplement négatif, voire destructeur »[83]. Une de ses analyses les plus marquantes à ce sujet porte sur la « déterminabilité quantitative du groupe »[84]. Il souligne ainsi que le nombre est l'élément constitutif de certains groupes : plus un groupe réunit des membres nombreux, plus il est obligé de se donner un appareil administratif, voire bureaucratique, plus structuré, et plus les relations impersonnelles et abstraites deviennent prédominantes. L'apport important de G. Le Bon[85] est d'avoir été le premier à souligner

80 S. MOSCOVICI, *L'âge des foules*, Paris, Complexe, 1991, p. 35.
81 Ibid., p. 36.
82 J. FEUND, *Georg Simmel, sociologie et épistémologie*, Paris, PUF, 1991, p. 60.
83 Ibid., p. 60.
84 Ibid., p. 61.
85 G. LE BON, *La psychologie des foules*, Paris, PUF, 1963.

que la masse n'est pas la « plèbe », la « populace », les pauvres, les ignorants, le prolétariat, qui s'opposeraient à l'élite, à l'aristocratie. La masse, c'est tout le monde : dès qu'ils sont ensemble, les hommes font masse. La masse s'est toujours trouvée dans le fond de la société, « comme dans l'homme, l'animal, ou le bois dans la sculpture »[86].

En effet, les masses ne sont pas une exclusivité de la société industrielle, du moins pas dans leur aspect foule. On les trouve déjà dans l'Antiquité, à Rome et à Carthage, au Moyen Age dans les croisades. La modernité les redécouvre avec la Révolution française et les événements tumultueux du dix-huitième siècle. Mais ce que J. Romains appelle le « choc du million d'hommes » atteindra toute son ampleur à partir du début de notre siècle, notamment avec la Première Guerre mondiale. Dans « Les hommes de bonne volonté », il décrit l'impact de cette découverte sur les chefs militaires d'alors : « Ils découvraient les propriétés physiques, antérieures et comme indifférentes à toute stratégie, du « million d'hommes » : sa fluidité, son aptitude à réparer sur place les trous qu'on lui fait; à envelopper, engluer, amortir la pointe qui le pénètre ; à ployer sous le coup, à s'incurver sans se rompre ; à s'allonger par coulure à travers tout un territoire pour y tendre une frontière provisoire et vivante, le « million d'hommes » se trouvant juste appartenir au même ordre de grandeur que les dimensions des Etats, la facilité qu'il a de s'accrocher au terrain, de s'y coller aux moindres saillies, d'y creuser presque instantanément avec son million de paires de bras une éraflure continue où il se loge comme une gale, et le long de laquelle il se met à produire vers l'avant un frémissement de feu, de vibration, mortelle ; comme si quelque chose d'exaspéré, de brûlant, d'intouchable devenait une des lignes naturelles du sol. Tout le rôle du chef n'est plus alors que d'acheminer au mieux, jusqu'aux derniers étirements de cette multitude, des aliments, des ordres d'une simplicité élémentaire, et des hommes neufs pour remplacer, aux endroits qui s'indiquent tout seuls, les

86 S. MOSCOVICI, op. cit., p. 111.

hommes détruits. »[87] On peut, sans rien changer de fondamental à ce texte, y remplacer par la masse tout court la masse de militaires dont parle l'auteur. D'ailleurs, celui-ci indique que le « million d'hommes » a le même ordre de grandeur que la dimension des Etats.

Mais la spécificité de la masse de nos sociétés modernes industrielles est qu'elle échappe au principe de rassemblement qui se trouve à la base de la masse traditionnelle, les individus n'y entretiennent pas de rapports directs les uns avec les autres, et qu'elle n'est limitée ni par le temps ni par l'espace. Alors que la masse traditionnelle est synonyme de contact physique et psychique, entre plusieurs individus, dans un temps et un espace définis et limités, où les membres de la masse se libéraient tous ensemble de leur charge de distance. Ce que E. Canetti appelle « la décharge », processus par lequel les membres de la masse traditionnelle rejettent ce qui les séparent et se sentent tous égaux. « Dans cette compacité où il ne reste guère de place entre eux, où un corps presse l'autre, chacun est aussi proche de l'autre que de soi-même. Soulagement immense. C'est pour jouir de cet instant heureux où nul n'est plus, n'est meilleur que l'autre, que les hommes deviennent masse. »[88]

Avec G. de Tarde[89], en plus de la masse amorphe, donnée générale de la vie sociale, on découvre la masse construite, dont l'armée ou l'Eglise sont les prototypes. Mais, plus important encore, le fondateur de la psychosociologie souligne pour la première fois la centralité du rôle du chef pour la masse ainsi que celle de la presse, le média d'alors, qui agissent tous les deux sur la masse au moyen de l'imitation. Processus que S. Freud reformulera plus tard sous le concept de l'identification. Selon de

---

87 J. ROMAINS, cité par R. ESCARPIT, *Théorie générale de l'information et de la communication*, Paris, Hachette Université, 1976, p. 167.

88 E. CANETTI, *Masse et puissance*, Paris, Gallimard, 1986, p. 15.

89 G. DE TARDE, *L'opinion et la foule*, Paris, Alcan, 1910.

Tarde, l'imitation est la société[90], c'est une forme de suggestion qui constitue le mécanisme fondamental de la vie sociale où les moyens de communication occupent une position dominante et centrale. Pour lui déjà, la masse qu'on ne voit nulle part, parce qu'elle est partout et qu'elle ne se rassemble pas, est l'oeuvre de la grande presse, et constitue la masse dans sa nouvelle forme, le public, cet « état dispersé mais cohésif de la sociabilité »[91]. « L'âge moderne, depuis l'invention de l'imprimerie, a fait apparaître une espèce de public toute différente, qui ne cesse de grandir, et l'extension indéfinie est un des traits les mieux marqués de notre époque. On a fait la psychologie des foules ; il reste à faire la psychologie du public... »[92]

Mais c'est la psychanalyse des masses que fait Freud, expliquant ainsi ce que Le Bon et de Tarde n'ont fait que décrire. L'auteur de *La psychologie des masses et l'analyse du moi* (l'ouvrage le plus souvent cité par l'Ecole de Francfort et qui fournit la trame de base aux écrits de ses membres[93]) semble avoir trouvé la marque du social au terme de son analyse du moi individuel. Ce social n'est pas seulement l'autre, mais ce sont aussi les masses. Amorphes ou organisées, Freud les place de plain-pied avec le refoulé individuel, l'inconscient. Pour lui, « le peuple est de plain-pied avec les bas-fonds de la psyché, il y a entre lui et l'inconscient humain des relations de connivence, presque de complicité, qui mettent en péril les plus hautes valeurs de la conscience et les acquisitions de l'individualité »[94]. C'est pourquoi les masses « demandent des illusions auxquelles elles ne peuvent renoncer. Elles donnent toujours la préférence à l'irréel sur le réel ; l'irréel agit sur elles avec la même force que le réel. Elles ont une visible tendance à ne pas faire la distinction entre

---

90 G. DE TARDE, *Les lois de l'imitation* (1892), réimpression Slatkine, Genève, 1979, p. 95.

91 S. MOSOVICI, op. cit., p. 267.

92 G. DE TARDE, op. cit., p. 2.

93 S. MOSCOVICI, op. cit., p. 312.

94 M. ROBERT, *D'Oedipe à Moïse*, Paris, Calmann-Lévy, 1974, p. 81.

l'un et l'autre. »[95] Plaçant à l'origine la tragédie politique et culturelle de la mort du chef et de la lutte inexpiable entre lui et la masse, Freud utilise la double clé de l'éros et de la pulsion de mort pour expliquer le rapport ambivalent du meneur et de la masse, et forge le concept d'identification. La libido limite l'égoïsme narcissique, elle est pour cette raison indispensable à la formation d'une masse humaine. L'identification, appropriation mimétique pouvant aller jusqu'au meurtre de l'objet de l'éros, consolide cette « relation affective ». Enfin, Freud souligne que l'« homme d'aujourd'hui » peut appartenir à plusieurs masses, rassemblées ou non, et construire son idéal du moi par identification à plusieurs meneurs.

Depuis ces premiers travaux s'intéressant au phénomène, alors récent, des masses, celles-ci se sont placées au centre de l'analyse du social, notamment après l'avènement des moyens de communication de masse et leur action de massification qui a longtemps orienté les études sur les médias. C'est en effet le critère procuré par les notions de masse et de massification qui a fourni pendant longtemps leur spécificité aux études sur les mass media, ou, selon l'expression de J. Cazeneuve, les « nouveaux moyens de diffusion à grand rayon » qui brassent la culture de masse ou l'esprit du temps. A tel point que la masse ou la massification se sont parfois substituées aux médias comme objet de ces études.

Si la majorité des chercheurs s'accordent pour reconnaître en la massification le mélange, le malaxage des catégories sociales[96], la standardisation des individus, de la culture et des modes de vie, il n'existe en revanche pas d'unanimité sur la définition de la masse, sinon en ses termes quantitatifs. Ainsi, pour J. Mousseau, « le mot masse désigne en sociologie un grand nombre de personnes constituant une population très diversifiée, n'ayant pas d'organisation sociale et répondant cependant de façon uniforme

95 S. FREUD, *Essais de psychanalyse*, Paris, Payot, 1948, p. 96.

96 S. MOSCOVICI, op. cit., p. 41.

à certains stimuli »[97]. Selon R. Escarpit, la masse est un « terme imprécis servant à désigner un milieu humain hypothétique se caractérisant par le grand nombre et la non-organisation »[98]. C'est aussi un « ensemble d'individus ou d'atomes sociaux répartis dans un certain espace géographique : population d'une ville, d'un Etat, ensemble des auditeurs de la radio, etc. Une masse se caractérise par le fait qu'elle est « amorphe », c'est-à-dire que les individus y sont sans relation directe les uns avec les autres »[99]. C'est également « un conglomérat de personnes sans distinction de groupes ni d'individus »[100], etc.

Si l'aspect quantitatif nous semble capital dans la notion de masse, toutefois nous n'adhérons pas à l'existence de celle-ci en tant que réalité unique. Ainsi que l'indiquait déjà Freud, un même individu peut appartenir à plusieurs masses, qui peuvent s'interpénétrer ou se côtoyer, mais qui sont également structurées par leurs meneurs respectifs, les groupes primaires et secondaires qui s'y forment, les leaders d'opinion qui s'y activent, pour ne citer que ces facteurs. Ce qui ne veut pas dire que les mass media n'exercent aucune influence sur la masse, mais que cette influence n'est pas directe de cause à effet mais complexe et diffuse.

De son côté, la masse exerce la contrainte du nombre sur les médias. Que peuvent avoir en commun les individus composant le « million d'hommes », ou les quelque deux millions de lecteurs d'*Ouest-France* ou bien les millions de téléspectateurs en France ? A l'instar des chefs militaires cités par J. Romains qui concevaient à l'intention du « million d'hommes » des ordres d'une simplicité élémentaire, les médias se doivent de trouver le

---

97 J. MOUSSEAU, « Masse », in *Les communications de masse*, éd. J. MOUSSEAU, Paris, CEPL, 1972, pp. 323-324.

98 R. ESCARPIT, op. cit., p. 202.

99 « Masse », in *La communication et les mass media*, Marabout, 1973, p. 484.

100 W. KORNHAUSER, « Mass Society », in *International Encyclopedia of the Social Sciences*, ed. D. L. Sills, New York, Macmillan, 1968, vol. 10, p. 58.

plus petit dénominateur commun aux innombrables membres de leur public. C'est là l'ambiguïté fondamentale de tout média de masse : « Plus le succès est grand, plus l'auditoire auquel on doit plaire est étendu et plus il est capital de ne rien dire qui risquerait d'être mal accepté par une partie quelque peu importante du public… L'auteur doit se conformer à l'opinion, se rétracter ou périr. »[101] Ainsi, évoquant les quotidiens à grand tirage et les newsmagazines, P. Bourdieu indique que les journaux « se doivent d'éviter méthodiquement tout ce qui peut choquer et rejeter une fraction de leur public actuel ou potentiel »[102]. Ils obtiennent de la sorte une extension maximale de leur public par la neutralisation du produit journalistique proposé à la consommation. Cette neutralisation s'obtient par le respect des convenances du moment, la lisibilité immédiate des messages et leur accessibilité au plus grand nombre. Ainsi, si les médias constituent le grand bazar du sens où la société industrielle vient s'approvisionner, ils ne peuvent cependant se permettre d'en être les producteurs. La nécessité d'ajuster leur système d'offre au système d'attente les empêche d'être les initiateurs de cette production de sens. « Ils initient d'autant moins qu'ils se trouvent plus près du coeur du système culturel de masse, où l'énormité des capitaux engagés interdit de prendre le moindre risque. »[103]

Cette situation interactive ne signifie pas pour autant que les médias instaurent une communication « bidirectionnelle » avec leurs publics respectifs. Cette caractéristique ne s'applique qu'à la communication directe où les interlocuteurs, se trouvant face à face, partagent la même situation d'énonciation et inversent leurs rôles à tout moment. Les autres communications, indirectes, sont unidirectionnelles : le destinataire y constitue, en langage marketing, une cible à atteindre pour le destinateur. Celui-ci, scripteur dans le cas du journal de masse, est obligé d'expliciter

---

101 N. WIENER, op. cit., p. 331.

102 P. BOURDIEU, op. cit., p. 516.

103 J. MAUDUIT, *Du rôle de la presse dans la féminisation de la société française*, op. cit., p. 442.

la totalité des éléments de référence de son message au destinataire avec lequel il ne partage pas la même situation d'énonciation. Aussi, les photos se légendent pour échapper à la polysémie de l'image, les articles se réécrivent, se « chapotent », se titrent et se calibrent, et les rubriques se façonnent par anticipation aux attitudes et réactions du destinataire, généralement en fonction de remontées d'études marketing préliminaires, réalisées pour prévoir les perturbations possibles dans la réception du message et limiter au minimum les erreurs d'interprétation. Leur conformité aux attentes de la cible est validée par des études marketing ultérieures. Si le journal instaure avec son lecteur une forme de dialogue apparemment ancré dans l'ici et le maintenant, il s'agit en réalité d'un dialogue différé dans l'espace et dans le temps. Ce dialogue différé est une caractéristique des procédures industrielles de construction de l'offre marchande : pour s'assurer le maximum de chances de succès, cette procédure se doit « d'évaluer au mieux les besoins et les contraintes des deux parties en présence, en s'aidant des outils de recherche et d'analyse qui permettront de les ajuster les uns aux autres au prix d'éventuelles concessions réciproques, au sein d'une transaction plus ou moins tempérée »[104].

La masse exerce également sur les médias sa contrainte d'un discours de séduction, celui-là même qui a remplacé le discours de la raison depuis que la sphère publique a été envahie par la sphère privée. Aussi, cette entreprise de neutralisation du produit médiatique doit-elle se doubler d'une entreprise de séduction : en écrivant son article, en réalisant son magazine, en présentant les informations, le journaliste doit impérativement donner envie de lire, d'écouter ou de regarder. C'est la première règle élémentaire du métier qui est inculquée aux apprentis journalistes. Cette entreprise de séduction trouve ses racines profondes dans le système ambiant de la mode où « la nouveauté est la loi à la condition de ne pas heurter de front le public, de ne pas déranger les habitudes et les attentes, d'être immédiatement

---

104 Ibid., p. 415.

lisible et compréhensible par le plus grand nombre »[105]. La séduction, l'artifice du monde selon J. Baudrillard, est mise en scène - mise en page ? - et spectacularisation. C'est un discours de simulation qui se place en intermédiaire au réel. Ce n'est pas une imposture puisque ce discours devient le réel et qu'« il se contente de faire jouer la séduction à titre de simulacre d'affect, simulacre de désir et d'investissement, dans un monde où le besoin s'en fait cruellement sentir »[106]. Dans ce contexte, l'individu ne désire et ne rêve pas au hasard, mais à travers des modèles, des standards de base, que le journal exploite, ainsi que les autres médias.[107]

A cette double contrainte, conformiste du nombre et pseudo-novatrice de la séduction, les médias de masse répondent par une communication à excès contrôlé où réside en grande partie leur pouvoir régulateur au sein du système social. C'est la donne en fonction de laquelle opère le journal de masse.

I.3. Le journal de masse, un système de production de sens

Quotidien national, régional ou newsmagazine, le journal de masse rend compte de ce qui se passe ici et ailleurs. Comme l'indique J. Durand, il existe deux façons d'appréhender un journal. « On peut l'analyser soit comme image donnée du monde qu'il décrit, soit comme image donnée du monde où il circule, mais pour le saisir totalement, il faut percevoir sa double réalité. »[108] En fait, ces deux images sont indissociables l'une de l'autre, le journal étant à la fois une entreprise marchande et une entreprise productrice de sens. Et l'un des fondements de ce travail est qu'il n'existe pas de système médiatique en soi. Ce système n'est concevable que dans un rapport d'altérité « englobant-englobé », l'un et l'autre constituant les deux

---

105 G. LIPOVETSKY, op. cit., p. 248.

106 J. BAUDRILLARD, *De la séduction*, Paris, Denoël, 1979, p. 244.

107 E. MORIN, op. cit.

108 J. DURAND, *Les formes de la communication*, Paris, Dunod, 1981, p. 62.

structures essentielles de l'analyse systémique des médias de masse.

Dans son esquisse du système médiatique dans la ligne systémique d'A. Moles, M. Mathiens rappelle que l'entreprise médiatique se présente comme une boîte noire bouclée par une rétroaction, où le phénomène de sortie dépend à la fois de la cause, l'entrée, et de la réaction que cette cause suscite à l'intérieur de la boîte, réaction qui se superpose au phénomène initial et devient cause à son tour[109]. L'entreprise ainsi perçue est conditionnée par son environnement. Lieu d'une action finalisée, la réalisation du produit médiatique, cette entreprise est aussi le lieu où s'appliquent dans leur quotidienneté les conditions de cette production telles que les définit son environnement, et plus particulièrement le système social. « Qu'on le veuille ou non, ces conditions sont les manifestations concrètes, directes ou indirectes, des divers « pouvoirs » qui lui ont donné la possibilité d'exister dans un espace et une organisation politique, économique, sociale et culturelle, tous deux bien déterminés pour précisément exercer son activité. »[110] Si l'environnement ne peut, par définition, être saisi dans sa globalité par une structure, l'entreprise médiatique s'intègre dans d'autres structures qui sont généralement en corrélation, à des degrés divers, comme les systèmes politiques ou économiques.

Cette complexité de l'entreprise médiatique et son emboîtement dans d'autres structures permettent de comprendre l'importance des sources d'information dans le contenu du journal. On voit difficilement dans ce contexte comment le journal peut s'aliéner d'une façon quelconque une de ses sources[111], surtout si elle est institutionnelle. Les sources

---

109 M. MATHIENS (sous la direction de), *La physique des sciences de l'homme. Mélanges pour Abraham Moles*, Strasbourg, Oberlin, 1989, p. 54.

110 Ibid., p. 55.

111 Dans *L'élite des journalistes* (Paris, PUF, 1984), R. RIEFFEL recense comme sources principales d'information des « émissaires du remarquable » : la classe politique française et l'appareil de l'Etat, les

institutionnelles, comme les élus politiques, les syndicats, les administrations de l'Etat, la justice, la police, sont devenues les partenaires habituels du journal dans son action d'informer.

La fonction d'information est la structure fondatrice de ce système médiatique. Elle est assurée par les journalistes qui constituent avec l'environnement et l'entreprise les trois éléments indissociables et en interaction dans le cadre de la dynamique de l'information. Le système est « piloté » par le gate-keeper qui est chargé d'assurer la maintenance générale du système et sa conduite, ou son pilotage, dans l'environnement. Celui-ci n'est pas nécessairement un journaliste et la rédaction gère son stock ou son flux d'informations selon ses directives. C'est en effet au gate-keeper et à lui seul qu'incombe la responsabilité, capitale pour l'entreprise médiatique, d'assurer le réglage du « filtre commandé » que constitue tout média. Rappelant que cette fonction-clef, que l'on retrouve à tous les échelons de la chaîne rédactionnelle, désigne généralement toute boîte noire ne laissant passer un flux que s'il a des caractéristiques déterminées au préalable, M. Mathiens souligne que « la sélection opérée par un média de masse a peu de rapport avec le hasard. Elle s'effectue à partir de règles, principes et valeurs, et des décisions d'un certain nombre de personnes placées en situation de commande du « filtre» »[112].

---

dirigeants du secteur privé et public, les organisations syndicales, l'establishment, les créateurs et les relations de l'étranger.

112 M. MATHIENS, op. cit., p. 56.

II. L'événementiel : une épistémologie primaire

II.1. Au début de la chaîne : les agences

L'événement se situe au seuil du journal : encore en deçà de l'information, sa mise en forme finale, mais déjà au-delà du réel qu'il ne fait qu'encadrer. Et tel qu'il se présente au seuil du journal, l'événement est déjà un effet de texte et non un effet de réel, comme celui-ci le positionne pour ses lecteurs. Considéré de près, le flux d'événements qui alimente les journaux de masse provient à 80% des agences de presse internationales. Les 20% restant se répartissent entre des communiqués de presse de sources personnelles ou institutionnelles, fournis spontanément par leurs services de communication, des emprunts aux autres médias et des enquêtes effectuées par les journalistes. On le voit, les seuls événements qui ne sont pas déjà des textes à l'entrée du journal ne constituent qu'une partie infime des événements qu'il traite.

Les quatre agences de presse internationales occidentales, AFP, Reuter, AP et UPI, sont les principaux fournisseurs en événements des journaux de masse dans le monde, avec, désormais dans des proportions de loin moins importantes, l'agence ex-soviétique TASS. Dans le volumineux ouvrage qu'ils consacrent au trafic mondial des nouvelles[113], O. Boyd-Barret et M. Palmer rappellent que les agences constituent un phénomène à part parmi les médias. « Elles n'ont pas de « vedettes ». Elles n'ont pas de publicité à rechercher. »[114] Soulignant l'interférence entre géopolitique et information, ils indiquent que le succès d'une agence mondiale est tributaire de la domination que le pays de son siège a pu exercer par le passé et qu'il réussit encore à maintenir, même en partie : les agences mondiales les plus puissantes sont les hérauts des principaux pays capitalistes (AP, UPI) ou, jusqu'à un passé récent, communistes (TASS, Chine nouvelle). De même, l'essor des agences américaines sur le

113 O. BOYD-BARRET, M. PALMER, *Le trafic mondial des nouvelles*, Paris, A. Moreau, 1981, p. 28.

114 Ibid.

marché mondial date de 1944. Il coïncide avec l'expansion des Etats-Unis, le rôle actif qu'ils ont joué après la Seconde Guerre mondiale dans la reconstitution de l'Occident et sa défense contre le bloc communiste. Et les deux seules agences qui sont parvenues à se constituer d'autres sources d'informations que les quatre agences mondiales sont DPA, ouest-allemande, et KYODO, japonaise, des deux pays dont la puissance économique a éclipsé leur défaite militaire en 1945. Les quatre occidentales présentent leurs activités en termes de fournisseurs et clients, sur un fond d'impartialité rigoureuse. O. Boyd-Barret et M. Palmer indiquent que cette impartialité « doit être comprise dans le sens du refus à tout engagement politique manifeste, bien plus que comme une attitude de neutralité strictement observée »[115]. Attitude qui n'est pas sans rappeler celle d'un journal comme *Le Monde*. Pour ces quatre agences, au niveau de la diffusion de l'information, la création de services spécifiques pour une région géographique déterminée, comme l'Asie ou le Moyen-Orient, ou pour un pays, dépend essentiellement des ressources financières de cette clientèle. A l'information marchandise correspond, selon les lois du marché, un consommateur plus ou moins solvable[116]. Phénomène que dénonce notamment le rapport Mc Bride[117]. De plus, en matière de collecte de l'information, prévaut pour les agences le journalisme d'exception, ce que reconnaissent notamment Gerard Long de Reuter et Claude Roussel d'AFP[118] : « La tendance principale du journalisme dans le monde entier est le journalisme d'exception. Autrement dit, on n'écrit pas que tout va bien aujourd'hui au Pakistan. On écrit qu'il y a eu un accident d'avion. On vous raconte des événements insolites. (...)Peut-être

115 Ibid., p. 37.

116 J. GRITTI et H. BOURGES, *Le village planétaire : l'enjeu de la communication mondiale*, Dakar, Nouvelles Editions Africaines, 1986, p. 6.

117 S. MC BRIDE, « Difficultés dans la circulation de l'information », in *Voix multiples : un seul monde*, Paris, Documentation française, Nouvelles éditions africaines, UNESCO, pp. 169 à 193.

118 O. BOYD-BARRET, M. PALMER, op. cit., p. 480.

trop souvent, l'inattendu et l'exceptionnel prennent le pas sur les chiffres et les statistiques. »

II.2. L'événement : un cadre mental

Tel qu'il se situe au seuil du journal, l'événement n'est pas « un fait quelconque qui se produit ou que l'on prépare »[119], mais une première représentation de ce dernier, un palier dans la rhétorique de l'information.

Pour qu'un fait qui a lieu devienne un événement, il faut que les médias en « parlent ». Car c'est aux médias que revient désormais le monopole de l'événement qui s'inscrit dans les archives de nos sociétés modernes : journaux, agences de nouvelles ou d'images, livres. « Rien n'est de l'information si ça ne passe pas par cet horizon du virtuel, par cette hystérie du virtuel - non pas au sens psychologique, mais par la compulsion de ce qui est donné, en toute mauvaise foi, comme réel pour être consommé comme irréel. »[120]

En fait, le flux de la vie est porteur de plusieurs sortes d'événements. Dans la typologie qu'il établit à cet égard, A. Moles[121] distingue :

- les micro-événements qui parviennent à la conscience immédiate en suivant les lois de celle-ci ;
- les mini-événements qui sont retenus dans un délai variable mais toujours limité dans la durée de vie du sujet ;
- les événements proprement dits, mémorisés par ceux mêmes qui y ont participé ou en ont été témoins ;

119 P. GAILLARD, *Technique du journalisme*, Paris, PUF, Que sais-je ?, 1985, p. 25.

120 J. BAUDRILLARD, *L'illusion de la fin ou la grève des événements*, Paris, Galilée, 1992, p.85.

121 A. MOLES, « Notes pour une typologie des événements », in *Communications* n° 18, Paris, 1972, p. 91.

- les grands événements enfin, historiques, qui sont inscrits dans les archives sociales (agences photographiques, agences de nouvelles, journaux, livres d'histoire) et généralement datés dans une quelconque chronologie universelle.

Les journalistes, « émissaires du remarquable et du social »[122], vont à la rencontre des divers événements, équipés d'une série de critères de sélection, pour les mettre en forme.

Les célèbres questions : Qui ? Quoi ? Où ? Quand ? Comment ?, héritées de la rhétorique d'Aristote et enseignées dans les écoles de journalisme, constituent le cadre canonique appliqué à chaque événement. Elles permettent une première standardisation qui génère à son tour une reproduction facile : la dépêche, matérialisation première de l'événement, est caractérisée par son infinie multiplicité. Les dépêches tombent par milliers tous les jours dans les grandes agences de presse. A elle seule, l'AFP diffuse quotidiennement plus d'un million de mots !

Unité de communication mobile, la dépêche est un texte libre qui n'a pas d'énonciateur apparent et dont l'initiateur initial est transformé en source. Cette transformation est capitale. Elle permet un nouveau cadrage de l'événement qui confère un effet de réel à ce qui n'est plus qu'un effet de texte. Un cadrage qui isole en fait un fragment d'une expérience donnée et la sépare de son contexte. L'événement est ainsi conservé, reproduit, transporté sans dommage. Il vient rejoindre le stock de base qui alimente l'information-flux, fonction permanente des médias.

II.3. L'événementiel : un premier prélèvement

De par cette fonction permanente, le journal est en attente d'événements. Son attente est également conditionnée par les différentes caractéristiques de son environnement et par le contrat de lecture qu'il établit avec son destinataire. C'est en conséquence qu'il dessine autour de lui un champ événementiel, un programme, et dispose ses journalistes en fonction de ce

---

122 Ibid.

programme. Ainsi, par exemple, *Le Monde* les place dans des postes clés de l'espace diplomatique et politique, les affecte à couvrir en permanence les états-majors des principaux partis politiques, alors que *Paris Turf* les positionne sur les champs de courses.

Les chefs de rubriques ou les secrétaires de rédaction trient les dépêches de ce stock de base. Dans un premier temps, ils les lisent et en retiennent ce qui correspond à l'événementiel du journal. Dans un deuxième temps, ils téléphonent à un correspondant, consultent des dossiers d'archives, en un mot, ils procèdent à une première construction de l'événement. Ensuite, ils proposent une liste des informations à paraître dans la rubrique ou la page dont ils ont la responsabilité : ils élaborent ainsi la charpente du discours imprimé du journal qui sera soumise au verdict de la conférence de rédaction. Dans un quatrième temps enfin, les journalistes vont écrire les articles dont la parution a reçu l'aval de la conférence de rédaction. Dans le cas où ils ne travaillent pas sur des dépêches d'agence mais sur des communiqués provenant de sources diverses ou sur des enquêtes sur le terrain, les journalistes doivent là aussi procéder à un choix. Leur travail n'est jamais fortuit mais obéit pour l'essentiel à l'événementiel du journal, ces règles, principes et valeurs qui régissent la commande de « filtre ».

Pour valider ces hypothèses, nous avons effectué une analyse du discours imprimé des journaux suivants : *Le Figaro*, *Libération*, *Le Monde*, *Le Parisien*, *Ouest-France*, *La Voix du Nord*, *L'Express*, *Le Nouvel Observateur* et *Paris-Match*. Comme nous l'avons indiqué dans l'introduction de ce travail, la diffusion et la représentativité des différents genres du journalisme de masse ont constitué les critères de base de cette sélection. Reste que *Le Parisien* a été retenu parce que c'est un grand quotidien populaire même s'il s'est repositionné en quotidien de la capitale et de l'Ile-de-France, les deux autres quotidiens régionaux car ils ont des champs événementiels spécifiques à leur identité régionale, les deux newsmagazines et le magazine illustré parce qu'ils commencent là où finit l'événement, mais en donnent quand même à voir des images chaudes.

Deux dates charnières structurent le corpus étudié : la chute du Mur de Berlin, le 9 novembre 1989, et celle du dictateur roumain Nicolae Ceausescu, le 24 décembre 1989. Ces deux événements, qui ont fait l'objet d'une large couverture médiatique, font partie des événements historiques tels que les définit Moles. En plus, lorsque nous commencions ce travail de recherche, tous les deux étaient perçus par les destinateurs de l'information, et donc présentés aux destinataires, comme permettant de retrouver l'espace de référence de l'histoire. Avec les autres événements de l'Est à cette même période, ils ont prétendu « relancer le mouvement des peuples et le processus démocratique »[123]. Les événements de Roumanie étaient chargés également de tout l'impact de ce que l'instantanéité médiatique qualifiait alors de révolution, ainsi que de la fascination venue du fond des âges qu'exerce toujours le meurtre du chef. L'accès aux événements roumains se faisait essentiellement par le biais de la télévision roumaine. Celle-ci avait réalisé à l'époque un trucage télévisuel des cadavres du pseudo-charnier de Timisoara et un faux procès du dictateur déchu. Les deux pseudo-événements ont été repris systématiquement par les grands médias occidentaux toutes catégories confondues, à savoir la radio, la télévision et la presse, qui leur ont accordé une place importante à l'antenne et dans leurs pages. Très peu de temps après, les événements de Roumanie, et tout comme en 1991 la guerre du Golfe, laissaient à beaucoup de lecteurs, d'auditeurs, de téléspectateurs et même de professionnels de l'information un arrière-goût amer : tout est donné à voir et pourtant l'essentiel est manquant.

Dans notre travail d'analyse, le discours imprimé est appréhendé comme une entité inscrite dans le temps et soumis, en tant que tel, à des réajustements continuels. Pour permettre un suivi de l'événement, nous avons étudié chaque fois, dans le cas

---

123 J. BAUDRILLARD, *L'illusion de la fin ou la grève des événements*, op. cit., p. 163.

des quotidiens, deux numéros, l'un sorti trois jours avant, l'autre trois jours après la date charnière ; avec deux numéros pour couvrir les deux temps de l'insurrection roumaine : la chute du régime, le 22 décembre, et celle du dictateur, le 24 du même mois. En ce qui concerne les magazines, nous nous sommes contentés d'étudier chaque fois deux numéros consécutifs en novembre et deux autres en décembre. Ces quatre numéros couvrent largement les deux dates indiquées, en raison de la périodicité hebdomadaire des supports.

Globalement, l'analyse a porté sur 53 numéros, 7 de chaque quotidien[124], à part *Le Monde :* le numéro daté du 20 décembre 1989 a été épuisé et nous n'avons pu, pour cette raison, l'intégrer à notre étude. Celle-ci porte également sur 4 numéros de chacun des magazines[125] déjà indiqués.

La première étape de cette analyse est morphologique. Comme son nom l'indique, cette démarche, mise au point par le fondateur de l'Institut Français de Presse, J. Kayser[126], vise à dégager la charpente du journal en le décomposant en chacun de ses éléments constitutifs, afin de mesurer le rapport interne entre ses différentes parties et pouvoir établir ainsi une première comparaison entre les différents journaux étudiés. Examiné de près, le contenu d'un journal se scinde en deux parties, communes à tous les organes de presse : d'une part l'information proprement dite, de l'autre un ensemble assez disparate qu'on pourrait classer globalement sous la dénomination « avis ».

La première est une mosaïque en provenance de toutes les parties du monde. La date semble être son principe fédérateur.

La seconde regroupe la publicité commerciale et institutionnelle, les petites annonces, le carnet, les programmes de télévision, de cinéma et des spectacles divers, les jeux, la météo. C'est-à-dire des informations qui, soit ont été « commandées » au journal et ont fait l'objet d'une transaction

---

124 Cf. tableau n° 1, p. 30.

125 Ibid.

126 J. KAYSER, *Le quotidien français*, op. cit.

financière, soit, narrativement, sont des rubriques coutumières et quasiment rituelles. Ces informations sont classées en trois rubriques : publicité et petites annonces, programmes et carnet, météo et jeux. Mais il n'y a pas d'étude particulière qui leur est consacrée.

En revanche, la partie information retient toute notre attention. C'est elle qui constitue notre champ d'observation et d'analyse.

III. Analyse morphologique du corpus : le champ événementiel est une attente d'événements

Les catégories structurant la partie information ne relèvent pas d'un choix arbitraire : elles constituent les rubriques sous lesquelles ces supports classent les événements. On retrouve ces mêmes matrices tant dans les quotidiens nationaux et régionaux que dans les magazines d'information générale.

Les uns et les autres y organisent toutefois des contenus différents. En effet, les quotidiens régionaux consacrent, par exemple, aux informations internationales, moins d'espace que les quotidiens nationaux. Et dans *Ouest-France*, l'agriculture et l'élevage dans la région occupent un espace beaucoup plus important que les questions d'économie internationale. De même, *Le Parisien* regroupe sous l'intitulé « actualité sociale » des informations sur les différents arrondissements de Paris et sur les diverses localités d'Ile-de-France. Alors que *L'Express*, *Le Nouvel Observateur* et *Paris-Match* classent dans cette rubrique des événements concernant l'ensemble de la population française, présentés sous forme d'enquêtes-sondages-reportages dans les deux news et avec une forte connotation people dans *Paris-Match*.

La répartition morphologique du contenu des journaux étudiés permet de définir l'attente d'événements du support - et donc de son lectorat - et de tracer ainsi les contours du champ événementiel de chacun des trois genres du journalisme de masse.

Car chaque journal - et chaque genre de journal - est une attente d'événements : « Il dessine autour de lui un champ événementiel qui est l'équivalent de « l'Umwelt » des organismes. »[127] C'est d'ailleurs cette double attente du destinateur et du destinataire qui sert de base au contrat de lecture que le journal établit avec son lectorat.

III.1. Les quotidiens nationaux : un découpage temporel

Les trois grands quotidiens nationaux étudiés concentrent à eux seuls la moitié de la diffusion des quotidiens nationaux. Ils se

---

127 M. MOUILLAUD, J.F. TETU, *Le journal quotidien*, Presses universitaires de Lyon, Lyon, 1989, p. 27.

positionnent tous les trois en quotidiens de qualité. Ils n'en sont pas moins les héritiers directs de la grande presse, en tant qu'entreprises marchandes et productrices de sens à diffusion massive, même si leurs tirages restent largement en dessous des tirages respectifs des quatre grands. Ils ont remodelé leur champ événementiel pour faire face à la dégradation de leur audience, entamée principalement par l'audiovisuel, les quotidiens régionaux et les newsmagazines.

Paradoxalement, le champ événementiel de ces quotidiens est hebdomadaire dans sa globalité : des rubriques rendez-vous sont créées en fonction de chaque population-segment. « Nous avons déjà le lundi du sport, le jeudi des livres et le vendredi de l'Europe », indique M. Vidal, directeur commercial de *Libération*[128]. Directeur marketing et des éditeurs du *Figaro*, D. Noël voit dans ces rendez-vous fixés à la semaine autant de « passerelles lancées d'un jour à l'autre aux lecteurs » et visant à « obtenir le maximum de diffusion pour un effet de masse ». Car « l'avenir de la presse quotidienne c'est le rendement »[129].

Ainsi, on achète *Le Figaro* du lundi pour sa rubrique économie, *Libération* du jeudi pour son cahier livre et *Le Monde* du jeudi pour son guide arts et spectacles. Les cahiers-suppléments ou cahiers thématiques modulent ainsi une nouvelle formule du quotidien, moins journalière et plus modulaire. Ils sont même devenus le symbole d'une modernisation du contenu du journal. « Il s'agit là pour une large part des fruits de la communication des journaux, et tout particulièrement du *Monde*, qui ont accrédité l'idée de cette relation entre la modernisation du contenu et les cahiers. La réalité est plus complexe, puisque cette forme de publication est pratiquée en France (*Les Dernières Nouvelles d'Alsace*) et à l'étranger depuis plusieurs années. »[130] La politique des cahiers pratiquée par la presse régionale

---

128 G. AWAD, « Comment fidéliser les lecteurs », in *L'Echo de la Presse* du 24.03.1989, pp. 23- 25.

129 Ibid.

130 J.M. CHARRON, *La presse*, Paris, Seuil, 1991, p. 361.

alsacienne ou allemande répond en fait à un marketing de la lecture : elle permet de partager simultanément le journal entre les différents membres de la famille.

Le rythme de parution de ces cahiers-suppléments destinés à des segments de lecteurs explique qu'une rubrique « enfle » un jour et revient à des proportions plus normales ou même disparaît les autres jours de la semaine, comme on le constate avec les tableaux ci-après (l'unité de mesure est le cc^2 : colonne-centimètre-carré).

Le Figaro	06.11.89	09.11.89	11.11.89	19.12.89	22.12.89	25.12.89	28.12.89
Publicité et petites annonces	25,9%	28,9%	8,3%	30,9%	27,9%	1,2%	15,5%
Programmes et carnet	7,4%	6,2%	9,3%	7,5%	9,8%	14,1%	10,4%
Météo et jeux	5,7%	2,2%	3,0%	2,4%	3,5%	5,8%	3,2%
Informations internationales	9,6%	6,5%	22,9%	8,1%	9,8%	36,0%	20,7%
Politique	6,1%	3,2%	4,8%	5,5%	2,9%	3,0%	2,8%
Catastrophes et faits divers	1,7%	1,3%	3,6%	1,7%	2,4%	1,0%	2,3%
Terrorisme	0,0%	0,0%	0,0%	1,2%	0,0%	0,0%	0,0%
Economie et bourse	0,3%	23,9%	18,8%	21,2%	17,0%	0,0%	17,9%
Culture et loisirs	24,5%	18,3%	11,8%	7,7%	18,6%	13,5%	14,8%
Science, médecine et industrie	2,5%	3,4%	2,5%	5,4%	2,4%	2,7%	5,6%
Sport et courses	8,7%	1,9%	9,9%	3,8%	3,0%	13,1%	3,9%
Religion	0,6%	0,0%	0,9%	0,5%	0,5%	4,2%	0,0%
Actualité sociale	2,6%	2,5%	0,3%	3,2%	0,5%	0,0%	0,6%
Enseignement	1,2%	0,0%	0,0%	0,0%	0,7%	0,0%	0,0%
Autre	3,1%	1,7%	3,9%	0,8%	1,0%	5,4%	2,4%

Tableau n° 3

Libération	06.11.89	09.11.89	11.11.89	19.12.89	22.12.89	25.12.89	28.12.89
Publicité et petites annonces	16,3%	13,8%	7,7%	20,9%	17,8%	8,4%	7,2%
Programmes et carnet	5,1%	5,3%	7,9%	6,6%	5,6%	5,7%	5,5%
Météo et jeux	0,6%	0,6%	0,7%	0,8%	0,6%	0,8%	0,6%
Informations internationales	21,3%	17,8%	49,9%	25,7%	33,6%	57,5%	35,9%
Politique	19,2%	4,2%	4,0%	6,4%	5,7%	0,0%	0,3%
Catastrophes et faits divers	3,3%	1,6%	0,3%	4,4%	1,7%	0,9%	4,0%
Terrorisme	0,0%	0,0%	0,1%	0,0%	0,0%	0,0%	0,0%
Economie et bourse	10,3%	12,9%	9,3%	13,7%	16,6%	7,4%	9,5%
Culture et loisirs	10,4%	36,1%	12,2%	15,9%	10,8%	7,6%	35,1%
Science, médecine et industrie	0,0%	0,0%	0,1%	0,0%	0,0%	0,0%	0,1%
Sport et courses	13,4%	2,0%	4,6%	2,5%	2,1%	5,1%	0,4%
Religion	0,0%	0,0%	1,4%	0,0%	0,0%	0,0%	0,0%
Actualité sociale	0,2%	5,6%	1,8%	3,1%	5,6%	6,7%	1,5%
Enseignement	0,0%	0,0%	0,0%	0,0%	0,0%	0,0%	0,0%
Autre	0,0%	0,0%	0,0%	0,0%	0,0%	0,0%	0,0%

Tableau n° 4

Le Monde	07.11.89	10.11.89	12.11.89	23.12.89	26.12.89	29.12.89
Publicité et petites annonces	47,1%	30,0%	5,2%	20,1%	4,4%	18,9%
Programmes et carnet	4,6%	4,1%	7,7%	8,9%	11,9%	6,9%
Météo et jeux	1,0%	1,4%	3,1%	4,1%	3,1%	3,0%
Informations internationales	10,9%	12,7%	31,3%	14,4%	39,5%	20,8%
Politique	4,8%	7,7%	10,9%	4,8%	6,5%	2,9%
Catastrophes et faits divers	0,6%	2,4%	0,9%	0,8%	1,2%	1,0%
Terrorisme	0,0%	0,2%	0,6%	0,0%	0,0%	0,0%
Economie et bourse	18,2%	16,3%	22,6%	24,0%	8,9%	13,2%
Culture et loisirs	3,1%	21,4%	6,5%	13,5%	7,8%	27,1%
Science, médecine et industrie	0,8%	0,1%	1,5%	2,1%	1,1%	0,8%
Sport et courses	2,2%	1,2%	0,2%	1,4%	6,6%	1,4%
Religion	0,1%	0,0%	0,0%	2,3%	0,0%	0,3%
Actualité sociale	4,5%	0,9%	4,0%	2,5%	2,2%	3,7%
Enseignement	2,1%	1,7%	0,0%	1,1%	0,0%	0,0%
Autre	0,0%	0,1%	5,3%	0,0%	6,9%	0,0%

Tableau n° 5

Mais les informations internationales, les catastrophes-faits-divers-terrorisme et, dans une dimension beaucoup moins flagrante, la politique, échappent à ces fluctuations de l'actualité : c'est dans ces creusets que les quotidiens nationaux vont tous les jours puiser le liant, le feu d'artifice qui leur permet d'exercer pleinement leur vocation première de médias de masse. Celle-ci consiste à retenir, à captiver le plus grand nombre en produisant du sens.

Face au découpage temporel et numérique qu'ils opèrent avec leurs rubriques rendez-vous fixes, ces quotidiens superposent une deuxième hiérarchisation de l'événement basée sur **le symbolique, le groupal, l'individuel**.

Cette démarche fait que les informations internationales occupent jusqu'à 57,5% de *Libération* et 36% du *Figaro* datés du 25.12.1989, et 39,5% du *Monde* daté du lendemain. En effet, ces trois numéros couvraient la chute de Nicolae Ceausescu. Elle explique aussi que *Le Monde* daté du 20.12.1989 soit épuisé : il couvrait l'éclatement médiatique de ce qu'on appelait alors la révolution roumaine avec les pseudo-charniers de Timisoara.

III.2. Les quotidiens régionaux : pour un néoarchaïsme

Publication de voisinage au départ, les quotidiens régionaux de grande diffusion n'en sont pas moins des médias de masse. En plus d'une large audience, ils partagent avec les journaux nationaux la même stratégie de « l'attrape-tout » et les mêmes contraintes de l'entreprise à la fois marchande et productrice de sens. Les uns et les autres visent à rendre attentif, voire captif, le plus grand nombre de lecteurs.

La performance des grands quotidiens régionaux en matière de diffusion dépasse parfois celle des quotidiens nationaux. C'est le cas d'*Ouest-France* qui diffuse plus de 786.000 exemplaires[131], l'équivalent à peu près de la diffusion globale cumulée du *Figaro* et du *Monde*. Avec plus de 400.000 exemplaires, *Le Parisien* enregistre un score supérieur à celui du *Monde* et très proche de la performance du *Figaro*. Et *La Voix du Nord* réalise une diffusion totale d'environ 372.000 exemplaires, soit 9.000 exemplaires de plus que *Le Monde* qui occupe la deuxième place dans le hit-parade des quotidiens nationaux. Cette situation n'est pas récente, son mouvement est engagé déjà depuis la fin de la Première Guerre mondiale. A la veille de la Seconde Guerre mondiale, les nationaux et les régionaux s'équilibrent avec un tirage d'environ 6 millions d'exemplaires de part et d'autre. Et après la Libération, l'écart est creusé au profit de la PQR[132], avec déjà un avantage de 3.200.000 exemplaires qui atteindra 4.632.000 exemplaires en 1988.[133]

A cette diffusion massive correspond un champ événementiel articulé essentiellement autour du spatial, du territoire. D'où la prédominance exclusive de l'information locale dont le flux alimente pratiquement les mêmes rubriques que celles des quotidiens nationaux. Ce qui se traduit par la multiplication des éditions locales, 38 dans le cas d'*Ouest-France* et 29 pour *La Voix du Nord.*

---

131 Cf. tableau n° 2, p. 31.

132 Presse quotidienne régionale.

133 J.M. CHARRON, op. cit., p. 138.

Si le quotidien régional partage avec le quotidien national un même champ global d'observation, celui de l'univers habité[134], il privilégie toutefois l'environnement immédiat comme champ d'investigation. Cela se traduit par un poids différent des rubriques, ainsi *Le Parisien, Ouest-France* et *La Voix du Nord* n'accordent respectivement que 3%, 3,9% et 2,4% aux informations internationales.

Le Parisien	06.11.89	09.11.89	11.11.89	19.12.89	22.12.89	25.12.89	28.12.89
Publicité et petites annonces	42,9%	28,9%	4,3%	30,0%	23,6%	4,9%	16,0%
Programmes et carnet	8,4%	9,3%	17,0%	5,7%	6,9%	15,1%	7,6%
Météo et jeux	8,4%	5,9%	7,0%	4,8%	5,4%	6,1%	6,2%
Informations internationales	3,0%	7,8%	19,1%	8,9%	7,0%	29,5%	22,5%
Politique	0,5%	1,9%	0,1%	4,0%	0,6%	0,0%	1,5%
Catastrophes et faits divers	6,1%	4,2%	2,2%	5,2%	4,1%	5,6%	7,1%
Terrorisme	0,0%	0,2%	0,0%	0,0%	0,0%	0,0%	0,0%
Economie et bourse	5,4%	5,3%	1,8%	9,1%	9,4%	1,4%	5,2%
Culture et loisirs	6,1%	12,2%	10,1%	6,2%	10,3%	22,6%	8,2%
Science, médecine et industrie	1,2%	0,2%	0,1%	0,2%	1,5%	1,2%	0,0%
Sport et courses	0,0%	12,1%	24,6%	11,7%	17,8%	0,0%	10,1%
Religion	0,0%	0,0%	0,0%	0,0%	0,0%	0,0%	0,0%
Actualité sociale	11,1%	7,2%	8,5%	6,8%	8,0%	2,9%	7,0%
Enseignement	4,4%	0,0%	0,8%	2,5%	0,0%	0,0%	0,0%
Autre	2,4%	4,9%	4,4%	4,7%	5,4%	10,6%	8,6%

Tableau n° 6

Ouest-France	06.11.89	09.11.89	10.11.89	19.12.89	22.12.89	23.12.89	28.12.89
Publicité et petites annonces	21,9%	19,9%	40,7%	13,3%	24,8%	26,7%	16,5%
Programmes et carnet	9,3%	15,7%	13,5%	13,3%	9,7%	18,3%	17,1%
Météo et jeux	1,2%	3,1%	1,7%	1,6%	3,3%	1,1%	2,4%
Informations internationales	3,9%	4,1%	3,0%	5,3%	6,4%	8,9%	15,0%
Politique	1,6%	2,2%	2,1%	3,6%	4,2%	0,7%	1,9%
Catastrophes et faits divers	3,9%	4,1%	4,2%	6,2%	3,4%	1,4%	4,2%
Terrorisme	0,0%	0,0%	0,0%	0,0%	0,0%	0,0%	0,0%
Economie et bourse	4,7%	12,8%	9,8%	11,3%	7,9%	9,5%	7,0%
Culture et loisirs	5,4%	9,7%	6,6%	12,0%	10,7%	7,9%	11,7%
Science, médecine et industrie	0,0%	0,0%	0,5%	1,0%	2,5%	1,1%	1,2%
Sport et courses	35,1%	11,7%	11,5%	13,7%	8,3%	9,0%	7,9%
Religion	0,9%	1,2%	0,8%	2,0%	3,3%	0,9%	0,0%
Actualité sociale	4,9%	11,5%	3,8%	11,5%	10,8%	11,6%	12,4%
Enseignement	6,4%	1,3%	0,6%	2,8%	2,7%	0,3%	0,8%
Autre	0,8%	2,8%	1,1%	2,3%	2,0%	2,7%	1,9%

Tableau n° 7

134 M. MATHIENS (sous la direction de), *La physique des sciences de l'homme. Mélanges pour Abraham Moles*, op. cit., p. 57.

La Voix du Nord	05.11.89	09.11.89	12.11.89	19.12.89	22.12.89	25.12.89	28.12.89
Publicité et petites annonces	56,1%	17,2%	34,9%	20,3%	23,8%	38,0%	15,2%
Programmes et carnet	9,8%	11,7%	8,5%	11,1%	6,2%	13,2%	14,8%
Météo et jeux	1,4%	2,0%	2,1%	3,4%	6,1%	3,8%	2,2%
Informations internationales	2,4%	3,9%	6,4%	3,4%	5,0%	5,2%	8,3%
Politique	0,5%	4,1%	1,5%	5,5%	1,3%	0,5%	1,5%
Catastrophes et faits divers	1,2%	5,7%	2,6%	5,5%	2,4%	1,2%	5,2%
Terrorisme	0,0%	0,0%	0,0%	0,0%	0,1%	0,0%	0,0%
Economie et bourse	1,7%	8,5%	4,4%	9,5%	24,7%	1,2%	7,8%
Culture et loisirs	14,2%	13,8%	9,2%	8,9%	9,2%	9,1%	16,7%
Science, médecine et industrie	0,1%	4,6%	0,0%	0,5%	1,4%	0,8%	0,6%
Sport et courses	8,3%	13,4%	16,2%	19,7%	10,7%	11,3%	9,5%
Religion	0,0%	0,0%	0,2%	0,0%	0,5%	0,7%	0,0%
Actualité sociale	2,4%	8,5%	11,3%	7,9%	5,7%	12,4%	14,4%
Enseignement	0,4%	3,2%	1,8%	2,4%	1,6%	1,6%	0,3%
Autre	1,6%	3,4%	0,7%	1,7%	1,3%	1,0%	3,5%

Tableau n° 8

Le lendemain de l'exécution de Ceausescu, cette proportion monte à 15% dans *Ouest-France* et à 8,3% dans *La Voix du Nord*. Alors que *Le Parisien*, quotidien régional de la capitale, va jusqu'à 22,5% : Bucarest est plus proche de l'Ile-de-France que des régions rennaises ou lilloises. « Si chaque rédaction porte bien son regard sur le vaste monde, les informations qu'elle y prélève sont, cependant, en moyenne, inversement proportionnelles à la distance par rapport au point « ici et maintenant ». Ceci constitue, en quelque sorte, une loi d'airain. »[135]

Fortement implanté dans son territoire, le quotidien régional structure son champ événementiel de façon à remplir sa double fonction : fabriquer des couleurs locales, ou ce que E. Morin appelle un néoarchaïsme grâce à de nouvelles unités de socialisation et d'identification symbolique, et poursuivre l'intégration des provinces à la modernité.

Cette entreprise d'intégration est née avec la loi du 29 juillet 1881 sur la liberté de la presse qui supprime autorisation préalable, cautionnement ou censure. La IIIe République voit dans les journaux, et notamment les journaux de province, un prolongement de l'école primaire de Jules Ferry. Très longtemps

135 Ibid., p. 57.

après, les quotidiens régionaux ont pratiqué cette « mission » de pédagogie et de formation du citoyen. « Le pluralisme des titres constituait le parallèle direct avec les affrontements entre les grands courants politiques, philosophiques, etc., de chaque région ou « pays ». »[136] A partir des années soixante, la télévision annexe les grands affrontements d'idées et les quotidiens régionaux adoptent une présentation de l'information plus neutralisée et plus synthétique. Ils consolident leur ancrage dans la vie locale et la vie quotidienne de leurs lecteurs à travers la multiplication des éditions d'un côté et l'importance consacrée aux loisirs de l'autre.

Cela s'est traduit, marketing aidant, par l'instauration de rubriques rendez-vous greffées sur les temps forts de la vie du territoire et des loisirs : le sport et les courses, les programmes de télévision. L'actualité sociale et les catastrophes-faits-divers servent à ces journaux de dénominateur commun fédérateur entre leur nouveau lectorat de plus en plus urbain et leur clientèle traditionnelle. Enfin, les informations internationales permettent au quotidien régional d'inscrire son champ d'investigation dans son champ d'observation.

III.3. Les magazines d'information générale : un champ thématique truffé de morceaux d'événements

Situés à la frontière de l'information et donc de l'événement, ces magazines occupent une place particulière entre « le discours de l'information et quelque chose qui n'est plus le discours sur l'information »[137]. Ce qui leur confère un champ événementiel plus malléable, plus élastique que celui rigoureusement construit par les quotidiens, et essentiellement thématique. Cette caractéristique est le produit d'une approche spécifique sur le plan rédactionnel, essentiellement fondée sur le rewriting et l'importance accordée aux photos, ainsi que d'une forte démarche

---

136 J.M. CHARRON, op. cit., p. 133.

137 E. VERON, « Construire l'événement », in *Communications* n° 28, pp. 155-156.

marketing qu'ils ont été les premiers à introduire en 1964 dans la presse française, quarante ans après l'apparition de leurs précurseurs anglo-saxons *Time* (1923) et *Newsweek* (1933).

En raison de leur positionnement originel d'équilibristes qui distancient l'événement tout en collant à l'actualité, les news édifient leur champ événementiel autour de thèmes qu'ils truffent de morceaux d'événements ou d'événements morcelés puisés dans l'affluent de l'actualité. Ces thèmes sont greffés sur les informations internationales, comme dans *Le Nouvel Observateur* du 28.12.1989 et *L'Express* du 29.12.1989, sur l'actualité sociale, comme dans *L'Express* du 10.11.1989, ou sur les deux, comme dans *Le Nouvel Observateur* du 16.11.1989.

Le magazine illustré de notre corpus obéit à la même logique du marketing serré et de l'approche thématique greffée de morceaux d'événements pris dans le flux de l'actualité. Avec cette différence que tant l'approche thématique que les morceaux d'événements sont essentiellement people dans *Paris-Match.* Le people, cette expression que l'on pourrait traduire par « les gens », comme le fait *Paris-Match* qui intitule ainsi une de ses rubriques, consiste à toujours traiter les événements à travers le vécu des personnages qui en sont les héros. Les articles, et surtout les photos des Olympiens, procurent au lecteur l'impression de partager le quotidien de ces êtres au-dessus du commun que sont les rois, reines, princes et princesses, les milliardaires, les stars, les leaders politiques, les champions sportifs, etc. Mais le people ne traite pas des seuls Olympiens, il porte également sur des anonymes que les aléas de l'actualité placent sous les feux de la rampe médiatique : héros de faits divers, rescapés d'accidents ou de catastrophes naturelles, gagnants du loto, etc., qui viennent témoigner d'une peur, d'une félicité ou d'une colère exemplaires.

L'Express	10.11.89	17.11.89	22.12.89	29.12.89
Publicité et petites annonces	47,0%	50,7%	37,6%	33,1%
Programmes et carnet	2,0%	1,8%	2,1%	2,8%
Météo et jeux	2,6%	2,3%	4,9%	0,9%
Informations internationales	9,2%	20,4%	18,5%	24,4%
Politique	9,2%	3,8%	4,7%	0,6%
Catastrophes et faits divers	0,0%	0,0%	2,1%	0,3%
Terrorisme	0,0%	0,0%	0,0%	0,6%
Economie et bourse	4,6%	3,5%	3,0%	15,4%
Culture et loisirs	6,9%	10,8%	16,7%	19,4%
Science, médecine et industrie	2,0%	3,2%	0,0%	1,7%
Sport et courses	0,0%	1,5%	2,4%	0,0%
Religion	2,0%	0,0%	0,0%	0,0%
Actualité sociale	12,5%	0,0%	0,7%	0,0%
Enseignement	2,0%	0,0%	1,5%	0,0%
Autre	0,0%	2,0%	5,7%	0,7%

Tableau n° 9

Le Nouvel Observateur	09.11.89	16.11.89	21.12.89	28.12.89
Publicité et petites annonces	59,3%	52,3%	41,2%	23,2%
Programmes et carnet	4,4%	4,2%	9,3%	2,5%
Météo et jeux	0,3%	1,3%	0,2%	0,3%
Informations internationales	4,3%	8,2%	6,1%	23,2%
Politique	3,8%	0,4%	5,5%	0,9%
Catastrophes et faits divers	1,2%	1,3%	0,6%	1,9%
Terrorisme	0,0%	0,0%	0,0%	0,0%
Economie et bourse	5,4%	6,1%	5,7%	9,8%
Culture et loisirs	15,1%	12,9%	23,0%	27,4%
Science, médecine et industrie	0,7%	0,0%	0,0%	0,9%
Sport et courses	0,7%	0,4%	1,0%	0,0%
Religion	0,0%	0,0%	7,3%	2,5%
Actualité sociale	4,8%	13,0%	0,0%	7,4%
Enseignement	0,0%	0,0%	0,0%	0,0%
Autre	0,0%	0,0%	0,0%	0,0%

Tableau n° 10

Paris-Match	09.11.89	16.11.89	21.12.89	28.12.89
Publicité et petites annonces	36,0%	34,7%	38,4%	20,5%
Programmes et carnet	2,5%	2,3%	2,1%	3,4%
Météo et jeux	1,0%	2,3%	1,7%	1,9%
Informations internationales	6,9%	3,9%	14,1%	14,6%
Politique	1,3%	0,6%	4,3%	4,7%
Catastrophes et faits divers	4,3%	2,6%	0,2%	3,9%
Terrorisme	0,0%	0,0%	0,0%	0,0%
Economie et bourse	0,8%	1,9%	0,6%	0,9%
Culture et loisirs	17,8%	14,3%	7,3%	6,0%
Science, médecine et industrie	2,6%	2,6%	7,4%	2,6%
Sport et courses	0,0%	0,0%	0,0%	0,0%
Religion	0,0%	1,9%	1,2%	3,4%
Actualité sociale	7,5%	9,7%	2,4%	2,6%
Enseignement	0,3%	0,0%	0,0%	0,0%
Célébrités	14,7%	23,2%	16,5%	23,7%
Autre	4,4%	0,0%	3,7%	11,8%

Tableau n° 11

Cette approche thématique permet aux magazines d'information générale de bien gérer la souplesse conférée par leur statut d'hebdomadaires. L'élasticité du champ d'information ainsi obtenue est structurée par des pages de stabilisation et de familiarisation, comme les programmes de télévision, les chroniques et les rubriques shopping.

IV. Analyse sémiologique des titres

IV.1. L'événementiel du journalisme de masse : une catégorisation par intensité, extension et symbolique

Après l'analyse morphologique qui nous a permis de dégager le champ événementiel de chaque genre du journalisme de masse, nous avons effectué une analyse sémiologique de tous les titres des informations du corpus. Les titres car c'est à « leur niveau que le lecteur a affaire à l'événementiel à l'état pur »[138]. En effet, le discours du journal n'est pas homogène en tous ses points : c'est la région des titres qui constitue le site privilégié de l'événement. D'ailleurs, le balayage des titres constitue la première phase-rituel de la lecture du journal. Le titre d'un article exerce le pouvoir d'engendrer ou non la lecture de l'article qu'il introduit. Il n'a cependant pas le monopole de ce pouvoir qu'il partage avec les photos. Celles-ci constituent l'autre déclencheur de l'acte de lecture d'une information, à un degré plus ou moins important il est vrai, en fonction de l'importance accordée par le journal à l'image.

Cette importance capitale du titre dans l'induction de la lecture fait que s'exerce déjà à son niveau « l'écriture de presse ». Un titre fait l'objet d'une construction, opération qui n'est pas réalisée par le journaliste tout seul mais dans laquelle intervient souvent le secrétaire de rédaction, le chef de rubrique et parfois le rédacteur en chef. Cette construction du titre se fait autour de mots clefs, de points d'articulations qui sont à la fois les points les plus forts de l'article et les plus vendeurs auprès du lecteur. Ces points d'articulations constituent les points d'accès à l'article pour le lecteur et les moyens d'« accrochage » du lecteur pour qu'il accède à l'article.

Aussi, après un premier inventaire des titres, nous en avons effectué un autre : celui des points d'articulations autour desquels chaque fois est construit un titre. Ce qui nous a permis de les classer dans des catégories de l'événementiel établies à la suite

---

138 M. MOUILLAUD et J.F. TETU, op. cit., p. 29.

d'une première lecture. Ces catégories sont au nombre de trois : **intensité, extension et symbolique.**

L'intensité comprend l'individuel, le groupal et l'exceptionnel.

L'individuel est tout ce qui touche aux passions profondes de l'individu, comme par exemple les titres suivants : « Après une opération, la douleur trop ignorée » (*Le Figaro*, 11.11.89, p. 7), « Humeurs noires » (*Le Nouvel Observateur*, 09.11.89, p. 6), « Attention ! chute de cheveux » (*Le Parisien*, 06.11.89, p. 21).

Le groupal est ici synonyme de « tribal » ou tout ce qui a rapport au groupe en tant que « tribu » et entité structurante du social. Ainsi le titre « Les femmes parlent » (*Le Figaro*, 09.11.89, p. 41) interpelle « la tribu » des femmes dans la société française. Et les titres « Ce collège d'intellectuels » (*Le Figaro*, 19.12.89, p. 10) et « Les petits porteurs de Sacilor déboutés en appel » (*La Voix du Nord*, 09.11.89, p. 16) structurent en groupes les intellectuels et les petits porteurs.

L'exceptionnel regroupe enfin tout ce qui se démarque de l'ordinaire des groupes et individus, comme c'est le cas dans les titres « Iran : séisme » (*Libération*, 06.11.89, p. 14), « Après le cauchemar » (*L'Express*, 22.12.89, p. 122), « Les Rambos du métro » (*Le Nouvel Observateur*, 16.11.89, p. 97) et « Invité à Coulitz (Finistère) par le premier maire noir de France » (*Ouest-France*, 09.11.89, p. 2).

L'intensité permet l'embrayage de l'événement dans la vie des individus et des groupes ainsi que dans le cours des choses.

L'extension regroupe le temporel, le spatial et le numérique.

Le temporel est un prélèvement effectué sur le critère de la date : « Besoins de financement : forte augmentation en 1988 » (*Le Monde*, 07.11.89, p. 43), « Le 11 : la musique de la 2e Région militaire à l'hôtel de ville » (*La Voix du Nord*, 05.11.89, p. 14).

Le spatial est une catégorisation basée sur l'espace, le territoire, comme dans les titres : « Vers une RDA pleinement socialiste » (*Le Parisien*, 11.11.89, p. 5), « La France, la vraie » (*L'Express*, 10.11.89, p. 1), « Une drôle de France pleine de clichés » (*La Voix du Nord*, 24.12.89, p. 2), « L'Europe ne doit pas sacrifier l'aide au tiers monde au profit des seuls pays de l'Est » (*Paris-Match*, 28.12.89, p. 16).

Le numérique est une sélection en fonction du nombre, exemples : « Chirac cherche deux millions de signatures » (*Paris-Match*, 28.12.89, p. 81), « Les milliards du marché de l'art » (*Le Nouvel Observateur*, 16.11.89, p. 87), « Daimler Benz lance une augmentation de capital de 1,95 milliards de deutschmarks (6,5 milliards de francs) » (*Le Monde*, 07.11.89, p. 46). Ces trois éléments implantent l'événement dans un réel précis tout en faisant partie du champ événementiel sécrété par le journal autour de lui-même.

Le symbolique recouvre des événements parfois mince, mais ayant toujours une forte dimension de symbole, ce qui en fait comme des signes surchargés de connotations. Le symbolique est un matériau gluant qui a besoin d'être structuré dans des catégories culturelles fortes. C'est pourquoi ses catégories se limitent à deux : **métaphore et métonymie**.

La métaphore consiste, comme on le sait, à transporter la signification propre d'un mot à un autre qui ne lui convient qu'en vertu d'une comparaison, comme dans les titres suivants : « Le grand déballage de l'immigration » (*Le Monde*, 10.11.89, p. 1), « Un président pour raccommoder le Liban » (*Libération*, 06.11.89, p. 1), « Quand le boeuf fait l'âne » (*L'Express*, 10.11.89, p. 175).

La métonymie désigne un concept par un terme indiquant un autre concept qui lui est relié par une relation nécessaire comme l'effet pour la cause, la partie pour le tout et le tout pour la partie ou le contenant pour le contenu. On la retrouve dans des titres tels que : « Paris brûle toujours » (*Le Monde*, 10.11.89, p. 37), « Désir : le jean l'emportera sur le Tchador » (*Le Figaro*,

06.11.89, p. 10), « Bush et Gorbatchev nageront dans le luxe » (*Le Parisien*, 06.11.89, p. 3), « Actes de foies » (*L'Express*, 29.12.89, p. 122).

Bien entendu, un **espace** peut être **exceptionnel** : « Beyrouth : attentat à la voiture piégée » (*La Voix du Nord*, 09.11.89, p. 15), le **numérique temporel** : « Trois années de croissance supérieure à 3% » (*Le Parisien*, 06.11.89, p. 30), **l'espace métaphorique** : « Le Limousin à l'assaut de Taiwan » (*Le Figaro*, 28.12.89, p. 18), le **temporel groupal et exceptionnel** : « Patrons : un moral d'acier pour 1990 ». Cela en raison des interférences existant entre les multiples composantes du champ événementiel d'un journal et sans que les différentes catégories de l'événementiels ne soient liées entre elles par des relations directes de causes à effets. Ces catégories s'articulent entre elles selon le schéma suivant:

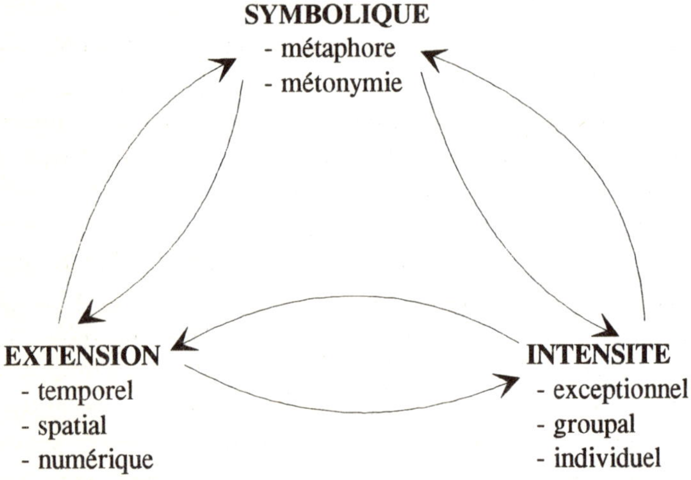

Schéma n° 2 : les catégories de l'événementiel

IV.2. L'événementiel de chaque journal : un effet de « dominance » et de « culminance »

Il ressort de l'analyse sémiologique des titres que l'événementiel, ce premier prélèvement effectué par l'entreprise de presse dans le flux de la vie, des textes et des discours, s'exerce dans toute la partie information du journal. La fusion entre l'événementiel et l'informatif est totale, que le numéro en question précède, couvre ou suive la chute de Ceausescu ou celle du Mur de Berlin, qu'il s'agisse d'informations internationales, de politique, d'économie ou de culture... Dans chaque information, il y a un événement. Celui-ci constitue l'information dans son état originel, telle qu'elle se présente lorsqu'elle se trouve déjà dans le système de l'entreprise de presse, mais encore à l'entrée de la boîte noire : déjà sélectionnée par le système, mais n'ayant pas encore reçu sa dernière mouture.

Toutefois, l'analyse sémiologique montre en fait l'application d'un double événementiel. Le premier, propre au journalisme de masse, consiste comme déjà indiqué en une catégorisation par intensité, extension et symbolique. C'est le principe de base qui conditionne la sélection par un journal de masse, et un genre de journal de masse, d'une information-unité-de-base dans l'information-flux.

Mais cette catégorisation première ne suffit pas à expliquer la différence qui existe pourtant entre *Le Figaro* et *Le Monde*, par exemple, ou entre *Le Monde* et *Libération*, les trois titres appartenant également à un même genre de journaux de masse. Bien entendu, pour un lecteur, le choix entre *Le Figaro* et *Le Monde* s'explique en termes de positions idéologiques différentes entre l'un et l'autre. Car un lecteur plus ou moins fidèle à un journal donné l'est parce qu'il sait d'avance quel type de discours imprimé il va y trouver. Or ce discours imprimé est conditionné au départ par un événementiel propre à chaque journal

Cet événementiel propre à chaque journal peut être défini comme un modèle de catégorisation originel fonctionnant par « dominance » et « culminance ». La dominance relève d'une sorte d'épistémologie primaire propre au journal ; la culminance est une apogée, une manière de superlatif vis-à-vis de la dominance. Aussi la sélection opérée par le journal de masse dans l'information-flux est-elle régie par ce double événementiel : celui du journal et celui du journalisme de masse.

Avant de définir l'événementiel propre à chaque journal de notre corpus, il nous semble pertinent de dresser une « notice biographique » de chacun des titres en question. Cette brève « carte d'identité » nous paraît fondamentale pour chaque support dans sa structuration de son événementiel. Nous n'y prétendons pas bien entendu faire oeuvre d'historien.

IV.2.1. Le Figaro : ce dont il faut parler selon un honnête homme

Le Figaro est le doyen de la presse française actuelle. Son premier numéro remonte au 15 janvier 1826. Il s'agissait de quatre pages de petit format qui entendaient donner aux lecteurs une information sur « le théâtre, la critique, les sciences, les arts, les moeurs, le scandale, l'économie domestique, la biographie, la bibliographie, la mode, etc. »[139] Trois ans plus tard, en 1829, la politique fait son apparition aux côtés des autres rubriques annoncées. Mais la Société du Figaro n'est constituée qu'en 1856 par Villemessant, directeur du journal, alors hebdomadaire, depuis 1854. Sous son impulsion, l'hebdomadaire devient quotidien en 1866, il associe officiellement information politique et critique littéraire à partir de 1867 et devient rapidement le principal grand journal grâce à la renommée de ses « signatures » et à la sagacité clairvoyante et à la prudence de ses éditoriaux. Attitudes dont il se départit en 1879 en prenant parti pour Dreyfus, ce qui lui fait perdre plus de la moitié de ses lecteurs. Le journal mettra longtemps à remonter la pente et lorsque son propriétaire, F. Coty, décède en 1934, il laisse un journal près de l'agonie et de l'anarchie[140].

---

139 R. BRUNOIS, *Le Figaro face aux problèmes de la presse quotidienne*, Paris, PUF, 1973, p. 17.

140 Ibid., p. 21.

Pierre Brisson, à qui est alors confiée la direction littéraire, entreprend d'équilibrer le politique et le littéraire avec un souci de qualité. *Le Figaro* reprend sa croissance, interrompue par la guerre. Après l'occupation de la zone nord, il se replie à Lyon où il se heurte à la censure et se saborde le 11 novembre 1942, après l'entrée des Allemands en zone libre. A la libération, P. Brisson, en conflit avec la propriétaire du *Figaro*, expatriée aux Etats-Unis, obtient qu'une loi - appelée la loi Brisson - soit votée en sa faveur le 28 février 1947. Cette loi sépare l'entreprise en une société anonyme, propriétaire du journal, et une société fermière, éditrice. Désormais seul responsable de l'entreprise, P. Brisson peut oeuvrer pour faire du *Figaro* « un miroir du monde, un levain de la société »[141]. Le maître du *Figaro* considère en fait qu'un contrat tacite le lie à la majorité de ses lecteurs, petits et grands bourgeois pour l'essentiel. Il justifie ainsi la pratique de l'autocensure pour ne pas heurter les convictions des lecteurs. Cette stratégie permet à court terme de développer la diffusion du titre qui passe de 310.000 exemplaires en 1948 à plus de 400.000 en 1958[142]. Mais à long terme, elle empêche le renouvellement d'un lectorat âgé, ce qui se traduit à partir de 1958 par un déclin de la diffusion jusqu'à la mort de P. Brisson, le 31 décembre 1964.

Malgré les années instables marquées par la lutte entre les deux propriétaires du Figaro pour diriger le journal (1964-1969), les problèmes financiers caractéristiques des années Prouvost (1969-1975) et les aléas de reprises tumultueuses par le groupe Hersant en 1975, *le Figaro* est parvenu à se maintenir au-delà des 400.000 exemplaires. Aujourd'hui, malgré un récent recentrage du journal, caractérisé par la nomination à la direction de la rédaction d'un journaliste du *Nouvel Observateur*, *Le Figaro* ne semble pas s'éloigner de la ligne tracée jadis par P. Brisson. Son

---

141 M.P. HAMELET, *Un prolétaire au Figaro, de Pierre Brisson à Robert Hersant*, Paris, Grasset, 1987, p. 193.

142 E. DERIEUX et J.C. TEXIER, *La presse quotidienne française*, Paris, Armand Colin, 1974, p. 66.

directeur marketing et des éditeurs indique qu'il est destiné à la « bourgeoisie française au sens le plus large »[143]. En conséquence, l'événementiel du *Figaro* est l'effet d'une dominance qui se résume par « tout ce dont il faut parler selon un honnête homme ». D'où une culminance difficile mais résidant essentiellement dans une sorte de conservatisme de bon aloi.

IV.2.2. Libération : l'événement dans sa force perturbatrice

L'« enfant terrible de la presse française » est né en 1973 pour exprimer non pas un parti mais une sensibilité issue de la contestation soixante-huitarde. A l'opposition du *Monde*, créé pour répondre à la volonté du pouvoir français, le Général De Gaulle en l'occurrence, de se doter d'un journal de qualité d'envergure internationale, *Libération* se veut la voix du peuple où se trouve « la source de l'information et des pensées »[144]. Lancé en 1972 par quelques maoïstes et sympathisants dans le cadre de l'Agence de Presse Libération, ce projet de quotidien se destinait à « défendre l'opinion populaire (...) contre l'opinion publique fabriquée dans les couloirs des ministères, dans les dîners en ville, quand ce n'est pas tout simplement dans les locaux de la police »[145].

Après plusieurs numéros zéro, la publication quotidienne de *Libération* débute le 22 mai 1973, s'arrête pendant quatre mois en 1974, pour reparaître en novembre comme un journal moins idéologique mais qui se positionne toujours en opposition au discours habituel de la presse, revendiquant même le langage que celle-ci refoule. Jusqu'en 1981, le journal se forge une bonne image d'impertinence, d'audace et de douce folie, mais survit à ses conflits internes grâce à un consensus fragile. La deuxième crise qui éclate en 1981 débouche sur la formule de l'actuel *Libération* qui se positionne en quotidien d'information tout en

---

143 G. AWAD, op. cit.

144 Le manifeste de *Libération*, publié par F.M. SAMUELSON, *Il était une fois Libé*, Paris, Seuil, 1979, pp. 140-145.

145 Ibid.

conservant les caractéristiques spécifiques du discours qui ont fait son succès, ce que nous appelons l'hiératique Libé. Cette hiératique est un modèle de traitement de l'information, caractérisé par un mode d'approche des événements ou plutôt de l'événement qui lui est propre et une sensibilité qui a délaissé le domaine strictement politique pour s'exprimer essentiellement dans l'esprit du temps incarné par les registres culturels et sociaux[146].

En effet, tous les jours, dans *Libération*, il y a un événement qui est L'Evénement. Du croisement des résultats des analyses morphologique et sémiologique des titres avec ce rubriquage propre au journal, il ressort que l'événement dans sa force perturbatrice fait la culminance de *Libération*. C'est pourquoi l'hiératique de « Libé » élève même le fait divers en culminance. Mais, malgré la dépolitisation de fait que le journal s'est imposé pour accéder au statut de journal d'information et d'entreprise marchande équilibrée, la dominance de *Libération* reste le politique, national ou international, même si le titre campe apparemment sur son positionnement de quotidien urbain, populaire... et branché, choix qui se traduit par le « style Libé », le format tabloïd et le refus déclaré de tout ce qui est institutionnel. Le journal pratique ainsi un brouillage des frontières entre la petite presse, celle qui, au siècle dernier, « était une presse de faits divers, d'individus, de chroniques, de curiosités et de feuilletons, qui était à sa manière... un écho des bruits et des rumeurs de la ville »[147], et la grande presse, de qualité. Ce faisant, *Libération* s'érige en phénomène culturel.

IV.2.3. Le Monde : l'institutionnel et le diplomatique

Comme les autres journaux étudiés, *le Monde* procède à cette première catégorisation qui n'admet à l'entrée du journal que des événements répondant à des critères de sélection définis à l'avance par les gate-keepers. Cela risque de surprendre

---

146 J.M. CHARRON, op. cit., pp. 131-132.

147 M. MOUILLAUD et J.F. TETU, op. cit., p. 198.

précisément dans le cas du *Monde* car, pour les profanes comme pour la grande majorité des professionnels des médias, l'information publiée par ce journal constitue un modèle de l'information[148]. Mais cela ne nous semble pas contradictoire : contrairement à un lieu commun généralement admis, le journal ne peut être ouvert à n'importe quels événements, et le modèle de l'information en question dans le cas du *Monde* est forcément un moule appliqué sur le flux de l'actualité pour en dégager les informations conformes à l'attente d'événements du journal et de ses lecteurs.

Comme les autres journaux de notre corpus, et même plus que les autres, l'événementiel du *Monde* ne saurait être défini sans une brève notice biographique de ce journal qui porte encore aujourd'hui les marques de son passé.

« Au commencement, de Gaulle créa le *Monde* »[149]... sur les ruines du *Temps*, journal de l'élite française et voix de la France à l'étranger avant la Seconde Guerre mondiale, frappé d'interdiction pour être resté un journal semi-officieux sous le gouvernement de Vichy. Et en créant le *Monde*, le chef de la France libre entendait fonder une « institution », « un journal de prestige » dévoué au « service public », « sous l'égide de l'intérêt national »[150] mais aussi « un journal officieux en politique étrangère et qui conserve son entière liberté en politique intérieure »[151]. Le premier numéro du *Monde* paraît le 19 décembre 1944. C'est à H. Beuve-Méry qu'est confiée la direction du journal qui hérite des locaux, de l'imprimerie et même des lecteurs du *Temps*, ainsi que le reconnaît A. Fontaine, éditorialiste puis directeur du *Monde*, dans une interview au quotidien britannique *The Guardian* : « D'une certaine manière

148 R. MAYNE juge *Le Monde* comme « the best paper in the world, hélas ! », J.G. PADIOLEAU, *Le Monde et le Washington Post*, Paris, PUF, 1985, p. 45.

149 The Spectator, 10 avril 1976, J. G. PADIOLEAU, op. cit., p. 17.

150 J.N. JEANNENAY, J. JULLIARD, *« Le Monde » de Beuve-Méry ou le métier d'Alceste*, Paris, Seuil, 1979, p. 51.

151 J.G. PADIOLEAU, op. cit., p. 18.

nous avons toujours été uniques depuis nos origines à la Libération : un immeuble, une imprimerie, et même des lecteurs étaient à notre disposition. Une situation comme celle-ci ne se reproduit pas. »[152] Conjuguée avec une gestion rigoureuse, elle permet au *Monde*, qui bénéficie en plus, à l'exception de tous ses confrères, d'un prix de vente plus élevé, de trouver assez rapidement son équilibre financier, de restituer au gouvernement en 1945 le prêt d'un million de francs[153] dont il a bénéficié à la Libération comme tous les nouveaux journaux et d'empêcher l'entrée dans son capital des puissances financières. La création d'une Société des Rédacteurs en 1951 et sa participation au capital augmente le prestige du journal. Même si « le Conseil d'Administration de la « Société des Rédacteurs du *Monde* » n'est pas et ne peut pas être, en tant que tel, habilité à diriger le journal »[154] et si l'introduction de ladite société a été possible notamment en raison du fait qu'« avant 1951, le *Monde* a eu la chance de ne pas avoir accumulé de capitaux »[155].

Avec l'avènement de la Ve République, le *Monde* renforce son côté institutionnel. Les événements de mai 68 le prennent au dépourvu et, un an plus tard, H. Beuve-Méry quitte son fauteuil directorial. Il sera remplacé par J. Fauvet auquel succéderont A. Laurens (1982), A. Fontaine (1985), J. Lesourne (1991) et l'actuel Pdg du journal, J.M. Colombani (1994). Entre-temps, un journaliste démissionnaire du *Monde*, M. Legris, porte un coup à l'image d'indépendance et d'impartialité du journal dans un ouvrage qu'il publie pour dénoncer les orientations prises par le quotidien de référence[156].

La croissance du *Monde* continue néanmoins jusqu'en 1979, date à laquelle commence la baisse de la diffusion, masquée

---

152 The Guardian, 14 janvier 1979, cité par J.G. PADIOLEAU, op. cit. p. 56.

153 Il sera le seul à le faire, ainsi que l'indiquent ses brochures officielles.

154 Editorial de Beuve-Méry dans Le Monde du 13 mai 1952, cité par J.G. PADIOLEAU, op. cit., p. 57.

155 Ibid.

156 M. LEGRIS, *« Le Monde » tel qu'il est*, Paris, Plon, 1976.

pendant un an par les élections présidentielles de 1981. Cela se solde par une perte de 120 MF en trois ans, un fonds négatif dès 1983 qui atteint 90 MF fin 1984, avec une perte d'exploitation courante de 40 MF sur le dernier exercice[157]. Pour faire face à cette dégradation, un service marketing est créé en mars 1983, puis le journal reçoit un « cadeau royal » (l'expression est de B. Wouts), avec l'affaire Rainbow Warrior de Greenpeace qui lui permet de mettre un frein à la diminution progressive de son lectorat. Parallèlement, *Le Monde* part à la conquête des lecteurs rebutés par son austérité : introduction de la photographie dans certaines rubriques du journal, adoption d'une nouvelle maquette et d'une écriture de presse plus accessible. Mais le côté institutionnel qui fait du *Monde* un journal de référence reste inchangeable. Aujourd'hui encore, 60% des informations publiées par le quotidien lui sont communiquées spontanément pour leurs sources ou acteurs et le discours du journal ne consiste pas à faire entendre directement sa voix, mais à le faire à travers la hiérarchisation et l'organisation de celles des autres. A l'information spectacle correspond ainsi un journal spéculaire[158]. *Le Monde* est le journal qui met la source de l'information le plus en valeur, d'autant qu'il s'agit presque toujours d'une source institutionnelle. La dominance du *Monde* est en effet l'institutionnel, avec une hiérarchie où le diplomatique, c'est-à-dire la représentativité institutionnelle la plus haute, constitue une sorte de sommet et incarne la culminance de l'événementiel du journal.

IV.2.4. Le Parisien : le factuel et le fait divers

Héritier du *Petit Parisien,* un des quatre grands de la grande presse, et d'une longue tradition de journalisme populaire, *Le Parisien* s'est repositionné en quotidien régional de l'Ile-de-France et de la capitale suite au conflit qui a opposé le quotidien

157 B. WOUTS, « Le redressement et le développement du Monde », in *Communication et langages* n° 75, 1er trimestre 1988, pp. 63-69.

158 M. MOUILLAUD, J.F. TETU, op. cit., p. 187.

en 1975-1977 aux ouvriers du Livre CGT, et généré la baisse de la diffusion du titre de 780.000 exemplaires à 310.000[159]. Toutefois, les responsables du *Parisien* le qualifient actuellement de « quotidien de métropole » sans pour autant renoncer à une diffusion nationale limitée à environ 10%[160]. Son redressement, suite à ce conflit et aux problèmes de succession opposant les deux héritiers du groupe de presse Amaury, s'est accompagné d'une orientation vers les classes moyennes et de l'abandon du lectorat populaire déjà sollicité jusqu'à la saturation par les périodiques populaires. Le choix des rubriques, le ton, le mode d'écriture et de représentation font du *Parisien* désormais « ce que les Anglo-Saxons qualifient de quotidien middle class, confirmant ainsi le phénomène de concentration sur des segments de population plus limités mais très sollicités, qui sont également ceux du *Quotidien de Paris* et hier encore du *Matin* »[161]. La progression constante du *Parisien* depuis cette orientation prise il y a une dizaine d'année confirme le bien fondé de cette nouvelle politique éditoriale et montre qu'en France, la presse est lue essentiellement par les catégories moyennes et élevées de la population.

En fonction de cette donne et de notre double analyse sémiologique des titres et morphologique du journal, nous concluons *que la dominance du Parisien* est une approche de l'information rigoureusement factuelle, jusqu'à l'élémentaire. « Rien de plus complexe que de rendre compte du sommet de Maastricht à un vaste public », souligne N. Couëdel, directeur de la rédaction du journal[162]. La culminance du journal résidant dans le fait divers, qui demeure tant pour les lecteurs « middle class » ou les lecteurs populaires, ou mêmes les autres, le feu d'artifice de l'information.

---

159 L.G. GAYAN, *La presse quotidienne régionale*, Paris, Milan Midia, 1990, p. 36.

160 J.M. CHARRON, op. cit., p. 134.

161 Ibid., p. 135.

162 Guy ROUZET, « Le Parisien », in *Décisions Médias*, janvier 1992, pp. 38, 39.

IV.2.5. Ouest-France et La Voix du Nord : le jeu des solidarités locales

Fortement implantés dans leurs territoires respectifs, les quotidiens régionaux du corpus, *Ouest-France* et *La Voix du Nord*, conjuguent également l'informatif à l'événementiel. A la catégorisation événementielle générale, chacun des deux supports régionaux ajoute une seconde grille de sélection qu'il applique à l'information-flux.

Leader actuel de la diffusion des quotidiens, *Ouest-France* a poursuivi un développement régulier depuis sa réapparition après la Libération, le 7 août 1944, date à laquelle il diffusait déjà 400.000 exemplaires[163]. Mais le premier numéro d'*Ouest-Eclair*, l'ancêtre de l'actuel *Ouest-France,* remonte au 2 août 1899. Fêtant, le 25 avril 1989, les 765.165 exemplaires quotidiens, F.R. Hutin, maître à bord du quotidien breton, insiste sur « la communication, mot essentiel qui, décliné, forme un objectif et même un idéal : communauté, communion, c'est-à-dire le passage de l'individu atomisé, isolé, à la personne reliée aux autres personnes dans le respect mutuel »[164]. Cette conception de la communication rappelle qu'à l'opposé des quotidiens nationaux qui ciblent des segments du public, définis par catégories socioprofessionnelles ou tendances politiques, les quotidiens régionaux bénéficient d'une position privilégiée dans la mesure où leur public correspond à l'ensemble de la population de leur zone de diffusion[165].

Conscient de l'importance de coller à son territoire en multipliant les éditions, non pas dans le « temps », comme les quotidiens nationaux qui avaient plusieurs éditions à des heures différentes de la journée, mais dans l'« espace », *Ouest-France* a commencé dès 1970 par se donner les moyens techniques de le

---

163 C. BELLANGER, J. GODECHOT, p. GUIRAL, F. TERROU (sous la direction de), op. cit., p. 455.

164 L.G. GAYAN, op. cit., p. 32.

165 M. MATHIENS, *La presse quotidienne régionale*, Paris, PUF, 2e édition, 1986, p. 35.

faire. Parallèlement, sur le plan rédactionnel, ce souci de s'assurer l'adhésion d'un lectorat hétérogène, fédéré par le seul principe de l'espace, se traduit par un rejet des positions trop tranchées qui risqueraient de heurter une partie des lecteurs. Le même souci de proximité avec l'espace local fait que le journal régional est fortement connecté à un certain nombre d'organismes qui constituent ses sources institutionnelles du fait qu'ils détiennent des informations exclusives ou qu'ils produisent plus ou moins régulièrement des événements[166]. Cela se traduit par une dominance ancrée dans le jeu de solidarités locales, caractéristique de base de la presse quotidienne régionale. En effet, on voit mal un régional se permettant des contestations qui lui fermerait l'accès à une information souvent institutionnelle. D'où une culminance dans une autre jeu : celui de l'équilibre et de l'intrication entre l'institutionnel et le personnel. Cependant, actuellement à *Ouest-France* se trouve posé le problème de l'économie générale des pages locales, dans le cadre du travail du titre sur le projet « Horizon 90 ». L'étude remettrait en question l'institutionnel : « Il ne suffit plus de relater les faits et gestes des notables ou les multiples micro-manifestations des amicales et sociétés diverses. Il faut trouver ce qui, dans la vie quotidienne de chaque communauté rurale et urbaine, est sujet de préoccupation, d'intérêt pour devenir un événement. »[167] Pour l'instant, les recherches seraient encore en cours.

La Voix du Nord partage avec le quotidien breton cette dominance ancrée dans le jeu de solidarités locales. De même que la culminance résidant dans l'équilibre et l'intrication entre l'institutionnel et le personnel. Cet événementiel semble être jusqu'à nouvel ordre le lot des grands régionaux désormais très institutionnalisés, soit qu'ils constituent eux-mêmes « une institution, au sens sociologique du terme, soit qu'ils tirent une

---

166 Ibid., p. 76.
167 J.M. CHARRON, op. cit., p. 358.

bonne part de leurs informations de sources institutionnelles »[168]. Pourtant, les différences qui distinguent *La Voix du Nord* d'*Ouest-France* sont nombreuses. Né dans la Résistance, le quotidien lillois a investi une région où *Nord Matin*, *Nord-Eclair* et *La Liberté* entretiennent un certain pluralisme plus ou moins concurrentiel. La première parution officielle du quotidien date du 5 septembre 1944 et porte le numéro 66, symbole de ses tirages dans la clandestinité. Alors qu'*Ouest-France* est la propriété d'une famille, ce qui assure une certaine stabilité de son capital, *La Voix du Nord* a reçu « toutes les fragilités d'une naissance résistante : un capital de 3 millions de francs répartis en 60.000 actions, parmi quelque 2 000 porteurs et, dès le départ, un long procès intenté par des résistants qui s'estiment lésés »[169]. Ce capital très dispersé et sous-évalué du quotidien lillois a suscité depuis l'été 89 une tentative de rachat de ses actions qu'il a réussi néanmoins à contrecarrer. Après s'être employés à diversifier leur activité, tant dans l'audiovisuel, la presse gratuite ou la prise de participation dans d'autres régionaux comme *le Courrier Picard*, pour contourner le piège de monoactivité, les dirigeants de *La Voix du Nord* s'emploient désormais à consolider son capital. Parallèlement, à l'instar de leur confrère rennais, ils doivent également faire face à une définition de l'information régionale, avec ses contours, sa forme et ses composantes. Les multiples études réalisées pour la presse quotidienne régionale (PQR) indiquent en effet que c'est dans l'information régionale que réside l'enjeu nouveau de la PQR. Il semble évident que l'information régionale présente des caractéristiques différentes selon sa région d'appartenance. Mais cette différence n'est pas le produit de l'identité culturelle, notion subjective dont on a souvent usé et abusé, mais de la situation économique et sociale de chaque région et des « pays » qui la

---

168 A.J. TUDESQ, « Les conditions de production du discours de la presse quotidienne régionale », in p. Charaudeau (sous la direction de), *La Presse, produit, production, réception*, Paris, Didier érudition, 1983, pp. 27-43.

169 L.G. GAYAN, op. cit., p. 38.

composent. C'est cette situation qui « devrait conditionner de plus en plus la production du discours de la presse régionale »[170]. A ce moment-là verrons-nous peut-être l'émergence de dominances et de culminances plus différenciées, caractérisant un événement plus spécifique, taillé par chacun des quotidiens régionaux à ses propres mesures.

IV.2.6. L'Express et Le Nouvel Observateur : harceler sur un thème choisi

Préposés au classement hebdomadaire, à la hiérarchisation et à la glose de l'actualité, les deux newsmagazines de notre corpus partagent avec les autres supports étudiés la même fusion entre l'événementiel et l'informatif. Apparemment très différents, *Le Nouvel Observateur* et *L'Express* partagent cependant, en raison de leur situation dans une zone de concurrence directe, une même matière sémantique qu'ils travaillent d'une façon très proche. En effet, conformément au genre newsmagazine auquel les deux titres appartiennent, tous les deux adoptent un mode très large de traitement de l'information, actualité internationale ou pages pratiques, en passant par la culture, les faits de société, etc. De même, tous les deux se sont dépolitisés presqu'en même temps. « Non qu'ils parlent moins de politique, mais ils en font de moins en moins, cependant qu'ils vieillissent. Cette dépolitisation est la conséquence inévitable du grand nombre : dès lors qu'ils veulent dépasser le cercle des fidèles dont ils sont censés être les porte-parole, ils renoncent à l'intransigeance de leurs débuts. »[171]

Le premier numéro de *L'Express* remonte au 16 mai 1953. Publié par J.J. Servan-Schreiber, il se présentait alors comme *Les Echos* du samedi, le quotidien économique appartenant à l'époque au père du fondateur de *L'Express*[172]. Celui-ci devient quotidien

---

170 A.J. TUDESQ, « Les conditions de production du discours de la presse quotidienne régionale », op. cit., p. 43.

171 F. BALLE, op. cit., p. 90.

172 C. BELLANGER, J. GODECHOT, p. GUIRAL, F. TERROU (sous la direction de), op. cit., vol. 5, p. 423.

à partir du 13 octobre 1955 et jusqu'en mars 1956, date à laquelle il se saborde. Suite à une longue mutation, *L'Express* reparaît et devient, à partir de septembre 1964, un hebdomadaire très dense, axé sur les enquêtes thématiques et le rewriting, en imitation du *Time* américain et du *Spiegel* allemand. Il se caractérise aussi par une démarche marketing qu'il est le premier à introduire dans la presse française.

La mue du *Nouvel Observateur* remonte également à 1964. L'abandon du titre *France-Observateur*, le changement de style et l'augmentation de la pagination sont les éléments fondamentaux de cette mutation. De même que l'entrée de Claude Perdriel dans le capital de l'hebdomadaire. C'est à cette date également que l'hebdomadaire se dépolitise, dans le sens déjà souligné par F. Balle à propos des newsmagazines. L'équipe d'alors déclare en effet qu'elle « n'entend nullement se désengager et encore moins se dépolitiser. Mais elle veut rétablir la différence qui sépare la logique d'un journal de celle d'un parti »[173].

Les deux newsmagazines ont poursuivi depuis leur évolution, en tirant le meilleur parti possible de leur périodicité, qui favorise l'interprétation et le commentaire. Situé à la frontière de l'information, ils ne s'en trouvent pas moins en situation de concurrence maximale avec les quotidiens nationaux. Une étude IPSOS de 1987[174] montre en effet que le lectorat des newsmagazines tend à relativiser nettement la notion de quotidien de référence : *Le Monde* pour 18,4%, *Le Figaro* pour 14,7%, *Libération* pour 9,6%... soit 42,7% pour les trois premiers quotidiens nationaux sur la totalité d'un lectorat pourtant stratégique puisqu'il s'agit globalement de jeunes cadres citadins à pouvoir d'achat plutôt élevé. Un lectorat qui cherche essentiellement un fil directeur pour pouvoir se retrouver dans le chevauchement temporel des nouvelles en provenance du monde entier, fonction dont les newsmagazines se sont fait une spécialité.

---

173 Ibid., p. 401.

174 Y. GUILLAUMA, *La Presse en France*, Paris, La Découverte, 1988.

Ce ministère hebdomadaire de hiérarchisation et d'explication de l'actualité à travers des thèmes donnés fait que *L'Express* et *Le Nouvel Observateur* partagent une même culminance : harceler sur un thème événementiel choisi, destiné à un public sectoriel. Cette culminance incarne l'apogée de la ponction que tous les deux réalisent dans le flot de l'information-flux pour truffer de morceaux d'événements leur organisation thématique de l'actualité. Ou de ce qui en reste pour ces supports au positionnement d'équilibristes à la frontière de l'information. Toutefois la dominance de *L'Express* reste managériale alors que celle du *Nouvel Observateur* est culturelle.

IV.2.7. Paris-Match : le rose, le noir et l'image interdite

Enfin, *Paris-Match* pratique à son tour une superposition totale de l'informatif et de l'événementiel. Même si l'unique magazine illustré français est dépassé légèrement par les événements de Berlin et totalement par ceux de Bucarest, notamment en raison des délais de bouclage[175], de fabrication et de distribution des numéros de fin d'année.

Le premier numéro de *Paris-Match* est daté du 25 mars 1949. La sortie du magazine est qualifié de grand événement dans l'*Histoire générale de la presse française* [176]. Cela en raison du fait que son éditeur alors, J. Prouvost, « entendait bien faire sa rentrée (...) avec éclat en lançant un hebdomadaire illustré moderne à fort tirage, ouvert sur l'information mondiale »[177]. Comme les autres magazines illustrés, *Paris-Match* a rencontré ses premières difficultés dans les années soixante, avec l'avènement de la télévision. Tirant les enseignements des expériences des illustrés américains *Look* et *Life*, et les avantages d'une situation de monopole sur son marché, l'illustré français

175 Dans la presse, le bouclage d'un numéro consiste en l'insertion du ou des derniers éléments pour en assurer la fabrication.

176 C. BELLANGER, J. GODECHOT, p. GUIRAL, F. TERROU (sous la direction de), op. cit., vol 5, p. 423.

177 Ibid.

survit en adoptant une stratégie des enquêtes dictées par une actualité plus ou moins immédiate. Le deuxième recul de *Paris-Match* remonte aux années soixante-dix, mais la reprise du titre par Filipacchi, un marketing très serré et la modernisation de sa formule lui permirent de remonter la pente. La nouvelle formule du magazine illustré maintient la stratégie des enquêtes thématiques greffées de morceaux d'événements pris dans le flux de l'actualité. Mais l'approche thématique et les morceaux d'événements sont désormais puisés dans le creuset people. Le people, comme on l'a déjà indiqué, consiste à toujours traiter les événements à travers le vécu des personnages qui en sont les héros. Les articles, et surtout les photos des Olympiens, procurent au lecteur l'impression de partager le quotidien de ces êtres au-dessus du commun que sont les rois, reines, princes et princesses, les milliardaires, les stars, les leaders politiques, les champions sportifs, etc. Mais le people ne traite pas des seuls Olympiens, il porte également sur des anonymes que les aléas de l'actualité placent sous les feux de la rampe médiatique : héros de faits divers, rescapés d'accidents ou de catastrophes naturelles, gagnants du loto, etc., qui viennent témoigner d'une peur, d'une félicité ou d'une colère exemplaires. Aussi, du croisement de cette formule du magazine avec les résultats de la double analyse appliquée à son contenu, nous concluons que l'épistémologie primaire de *Paris-Match* réside dans une dominance du rose et du noir tels que définis par E. Morin : le bonheur des stars d'un côté, la violence, la mort et les héros noirs de l'autre. La culminance du magazine illustré continue de résider dans l'image interdite, de mort, de violence ou de stars.

V. Analyse de l'annonce proclamatoire de l'événement : ancrage du journal dans son épistémologie primaire

« Le langage de l'information est la surface sur laquelle s'inscrivent les rapports généraux de la production de l'actualité. »[178] Il constitue le terrain où se reconnaît la pratique professionnelle du journalisme : l'écriture. A travers cette écriture, affleurent la mise en scène de l'information au moyen des modes de prélèvement, de sélection, de traitement et de classement du produit informatif ainsi que des lieux idéologiquement marqués de l'information. Aussi, notre étude de l'annonce proclamatoire de la révolution de l'Est, qui incarnait dans son immédiateté médiatique l'événement dans sa plénitude, portera-t-elle essentiellement sur le texte pour en dégager la logique de dramatisation primaire que nous confronterons ensuite aux critères de l'événementiel de chacun des supports étudiés. Notre hypothèse étant qu'un événement, aussi grand soit-il, ne vient pas perturber le système événementiel du journalisme de masse. Bien au contraire. Si perturbation il y a, elle n'est qu'artificielle. Un grand événement conforte chaque journal, et chaque genre de journal, dans son épistémologie primaire articulée en événementiel et en champ événementiel.

Le corpus retenu comprend les articles portant le label « de notre envoyé spécial » et occupant la place la plus importante au sein du reste de la littérature consacrée à l'événement. Les articles proviennent des titres suivants : *Le Figaro*, *Libération*, *Le Monde*, *Le Parisien*, *Ouest-France*, *La Voix du Nord*, *L'Express*, *Le Nouvel Observateur* et *Paris-Match*. Ceci pour la chute du Mur de Berlin. Pour ce qui est du renversement de Nicolae Ceausescu, les articles proviennent des mêmes journaux à l'exception de *Paris-Match*. Le numéro de fin d'année du magazine a été probablement conçu et réalisé avec une certaine avance, ce qui explique qu'on n'y retrouve pas de « papier » sur la chute du dictateur roumain.

La grille utilisée dans cette analyse porte sur ce que J. Gritti, qui en est l'auteur, appelle le sous-sol qualificatif : c'est-à-dire

178 Y. DE LA HAYE, op. cit., p. 170.

les items (noms et adjectifs) appréciateurs et dépréciateurs qui figurent dans le corpus et qui reflètent la logique de dramatisation d'un texte.

Cette analyse est effectuée en deux temps, d'abord un inventaire des items, puis leur classification sur la grille suivante :

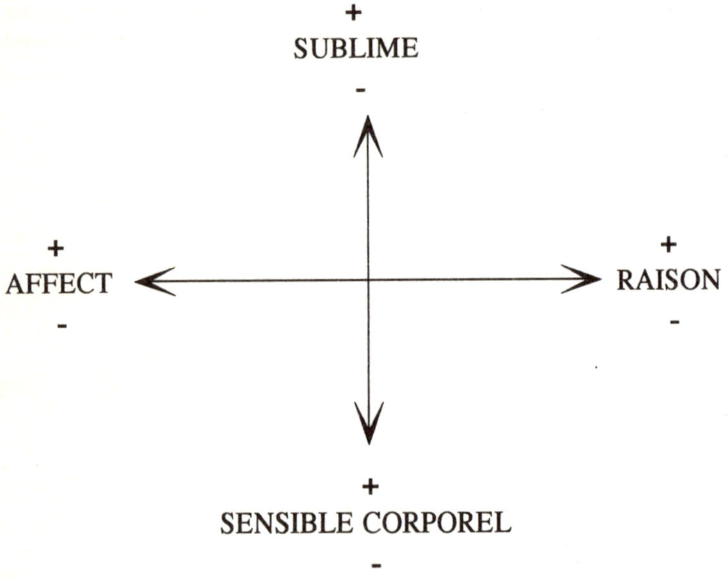

Grille d'analyse

Quatre catégories structurent cette grille : le sublime et le sensible corporel sur un premier axe, l'affect et la raison sur un deuxième ; chacune de ces catégories présente une face positive et une autre négative. Comme le nombre élevé des items et des journaux empêchait une classification exhaustive, un regroupement par catégorie a été adopté, dans des tableaux qui constituent des légendes explicatives de la grille.

V.1. La chute du Mur de Berlin : l'émotion d'abord

Deux pôles se partagent l'annonce proclamatoire de l'événement telle qu'elle est faite par les quotidiens nationaux : l'affect et le sublime.

Dans *Le Figaro*, le sublime totalise 50% des items, avec 46% d'items positifs. L'affect vient ensuite, avec 34% et 22% de termes positifs. Le sensible-corporel arrive en troisième position, avec 12% dont 10% d'items positifs. Le pôle raison n'enregistre que 4%, tous positifs.

Le Monde adopte presque le même classement, avec une légère modification : c'est la catégorie affect qui arrive en premier, avec 39,9%, précédant légèrement le sublime, 32,3%. Le sensible corporel (19,4%) et la raison (14,5%) viennent ensuite, avec des items neutres pour les deux catégories. En effet, c'est ailleurs que s'effectue la prise de position pour le journal, avec 24,2% d'items positifs dans le pôle sublime et le partage, entre 14,5% négatifs et 19,4% positifs, de la catégorie affect. Ceci dans le traditionnel souci d'objectivité affiché par *Le Monde*.

La faible densité des pôles raison et sensible corporel se traduit, pour *Le Figaro* comme pour *Le Monde*, par le fait qu'il ne s'agit pas d'expliquer mais d'émouvoir et d'interpeller.

Jeu que pratique à fond *Libération*, avec 63,8% d'items dans la catégorie affect : la dominance du journal n'est-elle pas l'événement dans sa force perturbatrice dont découle un parti pris pour l'émotion.

Les deux tiers des items de l'affect sont positifs (45,2% contre 20,5%). Vient ensuite le sublime, bien entendu, avec 24,7% des items, et 23,3% positifs. Loin derrière suivent le sensible corporel (8,2%) et la raison, le pôle le plus pauvre : 1,4%.

Dans son annonce proclamatoire de la chute du Mur de Berlin, *Le Parisien* se trouve beaucoup plus proche des quotidiens nationaux que des quotidiens régionaux : 40% des items constituant le paysage qualificatif de l'article étudié relèvent de l'affect et autant du sublime. Et les catégories sensible corporel et raison sont réduites respectivement à 11,4% et 8,6%.

Grand quotidien populaire, *Le Parisien* brosse de cette « fête » le récit attendu par son lectorat pour lequel les grandes convulsions du monde et de l'histoire relèvent du registre du destin (le sublime) et de l'émotion (l'affect). L'un et l'autre étant vécus en spectacles, donc par procuration et sans véritable participation.

Par contre, la catégorie raison constitue le pôle le plus important du paysage qualificatif édifié par *Ouest-France* (55%) et *La Voix du Nord* (44%) : en effet, pour les deux quotidiens régionaux, il s'agit d'expliquer cet événement étranger à l'environnement immédiat de leurs lectorats. Un événement qui frappe de plein fouet leurs lecteurs, essentiellement à travers les médias audiovisuels : c'est le champ d'observation qui force brutalement le champ d'investigation.

Le sublime constitue le deuxième pôle de l'annonce de la chute du Mur de Berlin par *Ouest-France*. Un sublime équitablement réparti entre le positif (10%) et le négatif (10%) : même expliqué, l'événement garde tout un côté miraculeux, extraordinaire... et une forte charge émotive puisque 15% des items relèvent de l'affect.

La catégorie sensible corporel vient en dernier, tant à *Ouest-France* où elle occupe toutefois 10%, qu'à *La Voix du Nord* où elle est pratiquement inexistante : l'extraordinaire ne s'embarrasse pas de détail.

Dans *La Voix du Nord*, le sublime et l'affect se partagent le même nombre d'items : 28% chacun. Mais le sublime est essentiellement positif (20%) et l'affect négatif (20%). Les termes dépréciateurs de l'affect font ressortir avec plus d'acuité ceux, appréciateurs, du sublime.

Ce sont les quotidiens régionaux qui utilisent le moins d'items dans l'annonce proclamatoire de la chute du Mur de Berlin : 20

au total dans *Ouest-France*, 25 dans *La Voix du Nord* et 35 dans *Le Parisien*.

Viennent ensuite les quotidiens nationaux : 50 items dans *Le Figaro*, 62 dans *Le Monde* et 73 dans *Libération*.

Du côté des magazines d'information générale, le record toutes catégories est tenu par *Le Nouvel Observateur :* 126 items. *L'Express* se contente de 68 items. Et *Paris-Match*, probablement en raison de délais de bouclage plutôt serrés, se limite à une photo légendée sur une double page avec un total de 14 items, histoire de marquer le coup en prévision de développements ultérieurs.

Même avec le recul que leur confère leur position à la frontière de l'information, ces magazines effectuent une annonce proclamatoire de l'événement relevant essentiellement du registre de l'affect.

L'affect constitue en effet le pôle principal du paysage qualificatif tant de *L'Express* que du *Nouvel Observateur* et de *Paris-Match*. Mais c'est *Le Nouvel Observateur* qui détient le record, avec 65,1% d'items dont les deux tiers (43,7%) sont négatifs.

Le sublime est le second pôle du paysage qualificatif du *Nouvel Observateur* (16,7%) et de *Paris-Match* (28,6%). Alors qu'en raison de la dominance managériale de *L'Express*, la raison occupe la seconde position : 22,1% des items, tous positifs. Dans *Paris-Match*, tous les items relevant du sublime sont appréciateurs : 28,6%. Pour *Le Nouvel Observateur*, les items de cette catégorie sont répartis entre 13,5% de termes appréciateurs et 3,2% de termes dépréciateurs.

Cette dominance écrasante du côté positif dans le sublime est contrebalancée par celle du négatif dans l'affect : 29,4% sur 45,6% dans *L'Express*, 43,7% sur 65,1% dans *Le Nouvel Observateur* et 35,7% sur 42,9% dans *Paris-Match*.

Considérés de près, les items positifs et négatifs construisent dans les trois news des binômes dont les deux composantes s'opposent et s'excluent mutuellement. Et tous les termes d'affect dépréciateurs ont pratiquement leurs équivalents parallèles et opposés, puisés indifféremment dans l'affect ou le sublime positifs : « sympathie » / « rancoeur », « miracle » / « agonie », « champion » / « espion », « gentillesse » / « saloperie », « liberté » / « trouille », etc.

Le pôle négatif de la catégorie raison est pratiquement désert, sauf dans *Le Nouvel Observateur* où il constitue 0,8% sur 7,9%. C'est la raison positive qui l'emporte : 22,1% dans *L'Express*, 21,4% dans *Paris-Match* et 7,1% dans *Le Nouvel Observateur*. Miraculeux, l'événement est néanmoins rationnellement accepté et défendu par les trois magazines.

Par contre, pour *L'Express* comme pour *Paris-Match*, les items du sensible corporel sont dépréciateurs : 11,8% sur 14,7% dans le premier, 7,1% dans le second. L'effet de réel sur lequel est embrayé cet événement extraordinaire est fait de « tempête », de « cercueil », de « décombres » et de « dégâts ». Serait-ce là le prix de l'extraordinaire ?

Dans *Le Nouvel Observateur*, 5,6% des items du sensible corporel sont appréciateurs et 4,8% dépréciateurs : « champagne », « église », « chants » d'une part et « balle », « cheap », « détruit » de l'autre renvoient à l'ambivalence de la fête, celle qui naît d'une rupture un peu ample du quotidien.

V.2. La chute de Ceausescu : un sublime fortement symbolique

C'est avec des termes essentiellement dépréciateurs que les quotidiens nationaux étudiés annoncent la chute de Ceausescu. Cette annonce proclamatoire s'articule autour de deux pôles : l'affect et le sublime.

Le Figaro réalise la répartition la plus équilibrée entre ces deux catégories, avec 50% des items relevant de l'affect, dont 32% négatif, et 44% des items appartenant au sublime, dont également 32% de termes dépréciateurs.

Le faible pourcentage restant est réparti entre les catégories raison (2%) et sensible corporel (4%), avec des items toujours dépréciateurs.

Sous le choc de l'insurrection roumaine, le quotidien privilégie l'émotion tout en exploitant, grâce au sublime, la forte symbolique de l'événement qui met en scène le renversement du pouvoir et le meurtre du chef. Les items positifs des deux catégories dominantes accentuent l'impact des termes dépréciateurs dans un discours de tension qui utilise le jeu de controverses : « liberté » par opposition à « barbarie », « fidèles » à « mercenaires », « révolution » à « dictature ».

L'hiératique *Libération*, dont la culminance réside dans la force perturbatrice de l'événement, fait que l'affect constitue la catégorie la plus riche, 73,3%, avec 51,1% d'items. Encore une fois, *Libération* joue à fond la carte de l'émotion. Le sublime vient ensuite, avec 13,3% des items dont 8,9% dépréciateurs. Le pôle raison est moins désert que dans *Le Figaro* (2%) ou *Le Monde* (4,8%). Il totalise 11,1% des items, avec 8,9% de termes appréciateurs. C'est d'ailleurs à l'aide de mots tels que « démocratie » et « stratégie » que *Libération* fait ressortir toute la charge émotive et sublime de mots tels que « tyran » et « tyrannie », « sinistre », « dictature ».

Les 2,2% des items restant du paysage qualificatif de l'annonce proclamatoire faite par *Libération* relèvent de la catégorie sensible corporel. Un pôle qui, dans l'annonce faite par *Le Monde*, occupe paradoxalement la deuxième position, après l'affect bien entendu, mais précédant la catégorie raison et même le sublime. En fait, les 26,8% des items constituant le sensible corporel - avec 23,8% de termes, servent pour le journal de référence à créer, à l'aide de termes « concrets » tels que « tirs », « mitrailleuses », « blindés »..., un effet de réel qui serait caution de l'objectivité ou plutôt de la véracité de l'information. Ceci pour contrebalancer le poids de 53,6% d'items relevant de l'affect, avec 39,3% de termes dépréciateurs, et le score de 15,5% réalisé par le sublime. Toutefois, 8,3% des items de la catégorie sublime sont positifs, contre 7,1% négatifs, orchestrant ainsi une opposition équilibrée entre des mots tels que « liberté », « héroïque », « frères » d'une part et « monstre », « mort », « vampire » de l'autre. La raison est la plus pauvre des quatre catégories, avec 4,8% des items, tous positifs, mais pratiquement perdus dans la masse des autres items.

Quotidien régional de l'Ile-de-France et grand journal populaire, *Le Parisien* présente un pôle raison complètement vide. L'essentiel des items relève de l'affect, 43,4%, le reste étant presque équitablement réparti entre le sublime, 27,7%, et le sensible corporel, 28,9%.

C'est en fait par la répartition des items entre appréciateurs et dépréciateurs que *Le Parisien* se distingue des autres quotidiens du corpus, qu'ils soient nationaux ou régionaux. Ainsi, le journal privilégie une émotion plutôt positive tant dans la catégorie affect (22,9% de termes appréciateurs contre 20,5% dépréciateurs) que dans la catégorie sublime (15,7% d'items positifs contre 12% négatifs). Tandis que l'aspect purement négatif de l'insurrection roumaine est réservé à la catégorie sensible corporel (27,7% de termes dépréciateurs contre 1,2% appréciateurs). Catégorie qui a pour fonction principale de créer un effet de réel.

Ouest-France et *La Voix du Nord* articulent leur paysage qualificatif essentiellement autour de l'affect - négatif -, avec, respectivement, 61,5% et 68,6% des items dont 50% et 58,8% sont dépréciateurs. Là aussi, c'est l'émotion qui est privilégiée en premier. Le choc de l'événement roumain appauvrit le pôle raison, habituellement plus riche dans ces quotidiens qui se chargent généralement d'expliquer l'événement. Toutefois, la catégorie raison, même si elle vient en dernier, constitue 7,7% du paysage qualificatif d'*Ouest-France*, avec des items totalement appréciateurs. Le pourcentage est réduit à 2% dans *La Voix du Nord*, avec des termes tous positifs.

Cet échec à rationaliser l'événement s'explique d'une part par la confusion des premières informations sur la révolution roumaine et le fait que celle-ci, d'autre part, met en jeu des passions profondes et archaïques des individus et des groupes.

Les deux quotidiens utilisent la catégorie sensible corporel pour pallier la fragilité du pôle raison et implanter l'événement dans un réel essentiellement négatif. Dans *Ouest-France*, le sensible corporel et le sublime totalisent le même nombre d'items (15,4%) et viennent en deuxième position après l'affect. Alors que *La Voix du Nord* construit, avec le sensible corporel, la deuxième catégorie dominante de son paysage qualificatif. Les 4% des items restant relèvent du sublime. Un sublime d'ailleurs équitablement réparti entre le positif et le négatif, tant pour *La Voix du Nord* (2% de part et d'autre) que pour *Ouest-France* où il totalise 15,4%, avec 7,7% de termes appréciateurs et autant dépréciateurs.

Comme pour la chute du Mur de Berlin, les newsmagazines effectuent une annonce proclamatoire de l'événement basée sur l'affect : 55,6% pour *L'Express*, avec 41,5% d'items dépréciateurs, et 49,8% pour *Le Nouvel Observateur*, avec 39,1% de termes négatifs.

Seul le pôle raison échappe à la vague négative qui submerge le paysage qualificatif de *L'Express*. Alors que les catégories raison et sublime sont positives dans *Le Nouvel Observateur :* la révolution et l'histoire pèsent de tout leur poids sur le tyran, le dictateur et même la mort.

A dominance négative, la catégorie sublime vient en deuxième position dans *L'Express*, avec 19,9% des items. Elle est suivie de près par le sensible corporel (18,1%, avec 16,4% d'items dépréciateurs), catégorie à travers laquelle le news crée un effet de réel et pallie la pauvreté du pôle raison.

Pour *Le Nouvel Observateur*, le sensible corporel, catégorie essentiellement négative, sert à créer un effet de réel, mais aussi à faire ressortir le côté positif du sublime (17,2%) et du pôle raison (7,4%). Ce qui donne deux légères nuances de traitement de l'événement pour deux démarches proclamatoires qui restent toutefois assez proches l'une de l'autre.

En fait, que ce soit dans leur annonce proclamatoire de la chute du Mur de Berlin ou de celle de Nicolae Ceausescu, chacun des titres étudiés applique sa propre grille d'écriture. Ceci tout en effectuant les accommodations qui s'imposent pour appliquer la catégorisation propre à l'événementiel du journal et en sauvegardant cette part d'émotion propre à chaque événement, où réside le « liant » du journalisme de masse.

VI. Analyse sémiologique du message iconique : un fonds commun et des hiérarchisations multiples

L'analyse de la partie photographique du corpus confirme les résultats de l'étude des titres, qui balisent le discours du journal de masse, et des articles annonçant l'événement. Les photos car l'écriture de presse de masse ne se limite pas au seul écrit : c'est un discours qui conjugue l'écrit, l'iconique et le topographique-typographique.

L'intégration de la photo dans le discours journalistique et l'espace réservé au message iconique constituent un choix éditorial qui fait partie du positionnement du journal. *Le Monde* et *Paris-Match* incarnent deux cas extrêmes dans ce domaine. Le premier continue à exclure les photos de ses pages, sauf quelques-unes dans la rubrique culture et loisirs. *Paris-Match* persiste, de son côté, à privilégier la photo interdite, tout en ayant tiré les enseignements de la disparition des pictures magazines américains *Look* et *Life :* il a développé un côté news avec une ponction thématique de l'actualité étayée par des enquêtes. Entre ces deux extrêmes, les variantes sont multiples.

Reste que le développement des techniques graphiques a permis l'adoption de la quadrichromie dans la plupart, et presque la totalité, des quotidiens régionaux et renforcé le pouvoir d'authentification de la photo[179]. Puisque celle-ci restitue désormais les couleurs du réel... avec plus d'éclat ? C'est plutôt à cause de leur généralisation que les photos, les images, déréalisent leur référent réel sous prétexte de l'illustrer[180]. Cette illustration facilite l'embrayage de l'effet de représentation que constitue le discours de la presse de masse sur un effet de réel.

Les quotidiens nationaux se trouvent encore au stade de la photo en noir et blanc. Sauf *Le Monde* où l'image d'ouverture des pages tourisme est presque toujours en quadrichromie.

Les deux tableaux qui suivent montrent que le rapport espace photo/espace info dans les quotidiens nationaux dessine une

---

179 R. BARTHES, *La chambre claire*, Paris, Cahiers du cinéma-Gallimard-Seuil, p. 139.

180 Ibid., p. 182.

double parabole dont les points culminants sont les 11.11.89 et 25.12.89, dates charnières de notre corpus puisque la première est marquée par la chute du Mur de Berlin et la seconde par celle de Nicolae Ceausescu.

Le Figaro / Photos	06.11.89	09.11.89	11.11.89	19.12.89	22.12.89	25.12.89	28.12.89
Informations internationales	8,3%	18,3%	50,1%	11,1%	11,3%	31,1%	15,5%
Politique	12,2%	4,2%	2,5%	10,0%	11,4%	4,3%	6,4%
Catastrophes et faits divers	10,5%	0,0%	4,7%	18,0%	14,2%	0,0%	0,0%
Economie et bourse	0,0%	4,9%	2,1%	5,4%	3,7%	0,0%	3,1%
Culture et loisirs	18,2%	6,8%	20,3%	13,6%	16,1%	13,0%	17,7%
Science, médecine et industrie	12,7%	20,8%	0,0%	26,4%	15,9%	27,1%	7,4%
Sport et courses	12,1%	5,8%	10,6%	11,4%	9,8%	11,7%	16,2%
Religion	0,0%	0,0%	0,0%	0,0%	0,0%	0,0%	0,0%
Actualité sociale	3,6%	7,5%	36,3%	16,0%	9,3%	0,0%	0,0%
Enseignement	0,0%	0,0%	0,0%	0,0%	0,0%	0,0%	0,0%
Rapport Photo / Info	13,9%	8,3%	20,7%	11,2%	10,2%	20,8%	11,5%

Tableau n° 12

Libération / Photos	06.11.89	09.11.89	11.11.89	19.12.89	22.12.89	25.12.89	28.12.89
Informations internationales	6,5%	20,7%	37,7%	19,4%	17,9%	36,9%	20,6%
Politique	38,6%	15,4%	17,7%	12,3%	19,2%	0,0%	0,0%
Catastrophes et faits divers	21,7%	0,0%	0,0%	0,0%	10,0%	0,0%	11,4%
Economie et bourse	14,0%	18,0%	10,9%	11,6%	20,9%	15,6%	15,7%
Culture et loisirs	29,7%	19,5%	19,3%	27,7%	24,8%	33,7%	19,5%
Science, médecine et industrie	0,0%	0,0%	0,0%	0,0%	0,0%	0,0%	0,0%
Sport et courses	25,8%	20,0%	18,5%	20,6%	26,8%	31,9%	0,0%
Religion	0,0%	0,0%	15,9%	0,0%	0,0%	0,0%	0,0%
Actualité sociale	0,0%	10,7%	0,0%	57,5%	19,3%	23,8%	0,0%
Enseignement	0,0%	0,0%	0,0%	0,0%	0,0%	0,0%	0,0%
Rapport Photo / Info	22,4%	18,3%	28,6%	20,9%	19,8%	33,1%	18,7%

Tableau n° 13

C'est le 11.11.89 que *Le Figaro* consacre le plus d'espace à l'iconique par rapport à la totalité de l'info, dans les informations internationales : 50,1%. Cette proportion tombe à 31,1% le 25.12.89. *Libération* suit la même courbe, mais plus en douceur, et le rapport photo/info tombe de 37,7% le 11.11.89 à 36,9% le 25.12.89.

Cette similitude dans la réaction iconique à l'événement s'explique par le fait que les brèches dans le Mur ont été ouvertes en une nuit alors que l'événement Ceausescu s'est étalé dans le temps : d'abord il y eut Timisoara, puis l'insurrection et la chute du dictateur et enfin le procès de celui-ci. Ce qui fait que les images agissantes performatives, ou images événements, comme l'arrivée des hommes sur la lune par exemple, des Berlinois au faîte du Mur (la « Une » de *Libération*), qu'ils attaquent au marteau (la « Une » du *Figaro*), tombent en une fois. Alors que les photos « roumaines » sont informatives dans leur majorité, à part celles du charnier de Timisoara : le dictateur, avant son procès, brille par son absence n'était-ce quelques images tautologiques d'archives pour pallier cette invisibilité.

Mais que donne-t-on à voir dans les deux quotidiens à ces deux occasions ?

VI.1. Album : mort et vie du mur

Les quotidiens nationaux exploitent le même fonds iconique, avec une hiérarchisation plus ou moins différente. De même, les deux journaux ajoutent aux photos chaudes de l'actualité une rétrospective sur l'édification du Mur. Le tout rassemblant les différents éléments d'une exposition-album que l'on peut intituler « mort et vie du Mur ».

Le Figaro consacre à l'événement un cahier spécial de six pages centrales dont 50,1% de photos occupant des pleines pages avec, bien entendu, l'inévitable double accroche iconique et textuelle qui s'étale sur plus de 75% de la surface de la « Une »[181].

La « Une » de *Libération* est totalement envahie par l'image de la fête : les retrouvailles allemandes au faîte du Mur. L'événement occupe 17 pages du journal dont 37,7% de photos qui explosent parfois en pleine page.

Ces photos-tableaux d'une exposition conjuguent la synchronie inversée et la diachronie car elles s'articulent autour de deux moments-charnières : la chute du Mur d'abord et sa construction ensuite.

Le temps synchronique, à rebours, se limite à ces deux seules dates. Le reste n'étant pas retenu par les deux journaux : entre la

181 La « Une » est la première page d'un journal.

destruction du Mur et sa construction s'étend un temps mort médiatiquement.

Bien entendu, les deux supports consacrent le plus d'espace et le maximum d'images à la chute du Mur. Et utilisent son édification pour un embrayage de l'événement dans l'histoire, autre temps mythique : « Paradoxe : le même siècle a inventé l'histoire et la photographie. »[182] Ceci dans l'ambition d'atteindre avec la photo, ce témoignage, ce moyen d'authentification destiné à l'imaginaire collectif, une mémoire collective.

Dans *Le Figaro*, comme dans *Libération*, les photos sont organisées en trois collections.

La première comprend les images agissantes performatives ou images-événements : les Allemands s'aidant à grimper sur le Mur, un jeune Berlinois s'attaquant au Mur avec un marteau, les Allemands debout sur le Mur avec, en arrière plan, la porte de Brandebourg, les premiers bulldozers détruisant le Mur, des couples joyeux, émus, dans la nuit berlinoise où coule le champagne : c'est « la nuit où le Mur tomba ».

Toutes ces photos sont conjuguées au présent immédiat, au temps de l'instantanéité pure, où la photo capture le mouvement. Une seule photo dans cette collection intègre la notion de durée au présent immédiat. Reproduite par les deux journaux, elle montre de jeunes Berlinois debout au faîte du Mur avec, en arrière plan, obstruant la totalité du champ, la Porte de Brandebourg, symbole d'une autre Allemagne, celle du Reich conquérant, qui émerge en contrepoint dans la fête berlinoise.

Toutes ces photos sont à champ fermé. Le hors champ est banni : chaque photo cadre un tout entièrement présent et qui ne déborde pas cet espace photographique. C'est ce tout qui invite d'autant plus fortement le lecteur à « rentrer » dans la fête berlinoise.

La deuxième collection comprend des photos d'archives informatives complémentaires. *Libération* et *Le Figaro* organisent

---

182 R. BARTHES, *La chambre claire*, op. cit., p. 146.

cette collection sur une double page. *Libération* consacre à l'image les trois quarts de cet espace (pp. 12-13), alors que *Le Figaro* le répartit équitablement entre l'image et le texte.

Libération organise ces photos en trois séquences : le Mur est construit (1 photo), la traversée du Mur (3 photos) et la mort sur le Mur (1 photo).

La première photo-séquence a le Mur pour champ. L'espace y est organisé en dominant/dominé : le Mur écrase de sa présence la silhouette du vieil homme dans un présent prolongé. Néanmoins, celui-ci y a trouvé une brèche. Fortement symbolique, cette photo occupe une pleine page (p. 12).

L'illustration iconique de la traversée du Mur est faite en trois photos. Le Mur est absent de celle datée du 13 août 1961. On y voit trois personnes chargées de sacs traverser la rue. La date et la légende « sauvent » cette photo qui manque de véritables repères iconographiques : « 13 août 1961. Juste avant l'édification du Mur, des Berlinois se précipitent pour passer à l'Ouest. » C'est la date qui permet de récupérer cette photo archivée.

Les deux autres images se dédoublent avec les légendes : le Mur dans l'une et les barrières de Checkpoint Charlie dans l'autre se partagent la vedette avec les policiers qui, dans les deux cas, sont aux prises avec un passeur. Ces images d'archives restent informatives et directes. Elles montrent un présent, alors, immédiat.

La troisième séquence, mort sur le Mur, n'a pas besoin de date. Tautologique, elle rappelle en contrepoint qu'il fut un temps où la mort était au rendez-vous pour qui voulait franchir le Mur. Elle apporte une tautologie de la certitude, une « certitude qu'aucun écrit ne peut donner »[183]. C'est tout le pouvoir d'authentification de la photographie qui est mis en oeuvre même si ces photos tautologiques ne sont pas informatives.

---

183 Ibid., p. 134.

Le Figaro organise autrement cette deuxième collection iconique. D'abord une même date pour cette double page de photos d'archives : le 13 août 1961. Au temps mythique actuel de la chute du Mur correspond un autre temps mythique historique, celui de son édification.

Les photos sont regroupées en deux séquences. La première, la construction du Mur, montre essentiellement des soldats, des ouvriers et des pierres figés dans un présent prolongé. Le champ de ces photos est obstrué par les soldats, par le Mur ou par un tank. Autant de composantes qui en constituent les éléments dominants.

La deuxième séquence est faite de photos conjuguées, toutes, au présent immédiat : un gardien qui saute sur les barbelés, un homme abattu en franchissant le Mur, le cadavre « reconduit » de l'autre côté sans ménagement par les soldats et un mariage avec le Mur entre les membres de la famille. Archivées, ces photos assurent néanmoins une complémentarité directe et informative par rapport au texte.

La troisième collection structurant les photos des deux quotidiens est une galerie de portraits. Les photos de Willy Brandt, Helmut Kohl, Egon Krenz, pour illustrer les commentaires des trois hommes politiques. Une photo de journaliste tenant un journal pour expliquer avec cette image redondante à l'appui que la presse allemande est partagée face à l'événement. Et une photo de « Trabant » pour accompagner un texte sur l'ouverture des points de passage... Autant d'images tautologiques que les deux journaux utilisent pour mettre en scène les différents actants, réels comme les Berlinois et les hommes politiques, symboliques comme la « Trabant », de l'événement.

Pour ce qui est des **quotidiens régionaux,** l'examen des trois tableaux qui suivent montre qu'encore une fois, *Le Parisien* se place plus près des quotidiens nationaux que des quotidiens régionaux quand un événement exceptionnel occupe la scène médiatique de l'information internationale.

Le Parisien / Photos	06.11.89	09.11.89	11.11.89	19.12.89	22.12.89	25.12.89	28.12.89
Informations internationales	0,0%	22,2%	41,4%	31,1%	31,8%	32,6%	19,7%
Politique	19,0%	19,8%	0,0%	23,0%	0,0%	0,0%	21,9%
Catastrophes et faits divers	52,6%	25,5%	23,9%	13,7%	18,0%	13,4%	24,6%
Economie et bourse	5,0%	12,8%	0,0%	3,7%	19,2%	0,0%	3,9%
Culture et loisirs	29,0%	35,0%	28,0%	20,6%	27,0%	19,5%	23,0%
Science, médecine et industrie	0,0%	0,0%	0,0%	0,0%	22,0%	0,0%	0,0%
Sport et courses	0,0%	16,7%	14,8%	19,4%	13,8%	0,0%	13,0%
Religion	0,0%	0,0%	0,0%	0,0%	0,0%	0,0%	0,0%
Actualité sociale	25,1%	18,3%	25,8%	14,0%	16,7%	10,4%	26,3%
Enseignement	0,0%	0,0%	0,0%	23,0%	0,0%	0,0%	0,0%
Rapport Photo / Info	22,0%	19,5%	24,3%	17,9%	19,3%	24,3%	18,4%

Tableau n° 14

Ouest-France / Photos	06.11.89	09.11.89	10.11.89	19.12.89	22.12.89	23.12.89	28.12.89
Informations internationales	21,1%	13,4%	14,8%	10,2%	21,1%	15,0%	29,7%
Politique	5,8%	10,8%	7,8%	10,2%	26,6%	0,0%	3,9%
Catastrophes et faits divers	12,2%	8,6%	10,6%	17,8%	4,8%	32,6%	10,9%
Economie et bourse	16,2%	8,4%	73,0%	8,6%	7,5%	9,5%	8,8%
Culture et loisirs	42,1%	28,1%	22,6%	6,4%	23,3%	29,0%	27,2%
Science, médecine et industrie	0,0%	0,0%	34,4%	11,1%	32,8%	5,6%	37,8%
Sport et courses	10,4%	8,3%	7,8%	14,4%	8,9%	5,9%	1,5%
Religion	0,0%	20,1%	17,3%	15,3%	32,3%	24,0%	0,0%
Actualité sociale	21,6%	23,8%	14,8%	33,3%	21,5%	16,9%	14,6%
Enseignement	33,1%	20,6%	28,9%	21,4%	22,1%	0,0%	0,0%
Rapport Photo / Info	16,6%	14,9%	11,8%	15,6%	18,0%	16,9%	17,5%

Tableau n° 15

La Voix du Nord / Photos	05.11.89	09.11.89	12.11.89	19.12.89	22.12.89	25.12.89	28.12.89
Informations internationales	13,2%	10,2%	29,9%	7,8%	18,0%	17,6%	15,5%
Politique	5,1%	4,1%	4,6%	9,5%	7,8%	40,6%	3,1%
Catastrophes et faits divers	25,3%	15,5%	27,4%	17,8%	6,1%	6,4%	8,1%
Economie et bourse	0,0%	1,7%	17,6%	3,1%	2,4%	0,0%	1,0%
Culture et loisirs	24,5%	20,6%	17,9%	12,3%	25,0%	12,4%	24,5%
Science, médecine et industrie	0,0%	20,7%	0,0%	0,0%	4,4%	72,5%	0,0%
Sport et courses	8,6%	18,3%	10,2%	16,2%	15,7%	10,6%	7,0%
Religion	0,0%	0,0%	0,0%	0,0%	0,0%	0,0%	0,0%
Actualité sociale	24,3%	23,5%	36,1%	15,1%	20,8%	36,7%	19,6%
Enseignement	54,0%	21,8%	20,0%	25,0%	16,3%	20,8%	0,0%
Rapport Photo / Info	17,1%	15,3%	21,5%	12,5%	11,4%	19,9%	15,2%

Tableau n° 16

Avec 24,3% d'espace consacré à la photo le 11.11.89 et le 25.12.89, *Le Parisien* pratique une couverture iconique des deux événements internationaux beaucoup plus proche du *Figaro* et de *Libération* que d'*Ouest-France* (11,8% le 10.11.89 et 16,9% le 23.12.89) et de *La Voix du Nord* (21,5% le 12.11.89 et 19,9% le 25.12.89). Reste que les tableaux concernant le rapport photo/info dans les quotidiens régionaux présentent la même parabole que ceux des quotidiens nationaux. Une parabole culminant les 11(ou 12).11.89 et 25.12.89. Sauf pour *Ouest-France* qui, en raison d'une parution parfois datée trois jours à l'avance - comme par exemple les numéros du vendredi, samedi et dimanche 10, 11 et 12 novembre et du samedi, dimanche et lundi 23, 24 et 25 décembre - ne garde pas un rythme précisément quotidien.

Mais on ne donne pas à voir les mêmes images, selon que l'on soit un quotidien national ou régional.

En effet, avec la chute du Mur de Berlin, *Le Parisien*, pourtant quotidien populaire factuel, fait dans la symbolique primaire : il publie en « Une » la photo d'une fermeture à glissière à moitié ouverte, comme si la photo reportage avait épuisé pour ce journal toute sa valeur événementielle. Cette photo de « Une » est une métaphore qui oeuvre par substitution en utilisant une relation de ressemblance, en l'occurrence l'ouverture, dans sa connotation la plus élémentaire. Cette image indirecte n'en est pas moins informative et agissante : le lecteur est invité à ouvrir complètement cette fermeture à glissière.

Des trois quotidiens régionaux étudiés, *Le Parisien* est le seul dont la « Une » se trouve complètement envahie par l'événement allemand. *La Voix du Nord* laisse de la place au sport et à Noël, tout en accordant à la chute du Mur les deux tiers de sa « Une », avec deux photos informatives directes, l'une en couleur et l'autre en noir et blanc. *Ouest-France* se contente d'une photo tautologique non datée du Mur de Berlin, accompagnée d'un titre et d'une légende. Le tout sur un cinquième de la « Une ».

Dans les pages intérieures du *Parisien*, on retrouve pratiquement le même fonds iconique utilisé par les deux quotidiens nationaux mais hiérarchisé différemment.

D'abord, pas de rétrospective sur la construction du Mur. C'est par un autre biais que *Le Parisien* cherche à implanter l'événement dans un autre temps mythique, celui de l'imaginaire collectif greffé sur fond d'histoire. En effet, parmi les portraits tautologiques de Mikhaïl Gorbatchev, Georges Bush et Egon Krentz que *Le Parisien* publie pour illustrer leurs déclarations respectives, le journal insère une photo de l'acteur Yves Montand tel qu'il apparaît dans le film « l'Aveu », tiré du livre d'Arthur London portant le même titre. Le film et le livre dénonçaient ce qui se passait de l'autre côté du Mur dans les années cinquante.

Une seule photo agissante, performative, « troue » cette galerie de portraits : celle d'un bulldozer qui démantèle le Mur sous le regard de quelques soldats de l'ex-RDA. Toutefois, cette photo ne « rend » pas le mouvement, ne capture pas un présent immédiat, mais intègre une notion de durée, de prolongement de l'action. Ceci étant dû à la situation de pose où semblent enlisés et les soldats et le bulldozer.

Paradoxalement, ces photos, plutôt tautologiques dans leur ensemble, précèdent les images informatives et agissantes de la « nuit de la liberté » berlinoise. En fait, quotidien populaire factuel, *Le Parisien* propose une explication illustrée de l'événement et, grâce au double balisage iconique et typographique des titres, plusieurs niveaux d'accès à l'information. Ceci avant de présenter une sélection d'images puisées dans le même fonds iconique sur la nuit berlinoise déjà utilisé par les deux quotidiens nationaux. C'est ainsi que l'on retrouve les photos de la foule en liesse des deux côtés du Mur dont un jeune Berlinois attaque les pierres au marteau.

La stratégie iconique du *Parisien* se présente ainsi en deux temps. D'abord, sur trois pages, permettre plusieurs entrées pour expliquer l'événement. Ensuite, jouer, sur une double page, la carte de l'émotion, avec des photos informatives directes complémentaires ou redondantes au texte.

Stratégie à laquelle n'adhèrent pas les deux autres quotidiens régionaux qui privilégient l'explication essentiellement textuelle et utilisent la photo comme accessoire de second ordre. Notamment *Ouest-France* qui se contente en tout et pour tout d'une photo tautologique du Mur, non datée et ne présentant aucune autre caractéristique particulière à part celle d'illustrer le

Mur. Toutefois, *La Voix du Nord* publie cinq photos informatives agissantes mais de piètre qualité.

Dans **les newsmagazines,** l'espace réservé à la photo varie d'un titre à l'autre. Seul, *L'Express* suit la courbe dessinée par les quotidiens nationaux et régionaux, à l'exception d'*Ouest-France*. En effet, le rapport photo/info du magazine culmine les 17.11.89 et 29.12.89, les deux numéros couvrant respectivement la chute du Mur de Berlin et celle de Nicolae Ceausescu.

L'Express / Photos	10.11.89	17.11.89	22.12.89	29.12.89
Informations internationales	29,2%	36,2%	28,3%	34,6%
Politique	1,4%	31,7%	8,3%	28,8%
Catastrophes et faits divers	0,0%	0,0%	42,0%	0,0%
Economie et bourse	10,4%	16,7%	14,6%	10,0%
Culture et loisirs	36,0%	30,0%	28,8%	29,1%
Science, médecine et industrie	25,5%	20,3%	0,0%	0,0%
Sport et courses	0,0%	32,0%	40,0%	0,0%
Religion	42,6%	0,0%	0,0%	0,0%
Actualité sociale	39,7%	0,0%	5,0%	0,0%
Enseignement	38,4%	0,0%	0,0%	0,0%
Rapport Photo / Info	26,6%	31,5%	28,6%	29,0%

Tableau n° 17

C'est d'ailleurs dans ces deux mêmes numéros que l'espace iconique est le plus important dans les informations internationales : 36,2% le 17.11.89 et 34,6% le 29.12.89. Alors qu'il retombe à 29,2% et 28,3% respectivement le 10.11.89 et 22.12.89.

Pour *Le Nouvel Observateur*, c'est dans le numéro du 28.12.89 que l'on retrouve le plus d'espace consacré à la photo : 35,8% ; notamment dans les informations internationales : 42,2%. Paradoxalement, l'espace iconique ne constitue que 16,4% du numéro du 16.11.89 et 13,5% des informations internationales. Cela en raison de la publication, dans ce même numéro, de « la plus grande enquête de l'Obs : 30 pages » sur « le prix d'un Français ». Enquête qui constitue un rendez-vous thématique annuel du magazine. En plus de ces deux événements, *Le Nouvel Observateur* fête dans ce même numéro son « 25e anniversaire ».

Le Nouvel Observateur / Photos	09.11.89	16.11.89	21.12.89	28.12.89
Informations internationales	17,4%	13,5%	10,2%	42,2%
Politique	10,2%	32,4%	19,6%	0,0%
Catastrophes et faits divers	36,1%	36,7%	26,2%	36,6%
Economie et bourse	17,6%	16,2%	25,0%	9,2%
Culture et loisirs	23,0%	27,3%	25,5%	43,2%
Science, médecine et industrie	17,8%	0,0%	0,0%	0,0%
Sport et courses	25,0%	0,0%	48,5%	0,0%
Religion	0,0%	0,0%	24,7%	29,5%
Actualité sociale	14,3%	5,4%	0,0%	35,1%
Enseignement	0,0%	0,0%	0,0%	0,0%
Rapport Photo / Info	33,1%	16,1%	22,7%	35,8%

Tableau n° 18

Enfin, dans *Paris-Match*, l'espace photo varie généralement entre 55 et 66%. Cela indépendamment de la « grandeur » des événements de l'actualité : l'espace iconique prédomine sur l'espace-texte. Notamment quand il s'agit de célébrités (93,4%, 73%, 69% et 84,1%), de catastrophes et faits divers (40,1%, 63,6%, 18,2% et 50,9%) et d'informations internationales (55,4%, 64,7%, 4è,2% et 54,3%). En fait, l'impact d'un grand événement se répercute essentiellement sur la qualité du document iconique publié par *Paris-Match*, plutôt que sur l'espace iconique lui-même. C'est d'ailleurs grâce à des événements de ce genre que le magazine illustré pratique son événementiel basé sur l'image interdite de stars, de violence, de rupture ou de mort.

Paris-Match / Photos	09.11.89	16.11.89	21.12.89	28.12.89
Informations internationales	55,4%	64,7%	47,2%	54,3%
Politique	0,0%	8,4%	44,7%	11,6%
Catastrophes et faits divers	40,1%	68,6%	18,2%	50,9%
Economie et bourse	11,4%	19,0%	10,7%	0,0%
Culture et loisirs	42,8%	68,5%	53,8%	36,6%
Science, médecine et industrie	1,0%	68,7%	70,6%	50,0%
Sport et courses	0,0%	0,0%	0,0%	0,0%
Religion	0,0%	4,7%	100,0%	33,4%
Actualité sociale	74,1%	32,1%	55,3%	10,4%
Enseignement	27,0%	0,0%	0,0%	0,0%
Célébrités	93,4%	73,0%	69,0%	84,1%
Rapport Photo / Info	60,6%	56,2%	65,6%	61,5%

Tableau n° 19

Au premier abord, les news semblent adopter une démarche iconique proche de celle des quotidiens nationaux dans le traitement qu'ils appliquent à la chute du Mur. En fait, aux aspects actuel et rétrospectif développés par les quotidiens, les deux news ajoutent un troisième temps, tout aussi mythique que l'actualité médiatique ou l'histoire, c'est le futur. C'est d'ailleurs l'aspect prospectif qui occupe la couverture des newsmagazines, les deux autres étant développés dans les pages intérieures.

Ainsi, la « Une » de *L'Express* est entièrement envahie par l'événement qui devient, le recul aidant, la fin de l'après-guerre et se décline en trois thèmes : « Allemagne : la nouvelle dimension », « Europe : les nouveaux scénarios » et « Monde : le nouvel équilibre ». Avec, pour toute illustration iconique, l'aigle allemand où s'imbriquent, en morceaux de puzzle, les sigles de la RDA et de la RFA.

Le Nouvel Observateur maintient deux autres « entrées » thématiques en couverture : le 25e anniversaire du magazine et la grande enquête sur « le prix d'un Français ». Mais l'image qui occupe les quatre-cinquièmes de la « Une » du news montre une brèche dans le Mur où apparaît un soldat au regard égaré, avec, comme accroche textuelle : « Allemagne : le vertige de la liberté ». Ces deux thèmes, vertige et liberté, se déclinent en joie et peur dans les pages internes du magazine.

Deux symboliques différentes de l'image pour les deux hebdos qui consacrent toutefois chacun un dossier spécial à l'événement.

Métaphorique, la symbolique iconique de *L'Express* joue sur l'absence de la photo reportage du Mur, de sa chute... et lui substitue le symbole de l'Allemagne en train de se réunifier, beaucoup plus riche en connotation !

Métonymique, celle du *Nouvel Observateur* joue sur une présence fortement mise en scène du Mur, de la brèche dans le Mur, et du soldat derrière la brèche.

Paradoxalement, la « Une » de *Paris-Match* est consacrée à Vanessa Paradis. Probablement en raison de délais de bouclage serrés puisque, même dans les pages internes de l'hebdomadaire, les émigrés est-allemands « de la liberté » passent encore par la Tchécoslovaquie. C'est la raison pour laquelle cette analyse portera uniquement sur le fond iconique utilisé par *L'Express* et *Le Nouvel Observateur*.

Aux deux temps mythiques de l'actualité médiatique et de l'histoire, les deux news ajoutent, dans leur couverture de la chute du Mur, une troisième perspective sur les lendemains du bouleversement allemand. Ce qui s'inscrit dans la logique managériale de *L'Express* et culturelle avant-gardiste du *Nouvel Observateur*.

Sur le plan iconique, cela se traduit par trois séquences pour *L'Express*. La chute du Mur d'abord, sa construction ensuite et son avenir enfin. Ceci pour faire le tour global de l'événement à l'intention d'un lectorat plutôt bien informé, qui analyse une situation donnée en la projetant dans le passé, le présent et l'avenir.

Pour *Le Nouvel Observateur*, le message iconique se limite à la fête de la chute du Mur et aux portraits des actants actuels et passés de l'événement. Si les perspectives futures de celui-ci font l'objet de chroniques et d'articles, elles ne sont toutefois pas illustrées d'images. Mis à part quelques dessins humoristiques de Wiaz sous l'intitulé : « Antigermanisme primaire ».

D'ailleurs les photos de la fête publiées par *Le Nouvel Observateur* ne proviennent pas du fonds iconique commun où ont puisé quotidiens nationaux et régionaux ainsi que *L'Express*. L'iconique de la fête dans « l'Obs », c'est un gamin s'attaquant au Mur avec un simple marteau, c'est la fête des couleurs et des gens au faîte du Mur et dans la nuit de Leipzig, c'est, image inédite, Rostropovitch jouant du violoncelle à Checkpoint Charlie, c'est le Mur photographié désormais comme une oeuvre d'art. C'est, enfin, un soldat avec deux roses rouges, debout sur le Mur et une petite fille qui le regarde d'en bas. Dans pratiquement toutes ces photos, la représentation du temps est la même : chacune d'entre elles rend la capture d'une séquence de l'événement. Il s'agit en fait de photos agissantes performatives.

Parallèlement à cette première sélection d'images, *Le Nouvel Observateur* publie une deuxième série de photos où le temps photographique intègre une notion de durée, de prolongement de l'action : c'est la rencontre de Tadeuz Mazowiecki avec Egon Krenz, la fabrication du char Léopard par Siemens en Allemagne de l'Ouest et la promenade fluviale d'Edouard Chevarnadzé et de Stanley Baker. Contrairement à la première collection de photos qui servent de tremplin aux textes les accompagnant, cette deuxième série regroupe des images informatives directes complémentaires au texte. Provenant pour la plupart des archives, elles accompagnent les articles prospectifs de l'après-chute du Mur.

L'embrayage iconique de l'événement dans l'histoire se fait essentiellement au moyen de photos tautologiques non datées de Victor Hugo et Giuseppe Mazzini, accompagnant en contrepoint l'analyse de J. Julliard sur l'histoire de l'Europe.

Trois séries d'images donc pour un dossier tout à la fois prospectif, rétrospectif et actuel sur les différents aspects de la chute du Mur. Toutefois, l'organisation de ces images reste primaire : au départ, les photos performatives pour une bonne attaque, ou début de l'article dans le langage professionnel journalistique. Au milieu, les portraits tautologiques en contrepoint de l'article historique. Et à la fin, les images informatives complémentaires pour soigner la « chute » prospective du dossier.

L'Express organise ses photos autour de ces mêmes trois effets : présent, rétrospectif et prospectif. Le magazine consacre trois collections iconiques au présent qu'il aborde sous trois thèmes-séquences différents. D'abord un constat, la fin de l'après-guerre, ensuite un diagnostic, l'agonie du parti communiste est-allemand, et enfin un reportage, Berlin ville ouverte. Trois blocs d'images forment la séquence-constat. Le premier regroupe quatre photos performatives agissantes, avec les Allemands au faîte du Mur devant la porte de Brandebourg, photo (déjà exploitée dans plusieurs journaux) qui s'étale sur une double page, puis le Mur pris d'assaut au marteau piqueur ou avec un simple bloc de pierre, et enfin l'émotion de deux Allemands avec une rue de Berlin en toile de fond. Les portraits de Luther et de Bismarck constituent le deuxième bloc. Ils illustrent en contrepoint l'analyse publiée par l'hebdomadaire sur la situation actuelle de l'Allemagne. Une analyse qui cherche déjà dans le passé de l'Allemagne des éléments pour expliquer la situation présente de ce pays avant de chercher à en percer l'avenir. Enfin, le troisième bloc comprend des photos d'archives non datées et complémentaires pour étayer cette même analyse.

Quatre photos constituent la seconde séquence iconique sur le diagnostic de l'agonie du parti communiste est-allemand. Il s'agit de deux images informatives complémentaires qui montrent, successivement, une manifestation contre le parti à Leipzig et un « détail » d'une réunion de ce même parti avec Egon Krentz au premier plan. Les deux autres photos sont des portraits de Hans Modrow, alors nouveau Premier ministre est-allemand, et de Barbel Bohlev, cofondatrice du mouvement est-allemand « Neues Forum ». Ces portraits viennent en contrepoint illustrer l'état des lieux des différents mouvements politiques en gestation ou en voie de disparition dans l'ex-RDA.

Le reportage sur Berlin ville ouverte met en scène quatre photos informatives complémentaires montrant des Allemands de l'Est dans différents quartiers ouest de la ville, et une photo, alors, performative et agissante où les deux maires des deux secteurs de Berlin se serrent la main. Ces cinq photos illustrent, en contrepoint, un texte où le journaliste fait parler un écrivain Berlinois transfuge à l'Ouest, son fils et son beau-fils, de leur façon de voir l'événement. Ces trois sources deviennent les auteurs apparents du texte tout en étant absentes iconiquement.

L'effet rétrospectif, ou la construction du Mur, s'étale sur une double page. L'hebdomadaire y exploite le même fonds iconique archivé et daté que l'on retrouve dans les quotidiens. Avec, en plus, une photo de J.F. Kennedy devant le Mur, construit pendant son mandat de président des Etats-Unis, et, en note finale, une image montrant une brèche qui vient d'être faite dans le Mur.

Enfin, pour son effet prospectif, *L'Express* utilise, en contrepoint de l'analyse publiée sur les différents scénarios futurs possibles, des photos d'archives non datées ainsi que des photos tautologiques de personnalités interrogées à ce propos... et de la façade du parlement européen.

En conclusion, même si tous puisent plus ou moins dans un même fonds iconique commun au départ, les supports n'organisent pas leurs photos de la même façon, selon qu'ils soient quotidiens ou hebdomadaires, nationaux ou régionaux. Les images sont adaptées à l'événementiel du journal. D'ailleurs le traitement iconique de la chute de Ceausescu vient confirmer cette conclusion.

VI.2. Les photos roumaines : le dictateur absent, présent, obsédant

Nicolae Ceausescu est le grand absent manifeste des images roumaines, dans *Le Figaro* comme dans *Libération*. On l'aperçoit deux fois dans *Libération*, dans deux photos tautologiques non datées le représentant, chaque fois, avec son épouse, Elena. Dans *Le Figaro*, le portrait du dictateur déchu est publié en médaillon en tête des sept pages que le journal consacre à l'événement : il sert au repérage du « dossier spécial Roumanie ». Un dossier qui s'étale sur dix-sept pages dans *Libération*, sous le label « l'événement ». Mais cet effet d'ellipse iconique fait du dictateur déchu un absent-présent-obsédant qui domine tout le discours imprimé sur l'événement roumain.

Les deux journaux « cartonnent »[184] à la « Une ». Celle de *Libération* est complètement envahie par l'image d'un civil embusqué en train de tirer à travers le drapeau roumain déchiré. Alors que l'iconique roumain n'occupe que le tiers de la « Une » du Figaro où la priorité est donnée à la titraille, le titre de

184 Cartonner à la « Une » : atteindre directement une cible.

Libération sert de légende à la photo et constitue le seul texte en « Une », hormis le nom du journal.

Les photos avec lesquelles les deux journaux enchaînent dans les pages internes peuvent être réparties en deux catégories principales. Les photos de base d'une part et les photos périphériques de l'autre. Les unes et les autres proviennent d'un fonds iconique commun. Les photos de base sont informatives directes, complémentaires au texte. Elles servent de charnières pour créer l'émotion, le liant journalistique de l'événement. Ainsi en est-il de la photo publiée en « Une » par *Le Figaro*, que l'on retrouve illustrant l'article de l'envoyé spécial de *Libération* et, en quadrichromie, à la « Une » du *Parisien*. Il en est de même de la photo du charnier de Timisoara, publiée par les deux quotidiens nationaux et les autres titres du corpus. Les photos périphériques sont tautologiques et illustrent en contrepoint les multiples angles d'accès à l'événement.

Toutefois, *Le Figaro* utilise beaucoup moins de photos tautologiques que *Libération :* trois au total de Zoïa Ceausescu, Paul de Roumanie et Jean-Louis Calderon, le reporter de la défunte cinquième chaîne de télévision tué à Bucarest. Auxquelles s'ajoutent le portrait de Ceausescu publié en médaillon sur toutes les pages « roumaines » du journal. Les autres images publiées par le quotidien sont toutes informatives, souvent directes complémentaires, rarement indirectes utilisées en dédoublement par rapport au texte.

Les photos complémentaires sont organisées en collection, accompagnant non pas les articles des envoyés spéciaux mais les différents commentaires destinés à dégager les multiples aspects de l'événement, que ce soit à Bucarest ou dans la communauté des émigrés roumains en France.

Alors que, fidèle à sa hiératique événementielle, *Libération* réserve les images chaudes aux textes chauds des envoyés spéciaux et agences de presse et garde les images tautologiques pour le commentaire fait au desk[185] parisien du journal.

D'ailleurs, l'événement est visualisé topographiquement dans *Libération*, pages 2 et 3. Les photos sont montées sur une carte de la Roumanie et des flèches indiquent, d'une part, le territoire géographique d'où vient ou que vise la photo, et de l'autre, la page qui traite de cette tranche d'événement. La ville de Timisoara est ainsi décomposée en un point sur une carte et des images de charnier. Et la « révolution roumaine » est ainsi mise en spectacle typographique, topographique sur les pages du journal.

Le Parisien affiche à la « Une » la même photo publiée en première page par *Le Figaro*. Mais cette image est traitée autrement. Agrandie, imprimée en quadrichromie, elle est mise en valeur comme une affiche avec, à l'appui, une titraille au langage direct et simple, au premier degré : « Roumanie : Noël de sang, de larmes et d'espoir ». Au temps roumain sanglant est intégré le Noël du lecteur, pour une jonction, une passerelle, entre ce qui est sélectionné par le journal comme le fait du jour et la vie quotidienne du destinataire du support. D'ailleurs, telle qu'elle est traitée par *Le Parisien*, la photo de couverture interpelle fortement le lecteur, à un double niveau. Deux plans partagent en fait cette photo qui retrouve ainsi une dimension agissante performative. Au second plan, un groupe de Roumains en pleine action dans une rue de Bucarest. Le champ est clos mais, au premier plan, le geste du bras et le regard d'un Roumain renvoient à un unique hors champ : là où se trouve le lecteur. Celui-ci est ainsi interpellé, invité à rentrer dans l'événement, c'est-à-dire, à la fois, à rejoindre les révolutionnaires et à lire le journal.

A chaque angle sous lequel *Le Parisien* aborde l'événement dans les pages internes correspond une photo qui en facilite l'accès au lecteur. Informatives directes, ces images sont utilisées

---

185 Desk : secrétariat de rédaction d'une agence de presse et, par extension, d'un quotidien.

en dédoublement au texte dans les articles des envoyés spéciaux. Elles deviennent informatives complémentaires lorsqu'elles illustrent les articles explicatifs sur les réactions en France et dans le monde ou sur la mort de Jean-Louis Calderon. Ce qui permet ainsi au journal de continuer à jouer la carte de l'émotion parallèlement à une information élaborée et adaptée en fonction de son lectorat. Reste que *Le Parisien* ne publie qu'une seule photo de Ceausescu. Tautologique, archivée, celle-ci le représente avec Gorbatchev. Toutefois, absent de l'iconique, le dictateur est fortement présent dans l'écrit où il est successivement le « tyran », le « diable » et même « Dracula »... Autant d'images à forte symbolique qui diabolisent Ceausescu. Chose que ne saurait faire la photo du dictateur, la photographie étant par définition fondamentalement analogique et, dans le cas précis de la photo de presse, son pouvoir d'authentification prime son pouvoir de représentation[186]. Ce qui n'est pas du tout le cas des mots.

C'est d'ailleurs ce qui explique la rareté des photos du dictateur dans les deux quotidiens nationaux et les autres titres du corpus. Sans que les uns et les autres n'utilisent toutefois la même terminologie que *Le Parisien* pour désigner Ceausescu.

Les deux autres quotidiens régionaux étudiés adoptent un choix de « Une » proche de celui du *Parisien* : Noël et la Roumanie sont les deux principaux événements qui se partagent la « Une » d'*Ouest-France* et de *La Voix du Nord*. Toutefois, fidèle à son événementiel de média régional de proximité, fortement articulé au temps de son territoire, *La Voix du Nord* dédouble sa première page. A sa « Une » traditionnelle, le quotidien ajoute une couverture[187] spécial Noël lillois. Ce qui lui permet de consacrer les deux tiers de sa « Une » habituelle à l'événement roumain, avec une titraille en couleur et trois photos. Inversement, c'est Noël qui occupe la première page d'*Ouest-France* avec, il est vrai, la reproduction d'une icône

---

186 R. BARTHES, *La chambre claire*, op cit., pp. 138-139.

187 La couverture d'un journal est sa première page.

roumaine de la nativité. Mais l'événement roumain proprement dit tient sur moins de un quinzième de la « Une », avec une seule photo (50 mm X 2 col) et une titraille[188] sur sept colonnes.

Cette nécessité d'articuler le grand événement du jour au temps régional, territorial du journal, caractérise les trois quotidiens régionaux du corpus étudié. La « Une » de chacun de ces supports traduit un savant dosage en fonction de l'événementiel de chacun d'entre eux et de celui des quotidiens régionaux en général. Ainsi *Le Parisien* fait cohabiter Noël et la « révolution roumaine » uniquement dans la tiraille de la « Une », alors que l'iconique proprement dit de la couverture est consacré à l'événement roumain : en Ile-de-France, le temps médiatique peut empiéter sur le temporel exclusivement régional du fait de la position « capitale » de ce territoire. Parallèlement, le temps local de *La Voix du Nord* et d'*Ouest-France* demeure fortement articulé autour des fêtes et dates qui balisent le néoarchaïsme caractéristique des quotidiens régionaux. C'est pourquoi le premier dédouble sa « Une » et le second la partage suivant sa catégorisation initiale en fonction du spatial et du temporel régional.

Toutefois, mis à part ces modifications à la « Une », l'événement ne perturbe pas l'organisation des pages internes des deux quotidiens. Dans *Ouest-France*, comme dans *La Voix du Nord*, le textuel l'emporte sur l'iconique. Encore une fois, il s'agit pour les deux supports d'expliquer plutôt que d'émouvoir. Dans les deux journaux, la photo occupe une place infime par rapport au texte : 9,9% dans *La Voix du Nord* et 13,5% dans *Ouest-France*. Il s'agit de photos informatives complémentaires et de portraits tautologiques utilisés en contrepoint. Mais *Ouest-France* publie, en quadrichromie, une photo d'archives de Nicolae et Elena Ceausescu. Par cet effet typographique, la couleur, la photo se détache du reste du fonds iconique utilisé par le journal. Et c'est cette image qui attire en premier le regard du

188 La titraille regroupe le titre et le surtitre avec, éventuellement, le soustitre.

lecteur. Celui-ci y voit, bien mis en relief, le dictateur et sa femme qui brillent essentiellement par leur absence dans les autres quotidiens étudiés. Ce dont en profite justement *Ouest-France* pour apporter son plus iconique.

Comme avec la chute du Mur de Berlin, *Paris-Match* passe encore une fois à côté de l'événement en raison de délais de bouclage trop serrés, notamment en période de fêtes de fin d'année où les numéros sont conçus et réalisés longtemps à l'avance.

Alors que la Roumanie occupe la « Une » de *L'Express* et du *Nouvel Observateur*, datés respectivement du 28 et 29.12.89, le numéro du magazine illustré du 28.12.89 consacre sa couverture à l'acteur Yves Montand et son fils Valentin, et l'événement roumain est totalement absent de son sommaire.

La couverture des deux newsmagazines est intégralement envahie par l'événement. Mais, encore une fois, chacun des deux supports traite ce dernier en fonction de son propre événementiel.

D'abord en « Une ». Dans la photo de couverture de *L'Express* transparaît une recherche esthétique évidente : cadrage rigoureux, champ clos, découpage de l'espace iconique en deux plans bien distincts, mise en scène méthodique des personnages et des regards. L'objectif étant de traduire la titraille « Roumanie/Après le cauchemar » en une image informative redondante à l'accroche et donc fortement symbolique.

De multiples actants de l'insurrection roumaine font partie de cette photo de couverture de *L'Express*. L'armée d'abord, à travers le soldat, armé de son fusil mitrailleur, au premier plan qu'il partage avec un militant. Le peuple ensuite, représenté, au second plan, par trois personnages qui affichent « libertatea » - liberté en roumain - et regardent directement l'objectif, interpellant ainsi directement le lecteur. La jeunesse enfin, tous ces personnages étant jeunes. L'après-cauchemar est là également, matérialisé par un hors champ créé grâce aux regards des deux personnages du premier plan. Regards qui débordent du champ de la photo, créant un nouvel espace tout aussi interpellant pour le lecteur.

Tous les ingrédients émouvants de l'actualité roumaine se retrouvent ainsi, grâce à un montage iconique rigoureusement équilibré, à la « Une » de *L'Express*. On constate toutefois l'absence, en couverture, des apparatchiks et politiciens roumains qui, on le sait, ont déclenché, les premiers, le mouvement insurrectionnel en Roumanie. En fait, la mythologie, non seulement populaire, de la révolution veut qu'elle soit l'oeuvre du peuple. Et *L'Express*, dans la composition qu'il réalise en couverture, respecte cette légende pour émouvoir et interpeller le plus grand nombre, quitte à expliquer plus rationnellement l'événement roumain dans les pages internes.

« Les gavroches roumains, drapeau au poing, marchent vers la liberté » : tel est le résumé de la photo de couverture du *Nouvel Observateur* qui reprend ainsi un vieux cliché sur la révolution. Pas de cadrage pour la photo, coupée en bas de page et sur le côté par le massicot[189] de l'imprimeur et délimitée en haut par l'accroche de « Une » et le titre du support. Techniquement, le champ de la photo est clos. Mais les regards des différents personnages et le drapeau, émergeant du groupe, renvoient à un hors champ où la titraille situe « le sang de la liberté » : tout un programme donc à découvrir dans les pages internes.

Avec le surtitre en « Une », *Le Nouvel Observateur* intègre l'événement roumain au dossier thématique récapitulatif réalisé sur 1989, « l'année des peuples ». D'emblée, le news annonce que c'est essentiellement l'embrayage des événements de 1989 dans l'histoire, et donc la conjugaison des deux temps médiatique et historique, qui seront privilégiés dans ce dossier, y compris pour l'insurrection roumaine.

Ceci en raison des trois critères événementiels de catégorisation dégagés au sixième chapitre de cette étude : l'extension, l'intensité et le symbolique.

---

189 Le massicot est une machine qui coupe le papier en feuilles.

L'extension en fonction du temporel, puisqu'on est à la fin de l'année 1989, date à laquelle en général la presse publie des bilans récapitulatifs. Une extension également en fonction du spatial : tous les événements de cette année se passent en Europe centrale, à deux pas de la France, sauf le « printemps de Pékin ». Et une extension enfin en fonction du numérique avec, d'une part, le nombre d'événements en question - six - et de l'autre celui des personnes concernées - la France mais aussi l'Europe, l'ex-Union soviétique, les Etats-Unis, la Chine et le monde entier.

L'intensité car ces événements sont exceptionnels puisqu'il s'agit du démantèlement de l'ex-URSS, de la réunification de l'Allemagne et de la libération du glacis qui séparait l'Union soviétique de l'Europe occidentale. Ils relèvent du groupal puisqu'ils concernent les groupes de Roumains, Allemands, Tchèques... Français, et le groupe en tant qu'entité structurante du social. Ces événements relèvent également de l'individuel : ils touchent les passions profondes de l'individu, de la mort à la violence, en passant par la révolte contre l'ordre établi.

Enfin, tous ces événements ont une forte charge symbolique.

Iconiquement donc, la Roumanie occupe la « Une » de *L'Express* et du *Nouvel Observateur*. Mais si le premier support titre uniquement sur l'événement roumain, le second continue d'afficher en couverture, grâce à la titraille, son événementiel de newsmagazines que l'on retrouve d'ailleurs dans les pages internes de *L'Express*.

La photo d'ouverture du dossier roumain est celle de Ceausescu mort. Floue dans *Le Nouvel Observateur*, agrandie et cadrée plus près du visage du dictateur dans *L'Express*, c'est en fait la même image qu'utilisent les deux magazines. Ils se partagent également la même photo du charnier de Timisoara, reproduite systématiquement dans tous les autres titres du corpus, et qu'ils publient tous les deux - agrandie dans *L'Express* - « même si le nombre des victimes a été très exagéré ». Les deux news publient aussi un portrait tautologique de Jean-Louis Calderon, le reporter de la Cinq tué à Bucarest.

Cinq autres photos complètent le fonds iconique du *Nouvel Observateur*. Un fonds relativement restreint en raison de l'insertion de l'événement roumain dans le dossier spécial sur « l'année des peuples ».

Il s'agit de deux images tautologiques, l'une de Nicolae et Elena Ceausescu pendant leur procès, prise à la télévision roumaine, et l'autre du philosophe roumain Cioran.

Les trois images restantes sont informatives. La première, agissante, directe, publiée à côté de la photo du cadavre de Ceausescu, montre un soldat tenant un homme au bout de son fusil mitrailleur. La promiscuité de ces deux images fait penser au peloton d'exécution qui a mis à mort le dictateur.

La deuxième photo montre des soldats en liesse dans les rues de Bucarest. Et la troisième, archivée et complémentaire, met en scène le dictateur découpant, avec un énorme couteau, une énorme pièce de viande : cette image fortement symbolique du tyran sanguinaire clôture en beauté les dix pages consacrées par *Le Nouvel Observateur* à l'événement roumain.

Dans son « spécial Roumanie », *L'Express* utilise en contrepoint une photo archivée représentant Ceausescu aux côtés de Richard Nixon, alors président des Etats-Unis, pour embrayer l'insurrection roumaine dans l'histoire. Pour accompagner son article prospectif, le news publie des images informatives complémentaires des nouveaux dirigeants roumains, du palais de Ceausescu et d'une rue de Bucarest. Mais, avant d'aborder l'histoire et l'avenir, le journal organise, en illustration de l'actualité médiatique roumaine, une collection d'images où le lecteur peut contempler, agrandi, le détail le plus horrible du charnier de Timisoara : les cadavres exhumés d'une femme et de son nouveau-né. Mais aussi les combats dans les rues de Bucarest, les blessés, les destructions et le portrait de Jean-Louis Calderon. Avec, en ouverture, l'image, agrandie mais floue, du dictateur abattu.

Situés à la frontière de l'événement en raison de leur périodicité hebdomadaire, les newsmagazines n'en jettent pas moins en pâture, aux lecteurs, la violence et la mort à travers le renversement du pouvoir et le meurtre du chef.

On passe ainsi du registre de l'événementiel à celui du sensationnel, à travers lequel la presse de masse permet à son lectorat de vivre l'interdit par procuration et, ainsi, de l'exorciser.

A l'événementiel, prélèvement de premier niveau portant sur le signifié dans l'information-flux, s'ajoute le sensationnel, prélèvement de second niveau portant sur le signifiant. Ce second prélèvement, qui confère une connotation, un coefficient dramatisant à l'événementiel et le spectacularise, constitue, avec la normalité de l'information, l'objet de la deuxième partie de ce travail. La normalité de l'information est ce vraisemblable, ce simili-vrai, sécrété tous les jours par les journaux et les médias de masse et prétendant à une plénitude référentielle du réel.
En conclusion de cette première partie se dégage un constat : quel que soit l'ordre de grandeur d'un événement, celui-ci ne perturbe pas l'événementiel du journal de masse et des différents genres de journaux de masse. Bien au contraire. Chaque journal de masse et chaque genre de journal de masse appliquent à l'événement leur propre grille de lecture, ou plutôt d'écriture. Cette grille combine les différents éléments constituant le contrat de lecture passé avec le destinataire d'une part, et le positionnement du support de l'autre. Il s'agit précisément du champ événementiel par lequel le journal structure son attente d'événements, de l'événementiel autour duquel le journal et le genre auquel il appartient structurent leur premier prélèvement dans l'information-flux. Ainsi, la chute du Mur de Berlin et celle de Nicolae Ceausescu ne sont pas reproduites de la même façon par *Le Parisien*, *Le Figaro* ou *L'Express*. Chacun de ces deux événements est modelé aux standards caractéristiques du discours imprimé de chacun des supports étudiés : l'événement est un cadre mental indissociable de son « habillage » journalistique.

C'est même à cet habillage que, finalement, se réduit l'essence de l'événement.

DEUXIEME PARTIE

LE SENSATIONNEL ET LA NORMALITE DE L'INFORMATION : DRAMATISATION ET VRAISEMBLABLE

I. Du terrorisme et du sensationnalisme

Traiter du sensationnalisme, et surtout du sensationnalisme à travers le terrorisme, n'est pas une entreprise intellectuelle des plus simples, notamment si le chercheur entend éviter le piège de la facilité et des schémas réducteurs. Les deux phénomènes suscitent en effet beaucoup de débats et même autant de passions. Généraliser la pratique du sensationnalisme à la presse dite « sérieuse » heurte déjà de nombreuses idées reçues. De même, les rapports médias-terrorisme ont fait l'objet de polémiques tant de la part des professionnels des médias que des pouvoirs publics ou des observateurs. Un bref aperçu historique retraçant leur apparition et leur développement nous paraît indispensable à la compréhension de ces deux phénomènes ainsi que des rapports complexes qu'ils entretiennent ensemble.

I.1. De la prise de pouvoir à la prise de parole

Les rapts et les prises d'otages ne viennent pas d'être inventés. De tout temps ils ont existé comme facteurs de pression. La prise d'otage est une des plus anciennes formes de la violence. Elle a même ses lettres de noblesse. Les fils de Jean le Bon et de François 1er ont servi d'otages au respect d'un traité. Quant à l'assassinat des ennemis politiques dans un but d'intimidation, on en trouve un exemple très ancien avec les sicaires et la révolte des Zélotes en 66-73 après J.-C., qui assassinèrent les juifs modérés[190].

Le terme « terrorisme » apparaît pour la première fois en 1798, dans le supplément du Dictionnaire de l'Académie française. Il se réfère alors au régime de la Terreur : Robespierre a été condamné pour terrorisme. C'est ainsi qu'était appelée la Terreur dans l'acte d'accusation dressé contre ses promoteurs déchus du pouvoir.

Partout il y a eu des terroristes et du terrorisme bien avant la lettre. Dans la Grèce ancienne, les tyrannicides étaient acclamés comme des héros. Transgression suprême, le meurtre du chef a été pratiqué de tout temps.

---

190 Y. MICHAUD, *La violence*, Paris, P.U.F., 1986, p. 29.

Le terrorisme moderne naît cependant avec notre siècle. Ses origines se situent au dix-neuvième siècle qui est celui des théoriciens de la conspiration et des coups d'Etats, comme Blanqui, Buonarotti, Bakounine et Netchaev. Pour eux, il possède la vertu libératrice des sociétés persécutées ou tenues en esclavage par les plus forts. C'est la voie du martyre et de la rédemption. Il révèle la bravoure, le courage et l'audace. Ses représentants sont les terroristes pratiquant le châtiment des traîtres ou une action faite en représailles contre les auteurs des sévices.[191] Quant au terroriste, voici la description qu'en fait Stepniak, révolutionnaire de la Russie tsariste : il « est beau, terrible, irrésistiblement fascinant car il réunit les deux types de grandeur humaine : le martyre et le héros »[192].

Contrairement à une idée très répandue en raison de leur justification de la violence, accoucheuse de l'histoire, le marxisme et le léninisme classiques n'ont jamais été favorables au terrorisme. A l'opposé des anarchistes et des populistes russes du dix-neuvième siècle, qui ont jeté les bases théoriques du terrorisme individuel, la tradition communiste récuse l'aventurisme petit-bourgeois, le blanquisme, le gauchisme, estimant qu'ils constituent le piège d'un désir subjectif de révolution et qu'ils traduisent une erreur d'appréciation quant à la maturité révolutionnaire d'une situation. Comme l'a expliqué Gramsci, l'intellectuel dans la tradition communiste ne peut être qu'« organique », au service de l'ordre et de la domination, ou à celui de la classe ouvrière.

Bref, ni la pensée, ni l'action terroriste ne sont l'exclusivité des temps modernes médiatiques des sociétés industrielles occidentales, mais le terrorisme en tant que système dans ses formes actuelles s'explique en partie par les spécifités caractéristiques de ces temps-là.

Le discours tant officiel que médiatique actuel présente le terrorisme comme une entreprise folle et monstrueuse,

---

191 M. CONFINO, *Violence dans la violence*, Paris, Maspero, 1973.

192 R. GAUCHER, *Les terroristes*, Paris, Albin Michel, 1965, p. 15.

déconnectée de tout contrôle social, et prise en charge par des individus anormaux et maléfiques. Pourtant, dans sa réalité sociale, le terrorisme, comme la révolution, n'est pas une rupture brutale d'un temps social auquel il est totalement étranger. Anthropologues et sociologues de la révolution, du terrorisme et de la dynamique sociale indiquent unanimement que le changement social, quelles que soient ses formes, n'est jamais une brutale mutation, mais le fruit d'une gestation et d'une évolution.

Ainsi, on ne peut comprendre le terrorisme d'extrême-gauche en Allemagne en dehors d'une étude de ses sources intellectuelles qui s'inspirent tant du marxisme-léninisme que de l'Ecole de Francfort, mais aussi d'un examen approfondi de ses rapports à un mouvement ouvrier fortement institutionnalisé, aux luttes étudiantes des années soixante et soixante-dix et au mouvement des Verts. Le terrorisme allemand, avec la bande à Baader, italien, avec les Brigades rouges, japonais, avec l'Armée rouge, français, avec Action Directe, ou belge, avec les Cellules communistes combattantes, ne peut être compris en dehors du renouvellement culturel des années soixante dans les sociétés occidentales et de la crise du marxisme-léninisme traditionnel.[193]

Quant au terrorisme palestinien, il apparaît comme une fusée folle, une machine infernale et aveugle, si on ne tient pas compte des diverses étapes de l'évolution du contentieux israélo-arabe et de l'impasse où se trouvaient les Palestiniens à la suite de la guerre des Six-Jours en 1967.

De même, dans de nombreux pays arabes, le terrorisme intégriste ne peut être compris si l'on oublie les échecs systématiques des partis et mouvements tant nationalistes que laïcisants à assurer à la fois la libération nationale et l'accès de ces sociétés à la modernité. Les nouveaux mouvements religieux recrutent leurs adhérents et même leurs dirigeants au sein de formations aussi laïcisantes et révolutionnaires que les partis

---

193 M. WIEWORKA, *Sociologie du terrorisme*, Doctorat d'Etat, 1988, pp. 200-208.

communistes, le Baas, le nassérisme, les partis socialistes ou nationalistes. La poussée terroriste intégriste dans pratiquement tous les pays du monde arabe traduit à la fois la déception des intellectuels, des militants et des masses suite à l'échec de leurs efforts pour l'accès à la modernisation, ainsi que l'abandon de ces efforts et des idéologies qui les sous-tendaient au profit de la religion et de la guerre contre l'Occident. Aussi, parallèlement à l'extension sans précédent de la vague intégriste, ce qui reste des idéologies nationalistes ou marxistes-léninistes n'anime plus que des formations restreintes, presque inexistantes, artificiellement maintenues en vie par les régimes existants auxquels elles se rattachent.

Considérés de près donc, les mouvements terroristes ne sont pas aussi étrangers aux sociétés où ils existent que semblent l'indiquer le discours des médias de masse et celui du pouvoir aux prises avec eux. L'apparition du phénomène terroriste dans un espace politique donné est le résultat d'un processus plutôt que d'un événement. Ces mouvements incarnent une des formes, multiples il est vrai, de l'évolution de la stratégie des groupes au sein de ces mêmes sociétés. Toutefois, cette évolution ne correspond pas exactement à celle du terrorisme occidental de la fin du siècle dernier et du début de celui-ci : elle marque l'avènement d'un terrorisme de substitution du fait que la réalité concrète historique est devenue de plus en plus inviolable par les groupes réfractaires et que le pouvoir moderne s'exerce dans le déni de la violence. « Ni les Brigades Rouges, ni la « Bande à Baader » ne se sont cachées de favoriser par leurs actions une montée de la répression policière. »[194]

L'impuissance des groupes réfractaires à agir sur la réalité historique a dégénéré en un terrorisme publicitaire et leur volonté de pousser le pouvoir en place à se démasquer a conduit à une communication de l'excès. Parallèlement, du fait que le système terroriste s'exerce à cette époque, qui est celle de la communication et des réseaux, où les personnes « circulent » tout

194 P. BAUDRY, *Une sociologie du tragique*, Paris, Cujas, 1983, p. 54.

autant que les choses et les informations, il est devenu un phénomène de communication et un effet de la communication, qui utilise la violence et sa dramatisation comme un canal par lequel se transmettent les messages. Dans ce système, l'accès aux médias devient capital et à la prise de pouvoir comme objectif classique de l'action terroriste, se substitue la prise de la parole médiatique comme objectif intermédiaire. Aussi qualifions-nous d'un rapport de couple, la relation terrorisme-presse de masse en particulier et celle terrorisme-médias de masse en général.

I.2. Presse-terrorisme : un rapport de couple

La prise de parole est une prise de pouvoir. Cet axiome qui a fleuri en mai soixante-huit est une vérité élémentaire des démocraties industrielles occidentales.

Déjà, dans la Grèce antique, la parole laïque du siècle de Périclès (490-429 av. J.-C.) ne remplace la parole royale divine de la Grèce mycénienne (IIe millénaire av. J.-C.) en tant qu'instrument de pouvoir et arme politique par excellence qu'avec la démocratisation. En effet, dans la Grèce mycénienne, « la fonction de souveraineté est inséparable de l'organisation du monde et chacun des aspects du personnage royal est une dimension de sa puissance cosmique... Quand il (le roi) préside, au nom des dieux, le jugement ordalique, le roi « dit la vérité » ou plutôt, il véhicule la « vérité » »[195]. Avec la démocratisation naît la rhétorique, élaborée et enseignée par la première génération des Sophistes qui posent pour la première fois le problème des rapports entre la transcendance et l'autoréférence.[196]

Dans les sociétés de la modernité, « socialement, la parole est l'empire de la force. La communication est un dogme, un réseau

---

195 M. DETIENNE, *Les maîtres de vérité dans la Grèce archaïque*, Paris, Maspero, 1967, pp. 42-49.

196 Y. BAREL, *La quête du sens, comment l'esprit vient à la cité*, Paris, Seuil, 1987, p. 171. Nous traiterons la question de la rhétorique dans la troisième partie de notre travail portant sur la normalité de l'information et sur le vraisemblable des temps modernes médiatiques.

de propositions qui nous renvoient au principe d'autorité »[197]. C'est un outil liturgique qu'emploie l'Etat moderne tant à travers ses entreprises économiques que ses organisations de masse ou étatiques, pour instaurer une distribution sociale hiérarchique de la parole au moyen d'un marquage des corps, des groupes. Dans sa conception de la communication telle qu'elle est pratiquée dans les sociétés de la modernité, P. Legendre[198] met en lumière cette autre face de l'Etat moderne, intermédiaire obligé entre la terre et le ciel, imposant à toute parole le pouvoir de pertinence et la cantonnant à l'explicite, pour éviter le « collage » à l'absolu, au délire, à la folie et, quelque part, à la poésie.

L'accès à la parole est un privilège qui se mérite. Les épreuves et les grands oraux de fin d'études sont là pour en témoigner, ainsi que les cours d'apprentissage de la parole ou de l'écriture publique, en un mot de la communication. Quant à l'accès à la parole médiatique, il renvoie au privilège, exorbitant du droit commun, dont disposent les destinateurs en s'adressant sur l'agora symbolique des médias à des destinataires innombrables que peut atteindre leur discours démultiplié par la puissance technologique.[199]

C'est dans ce « privilège » qu'il faut chercher la raison de l'effort permanent, déployé de tout temps par les pouvoirs publics pour contrôler, et à défaut maîtriser, les médias de masse. L'organisation des sociétés industrielles modernes a entraîné l'escamotage de la scène publique des pouvoirs dissuasifs au profit du pouvoir persuasif, auquel les médias, qui occupent une position centrale dans ce système industriel, sont étroitement associés. Aussi les actants de l'espace public moderne, qu'ils soient hommes politiques, hommes d'affaires ou même hommes de bonne volonté des organisations humanitaires, intègrent-ils les

---

197 P. LEGENDRE, *Paroles poétiques échappées du texte*, Paris, Seuil, 1982, p. 9.

198 Ibid., p. 10.

199 J. MAUDUIT, *Du rôle des médias dans la féminisation de la société française*, op. cit., p. 362.

médias dans leurs stratégies et en tiennent compte dans la mise en scène de leurs actions, de leurs textes et de leurs discours. En témoignent le marketing politique et la prolifération des services « communication » au sein des entreprises, des partis, des institutions et des associations.

Le terrorisme a, lui aussi, intégré les médias dans sa stratégie : connaissance de ses cibles, organisation et manipulation font partie des éléments clés du système terroriste actuel.

A l'instar de la communication moderne, il a d'abord adopté une logique de l'excès contrôlé, en mettant en scène un drame démonstratif, une symbolisation tragique lui permettant de manipuler les émotions collectives en permettant la résurgence de l'archaïque refoulé par la modernité : la scène sacrificielle où s'exercent la violence et la mort. Celle-ci resurgit avec les moments de cruauté terroriste, où l'évidence des choses se craquelle, la monotonie quotidienne se déchire et qui permet de retrouver le sens du sacrifice et de l'initiation archaïque ou la participation du social à la violence... et à la mort.

Ensuite, face à l'autorité qui s'exerce, tant dans son principe que dans sa pratique par le pouvoir moderne, en tant que science de l'étalage, le terrorisme étale savamment son refus de cette autorité en cherchant à piéger ce pouvoir par un « acte immédiat et total »[200].

Dans un cas comme dans l'autre, le terrorisme restitue sous les feux de la rampe médiatique la rupture avec la normalité pacifiée et aseptisée des sociétés industrielles modernes, le conflit avec le pouvoir en place qui s'exerce dans le consensus démocratique, le déni de la violence et la gestion de la mort. D'où son affinité avec les journaux de masse en particulier et les médias de masse en général, avec lesquels il entretient un rapport non pas linéaire de cause à effet, mais complexe, fait de

200 J. BAUDRILLARD, *L'illusion de la fin ou la grève des événements*, Paris, Galilée, 1992, p. 20.

production de représentations, que le terrorisme destine aux médias et que les médias façonnent à l'intention du public, compte tenu de leur rapport au pouvoir. Dans ce rapport complexe de couple, « les journalistes sont investis d'une immense responsabilité. Ils sont les seuls, en effet, à pouvoir proposer les cadres conceptuels et les représentations à l'intérieur desquels sera interprétée l'information brute, sans qu'on puisse les suspecter, a priori, de vouloir orienter la compréhension des faits en fonction d'intérêts politiques, policiers ou autres »[201].

I.3. Le sensationnalisme, principe fondateur du journalisme de masse

« Sensationnalisme » est un mot relativement récent. *Le Robert* le date de 1963, indique qu'il provient de « sensationnel », qu'il signifie : « goût, recherche du sensationnel » et cite en illustration cette phrase tirée d'un rapport sur l'ORTF : « Ce goût du sensationnel que vous appelez d'un terme un peu barbare (...) le sensationnalisme. »

Alors que « sensationnel » est déjà un mot beaucoup plus ancien. Le même *Robert* le date de 1896 et indique qu'il provient de « sensation ».

On remarquera que l'apparition du premier terme suit de près la généralisation à tous les médias du principe de la « human touch » et du « human interest », qui régit désormais le journalisme de masse et fait que la mise en situation dramatique tend à primer l'information proprement dite.

De même, l'apparition du mot « sensationnel » fait suite à l'annexion par la grande presse, entreprise marchande et productrice de sens, des nouvelles à sensations qui constituaient jusque-là le fonds de commerce des *occasionnels* et surtout des *canards*.

Avec les *canards*, le sensationnel se trouvait au fondement de l'acte d'informer. Ces feuilles volantes traitaient des

---

201 M. WIEWORKA, op. cit., p. 228.

couronnements et batailles, mais surtout des crimes, épidémies, incendies, inondations et particulièrement des attentats commis contre tel souverain ou prince : le rang des victimes, le rôle des criminels et le sang versé, de préférence à flots, excitaient l'imagination des foules. « Les canardiers n'ont pas manqué de développer abondamment ces thèmes de premier choix. »[202]

Jusqu'à l'avènement de la grande presse, les *canards* ont exercé sur la mentalité des classes ouvrière et paysanne une influence souvent plus déterminante que celle de la presse d'opinion de l'époque. D'ailleurs, le style du journalisme populaire s'est inspiré de celui des *canards*, qui a fourni également à la grande presse le concept des romans-feuilletons, leurs sujets et leurs thèmes. Non politiques, pour ne pas avoir à payer le timbre, les quatre grands journaux populaires assurèrent en effet leur grand succès face aux journaux d'opinion en ayant « le courage d'être bête »[203]. Leur démarche s'appuyait sur le principe d'un style simple, distillant les lieux communs de la sagesse populaire, l'exploitation des faits divers et la publication de romans-feuilletons extravagants, où se déployait l'art d'exploiter les frissons auquel les canardiers étaient rompus, et de bandes dessinées. D'ailleurs, l'expression « Yellow » journalisme, employée souvent pour désigner les journaux de la grande presse, faisait référence à « Yellow Kid », un des personnages de la bande dessinée « Comics »[204].

Grâce à la dépolitisation et à son contenu sensationnel, la grande presse était accessible au plus grand nombre. Elle inaugurait ainsi l'ère du journal en tant que marchandise, pas comme les autres il est vrai, mais marchandise quand même, et de la presse en tant qu'entreprise marchande. Le sensationnel est ainsi le péché originel qui marque la naissance de la presse moderne. Du fait qu'elle vise le plus grand nombre de

---

202 J.P. SEGUIN, op. cit., p. 45.

203 P. ALBERT, F. TERROU, *Histoire de la presse*,. Paris, PUF, 4e édition, 1985, p. 47.

204 F. BALLE, op. cit., p.82-83.

consommateurs, l'objectif de celle-ci n'est pas d'instruire mais d'intéresser, d'accrocher le plus grand nombre de lecteurs. Aussi, le journal de masse procède-t-il à cette fin à une dramatisation des événements et à une recherche du sensationnel. Ainsi, les nouvelles sont « assimilées à un récit (news stories) dont elles adoptent le format et jusqu'aux caractéristiques stylistiques, la stricte frontière entre fact et fiction ne cesse de s'estomper »[205].

Cette démarche du journal moderne n'est pas le simple effet d'une stratégie de l'offre qui entend sinon orienter du moins influencer la demande. Elle répond à une attente chez les millions de lecteurs de la grande presse que la modernité naissante arrache à leurs clochers, à leurs voisinages et à leurs campagnes et jette dans l'entassement des grandes villes où se forgent l'homme-masse et les habitudes de consommation. De cet horizon nouveau ont désormais disparu et les habitudes de communication d'autrefois et les places où communiait le groupe en vivant ce qui nourrit les nouvelles à sensation, à savoir la rupture, le conflit, la violence et la mort. Ainsi, dans les nouveaux espaces de la modernité, on ne trouve point de places de Grève où la population venait pour assister de visu à l'exécution des criminels. On ne trouve pas non plus d'idiot du village, les fous étant désormais assignés à résidence dans les asiles psychiatriques. La mort naturelle est peu à peu vidée de sens car le groupe n'y a plus désormais accès[206]. Le social est de plus en plus planifié, régi par l'Etat moderne qui s'est chargé de pourvoir collectivement aux besoins de l'existence[207]. La modernité est synonyme du désenchantement du monde annoncé par Weber. En sa qualité d'« usine à communication », le journal de masse est chargé, comme nous l'avons déjà indiqué, de « couler les esprits dans un moule uniforme », assumant ainsi une fonction de

---

205 J. HABERMAS, *L'espace public*, op. cit., p. 178.

206 J. BAUDRILLARD, *L'échange symbolique et la mort*, Gallimard, 1976, p. 251.

207 J. HABERMAS, *L'espace public*, op. cit., pp. 155 et 177.

régulation au sein de la société industrielle naissante. Cette même fonction de régulation fait qu'il est également préposé à pallier le désenchantement du monde moderne en permettant de vivre par journal - ou, plus tard, médias - interposé(s) ce qui avait été rejeté par la modernité dans les ténèbres sociales. Ainsi, l'horreur de l'assassinat collectif par exemple. Dans un essai publié en 1960[208], à la veille de l'avènement de la télévision, E. Canetti souligne qu'il ne faut pas la surestimer et que même de nos jours, tout le monde prend part aux exécutions publiques par l'intermédiaire du journal. C'est même plus commode ainsi puisque, tranquillement installé chez soi ou au café, chacun peut s'attarder sur les détails qui l'intéressent particulièrement et n'éprouve même pas l'ombre d'une complicité pour troubler sa jouissance. « On n'est responsable de rien, ni de la sentence, ni du témoignage oculaire, ni de l'article, ni du journal qui a imprimé l'article. Mais on est beaucoup mieux informé que par le passé, où il fallait se démener pendant des heures pour ne pas voir grand-chose finalement. La lecture des journaux a permis de se maintenir en vie à une forme atténuée de masse ameutée, d'autant plus irresponsable qu'elle est plus éloignée des événements, on serait tenté de dire sa forme la plus méprisable et en même temps que la plus stable. Comme elle n'a même pas besoin de se rassembler, elle coupe à la désintégration, et quant à la variété, le journal y pourvoit par sa répétition. »[209]

L'apolitisme de la grande presse était dû à des raisons essentiellement économiques. Il s'agissait pour les éditeurs d'éviter de payer le droit du timbre. Mais longtemps après l'avènement du sensationnel avec les quatre grands, le rapport à la politique demeure, notamment pour les lecteurs des journaux, le facteur de distinction entre ce qu'il est commun d'appeler « le journal à sensation » et « le journal de réflexion ». Le premier rechercherait systématiquement le sensationnel, le second s'en abstiendrait tout aussi systématiquement. En fait, ce n'est pas la

208 E. CANETTI, op. cit.

209 Ibid., p. 52.

pratique du sensationnalisme par ces journaux qui est ainsi mise en cause mais le rapport au monde social, à la politique. « Les journaux dits de qualité (...) donnent au lecteur bien plus que les opinions « personnelles » dont il a besoin ; ils lui reconnaissent la dignité de sujet politique, capable d'être sinon le sujet de l'histoire, du moins le sujet d'un discours sur l'histoire. »[210]

Notre conviction, qui sert d'hypothèse fondamentale à cette partie de notre travail, est que si les journaux dits de qualité font moins dans le sensationnel, au sens diffus, que les journaux populaires, les uns et les autres pratiquent le sensationnalisme dans son sens précis, c'est-à-dire en tant que coefficient de dramatisation, palier dans la rhétorique de l'information et rituel régulateur au sein de la société industrielle moderne. En tant qu'entreprise marchande productrice de sens destiné au plus grand nombre, la presse de masse se doit de produire un discours qui ne choque aucune fraction de son public mais aussi qui séduise, qui vende le journal et chaque article dans le journal. Cette règle est valable tant pour *Le Figaro*, *Le Monde*, ou *Libération* que pour *France-Soir*, pour *L'Express* comme pour *Paris-Match*. Dans la mesure où tous ces supports font partie de la société industrielle, et qu'ils y occupent une position centrale d'où ils assument un rôle de régulation et qu'ils sont des entreprises marchandes s'adressant au plus grand nombre de lecteurs.

I.4. ... Et rituel régulateur dans les sociétés industrielles modernes

Les journaux de masse de notre temps puisent leur sensationnalisme aux mêmes creusets que les journaux de la grande presse dite à sensations : le crime, le sang, les catastrophes naturelles et les faits divers. Décomposés en leurs constituants élémentaires, ces thèmes se réduisent à la rupture, au conflit, à la violence et à la mort, les quatre éléments immémoriaux et fondamentaux qui irriguent le psychisme

210 P. BOURDIEU, op. cit., p. 521.

humain, qui sont en même temps les éléments perturbateurs que refoule le social moderne pacifié, aseptisé, basé sur la normalisation, le consensus et la gestion économique de la mort biologique.[211] C'est la forme de ce sensationnalisme qui a changé. Abrupte, primaire dans sa représentation par la grande presse, confuse dans ses théories, elle est désormais sophistiquée dans sa représentation, destinée à un public devenu exigeant et connaisseur en la matière à force de consommation, et précise dans ses théories enseignées dans les écoles de journalisme aux futurs hommes et femmes de presse et pratiquées tous les jours dans les différentes rédactions des journaux de masse. La notion d'information-unité-de-base est enseignée dans les écoles de journalisme comme étant tout ce qui se rapporte à l'idée de nouveauté, de rupture de la normalité, d'une émergence sensationnelle par rapport à celle-ci. Elle est par principe perturbatrice, déstructurante. D'ailleurs, tous les jours, et toutes les semaines, les journaux de masse mettent en page un monde déstructuré, livré au bruit et à la fureur.

Aussi loin qu'elle remonte dans le temps, l'approche journalistique de masse est donc toujours sensationnelle. Dans nos temps modernes, « le fait brut, auquel certains puristes veulent que nous nous tenions au nom de l'objectivité, le fait brut n'a jamais constitué une information parce qu'il n'a jamais existé »[212], reconnaît un journaliste de carrière.

L'événement se trouve ainsi placé d'emblée à la périphérie du social normalisé et aseptisé par le pouvoir moderne. Il intervient là où la vie connaît la liberté. « Non pas la liberté politique, mais la liberté anthropologique où l'homme n'est plus aux ordres de la norme sociale : la loi. »[213] C'est ainsi que s'explique l'intérêt porté aux informations sur les rois et les chefs d'Etats qui se trouvent au-dessus de la loi et jouissent donc de la « supra

---

211 J. BAUDRILLARD, *L'échange symbolique et la mort*, op. cit., pp. 243-255.

212 R. GIQUEL, *La violence et la peur*, Paris, France-Empire, 1979, p. 14.

213 E. MORIN, *L'Esprit du temps*, op. cit., vol. 1, p. 152.

liberté », et sur les marges de la société où se cantonne la « liberté infra ». Le sensationnalisme puise dans ces creusets hors-la-loi, ou plutôt hors-la-norme, ces marges périphériques où les sociétés industrielles occidentales modernes refoulent tout ce qui est incompatible avec l'idéologie de l'Etat moderne. A savoir, la rupture en tant que porte ouverte sur le secret, sur le caché et sur l'anomique dans une société de la transparence et de la normalité ; le conflit, dans une société du consensus ; la violence, dans une société apparemment pacifiée ; et la mort en tant que pulsion dans une société qui gère la mort naturelle et où la mort rituelle sacrificielle n'a désormais plus de sens.

Le sensationnalisme dans son sens précis ne peut être compris si on oublie de tenir compte de son contexte de production, à savoir la société industrielle moderne, et de son système de production, les médias, qui occupent dans cette société une position centrale. Produit par ce système, le sensationnalisme assume au sein de cette société un rôle régulateur : il sert à combler le vide créé par la disparition des espaces et rituels de régulation qui permettait tant au groupe qu'à l'individu de vivre le social à travers des rituels régulateurs, dans des espaces qui s'inséraient dans la topographie du vécu quotidien. Face à cette disparition, ce processus développé par les médias permet de purger le social et l'individu de leurs pulsions immémoriales mais fondamentales, refoulées mais toujours présentes, en permettant de les vivre par procuration, grâce au processus d'identification, et dans l'imaginaire, hors de l'espace social, donc sans risque effectif pour les sociétés industrielles modernes. Bien au contraire, celles-ci désamorcent ainsi la charge négative de ce qui est refoulé en permettant de le vivre sans risque puisque dans l'imaginaire.

II. Le sensationnalisme se structure en catégories

II.1. La rupture, porte ouverte sur l'extraordinaire, le caché et l'anomique

La rupture de la normalité est la composante de base du sensationnalisme car elle constitue, comme nous l'avons indiqué, une infraction à la normalité en tant que loi. Elle permet ainsi l'émergence des olympiens moréniens, roses ou noirs, et leur détachement du reste de la masse.

Mais la rupture commande aussi l'accès au caché, au secret, du fait qu'elle est perturbation des systèmes rationalisateurs ambiants. Ce qui, dans une société placée sous le label de la transparence, où les médias se sont donnés pour mission de tout dire, notamment depuis le second conflit mondial, ne constitue pas une mince valeur. Invisible, le secret « occupe tous les lieux de l'espace social, depuis celui où s'enferme la vie privée jusqu'à ceux où s'affrontent les acteurs économiques, ceux aussi où les pouvoirs rivalisent dans la recherche de la suprématie et des moyens d'imposer leurs vues et leurs ordres »[214].

G. Balandier souligne que si le secret inclut le caché, celui-ci le déborde car il se présente sous au moins trois aspects. « Il est ce savoir fondamental dont l'acquisition s'effectue par degrés, et seulement pour quelques-uns en sa totalité »[215]. Ce savoir réservé à des initiés devient ainsi l'objet de la convoitise de ceux qui ne savent pas. Le caché est aussi à la source de l'inattendu, de l'imprévisible, de l'événement qui porte atteinte au cours ordinaire des choses et à l'être des vivants. Enfin, dans son troisième aspect, le caché se situe dans l'espace du néfaste et relève uniquement des hommes, « il est parmi eux et par eux le lieu du mal, de la maladie et du malheur, lieu d'où peuvent surgir les forces provocatrices d'un retour au chaos »[216].

Nous ajouterons à cela que le caché d'une société recèle ce que celle-ci prétend ne pas être et enserre les îlots d'anomie où

---

214 G. BALANDIER, *Le désordre*, Paris, Fayard, 1988, p. 92.
215 Ibid., p. 94.
216 Ibid., p. 96.

elle ne peut s'empêcher de paraître frappée de désorganisation, de déstructuration, en raison de la disparition totale ou partielle des valeurs et des normes communes à ses membres. Dans sa théorie de l'anomie, Durkheim distingue deux aspects selon que celle-ci se rapporte à la société[217] ou à l'individu[218]. Dans le premier cas, elle correspond à une « crise des différenciations selon lesquelles se définissent les normes, les valeurs et la régularité des rapports sociaux »[219]. Elle est ainsi moins une infraction, une déviance ou une violation de la règle, de la loi sociale, qu'un vide de cette règle. Dans le second cas, c'est la fonction morale de la société et le rapport à l'ordre symbolique qui sont en perte d'efficacité, qui connaissent des ratés.

Les îlots anomiques de la modernité, ce sont bien sûr la rupture, mais aussi le conflit, la violence et la mort non naturelle, que nous avons déjà indiqués comme constituant les quatre catégories fondamentales du sensationnalisme tel qu'il est pratiqué par les journaux de masse en particulier et par les médias en général. Ces quatre catégories telles que nous les définissons sont régies par le principe de base qui est celui du double fonctionnement de chacune d'elles, à la fois unité pour le niveau supérieur et contexte pour le niveau inférieur.

La rupture permet ainsi l'accès, par médias interposés, à ce niveau profond de la société où l'on retrouve la véritable dynamique qui régit le social. Car « les sociétés ne sont jamais ce qu'elles paraissent être ou ce qu'elles prétendent être. Elles s'expriment à deux niveaux au moins ; l'un, superficiel, présente les structures « officielles », si l'on peut dire ; l'autre, profond, assure l'accès aux rapports réels les plus fondamentaux et aux pratiques révélatrices de la dynamique du système social »[220].

---

217 E. DURKHEIM, *De la division du travail social*, Paris, PUF, 1986.

218 E. DURKHEIM, *Le suicide*, Paris, PUF, 1973.

219 G. BALANDIER, op. cit., pp. 74-75.

220 G. BALANDIER, *Sens et puissance*, Paris, PUF, 1971.

II.2. Le conflit : au coeur du social et du sensationnel

Il est certainement tentant de penser que les sociétés et les Etats se sont construits dans une paisible évolution et que les conflits, les guerres, les révoltes et les révolutions sont de simples accidents de parcours. Mais anthropologues, sociologues et politologues ont montré dans leurs travaux que la dynamiquc sociale se rapporte essentiellement au pouvoir, à la contrainte sociale, au consensus et à la forme particulière des relations entre ces trois entités. Cela fait des antagonismes et du conflit entre les intérêts, les choix et les valeurs, les conditions d'existence de la société. « Cette dernière est toujours en état de « composition », car les équilibres qui la fondent résultent d'« efforts » constamment renouvelés. »[221]

G. Simmel a été l'un des premiers à analyser le conflit du point de vue sociologique. Le sociologue allemand considère le conflit comme une force fondamentale et positive de toute socialisation, à l'encontre de la plupart de ses contemporains qui ne voyaient dans la lutte qu'une forme sociale à dépasser et par conséquent à éliminer. Pour lui, le conflit est le point nodal d'une compréhension du fait social, c'est « un dénouement d'oppositions et d'antagonismes dont la paix n'est qu'une expression singulière et même exceptionnelle »[222]. Aussi l'illusion consiste-t-elle à croire que la paix signifie l'absence de tout conflit, comme c'est la tendance générale du discours officiel déclaré tant des médias de masse que des différentes instances du pouvoir politique et économique dans les sociétés industrielles occidentales où le conflit et ses corollaires, la violence et la mort, sont escamotés du quotidien des individus et des masses pour être donnés à consommer imaginairement par les médias. Alors que la société est en fait à la fois une certaine proportion d'harmonie ou de discorde, d'association et de compétition, de tendances favorables et de tendances défavorables, aussi normales et inhérentes au social les unes que les autres.

---

221 Ibid., p. 48.

222 G. SIMMEL, op. cit., p. 67.

Nous partageons également la conviction du sociologue allemand qui ne pouvait renoncer à l'idée d'un instinct a priori pour la lutte[223] ; conviction corroborée aujourd'hui par les travaux de l'école contemporaine de la psychologie du comportement de K. Lorenz qui, comme on le sait, parle d'un instinct d'agressivité dans la nature humaine. Nous adhérons aussi à l'une des analyses les plus pertinentes de Simmel dans laquelle il indique qu'« il est presque inévitable qu'un élément communautaire se mêle à l'hostilité »[224]. Dans ce sens, l'antagonisme est déjà par lui-même une socialisation puisqu'il implique la reconnaissance de l'existence de l'autre, sauf dans les cas limites où il s'accompagne d'une volonté d'extermination de cet autre. Autant de considérations qui sont carrément rejetées du discours officiel général tant des médias que des différents responsables dans les sociétés industrielles avancées où le conflit est banni au profit de l'entente et de la démocratie. Pourtant il demeure bien là, au coeur du social. D'où sa récupération par le sensationnalisme du journalisme de masse dont il constitue la deuxième catégorie qui le structure et qui débouche sur la violence et la mort.

II.3. La violence sensationnelle : culture de la peur et apologie de la sécurité

La violence a toujours fait partie de l'horizon humain. Aucune société n'a réussi à l'en expulser. Même si le traitement et la perception de la violence par les sociétés industrielles de la modernité semblent indiquer qu'il y eut et même qu'il y a des temps heureux d'où la violence est bannie. En fait, s'il est difficile d'affirmer que ces sociétés sont, plus que d'autres, aux prises avec la violence, il apparaît bien en revanche qu'elles pratiquent à outrance une conscience de la violence.[225]

---

223 Ibid., pp. 69-70.

224 Ibid.

225 G. BALANDIER, *Le désordre*, op. cit., p. 200.

La leçon anthropologique nous apprend que nombreux sont les chercheurs qui ont étudié les aspects, les racines et les mécanismes de la violence et que celle-ci est une question posée à toutes les sociétés. M. Weber a déjà analysé cette notion sans a priori. Il s'est penché sur la violence non comme un fait anachronique, une survivance des périodes barbares ou précivilisées, mais comme une articulation logique qui s'instaure dans un affrontement des valeurs. Il a pu ainsi rendre compte « du jeu de la différence, qui ne peut être réduit ou dénié dans un unanimisme de façade, que contredit régulièrement et fortement une réalité empirique fondée sur les affrontements et les conflits de tous ordres. Ceux-ci interdisent de penser qu'il soit possible « d'éliminer la lutte en réalité » qui renvoie toujours à la « sélection » qui oppose les individus ou groupes entre eux »[226]. Il s'agit donc de ne pas confondre la vie sociale avec une de ses formes. Et si « l'ordre, la détente, etc., caractérisent une de ses modalités temporellement la plus importante, la perte, la dépense, la mort, etc., s'inscrivent également dans sa dynamique, même si elles sont difficilement recevables en tant que telles »[227].

La violence est « du commencement, énergie sauvage dont les flux conduisent à répartir et à hiérarchiser les hommes selon les rapports de force »[228]. Elle impose à toutes les sociétés l'épreuve primordiale de sa domestication. Dans les sociétés de la tradition, cette domestication de la violence se faisait essentiellement par le rituel, symbolique et sacrificiel, jusqu'à la mise en place des institutions fondant et légitimant le pouvoir et même après. Avec le rituel, la violence est réversible puisqu'il « s'agit alors de tromper la violence, de la fixer en la transfigurant, de lui donner une forme qui la rende capable de se retourner contre elle-même et de maîtriser ses manifestations diffuses »[229]. Le sacrifice de la victime émissaire constitue l'illustration la plus connue des rituels

---

226 M. MAFFESOLI, *Essais sur la violence*, Paris, Librairie des Méridiens, 1984, p.13.

227 Ibid., p. 49.

228 G. BALANDIER, *Le désordre*, op. cit., p. 197.

229 Ibid.

transfigurant la violence en violence fondatrice. On retrouve d'ailleurs cette transfiguration dans pratiquement tous les récits retraçant l'origine du pouvoir politique ainsi que dans les pratiques cérémonielles destinées à la renforcer en tant qu'élément d'ordre puisqu'à travers ces rituels, la violence dramatique se substitue aux violences réelles auxquelles elle sert de leurre.

La violence devient ainsi communion et processus de construction du social, construction au moyen de laquelle le social enraie la domination du politique. « L'anthropologie des sociétés traditionnelles conduit à mettre en évidence une alternative radicale : vivre ensemble la violence ou perdre la possibilité de l'être ensemble. »[230]

Face à cet aspect domestiqué, positif de la violence, G. Balandier souligne la présence d'un autre aspect, libre, diffus ou sauvage de la violence, et qui est le plus redouté. Omniprésente, mobile, cette violence-là frappe apparemment au hasard et prend la forme de la fatalité. C'est elle qui est le plus souvent identifiée comme étant la violence vraie. Il indique que l'enseignement principal de l'anthropologie en matière de violence est que celle-ci n'est pas d'abord identifiée comme une menace mortelle mais qu'elle est vue comme inhérente à toute existence collective et résulte du mouvement des forces par lesquelles celle-ci se compose et qu'elle engendre. Il rappelle enfin que les sociétés de la modernité n'échappent pas à la loi commune et que la violence a contribué à leur formation.[231] En effet, la société américaine, qui incarne le type même des sociétés de la modernité, a même été définie comme porteuse, tout au long de son histoire, d'une culture violente. De même, la pensée occidentale, ainsi que les autres pensées par la suite, mais principalement celle-ci, développe une pensée de la violence rapportée tant à l'Etat, qu'à la révolution, à la guerre ou à l'émancipation. Bref la modernité, même si le discours général

230 P. BAUDRY, op. cit., p. 30.

231 G. BALANDIER, *Le désordre*, op. cit., pp. 198-199.

du pouvoir et des médias l'escamote systématiquement, reste associée à la violence : des commissions sont chargées d'en étudier les causes et d'en organiser la prévention, des organismes sont créés pour exercer une fonction répressive et dissuasive et des statistiques régulières sont entreprises pour comparer le « quantum » de violence d'une année à l'autre.

Le contrôle de la violence, cette part maudite dont parlait G. Bataille, a toujours été le souci des groupes et des sociétés. Les sociétés industrielles modernes n'échappent pas à cette règle, à ceci près que le contrôle s'effectue dans le cadre d'un monopole administratif productif qui exploite toutes les ressources de la science et de la technique.[232] D'autant que dans ces sociétés, les situations potentiellement génératrices de violence ne sont pas conjoncturelles, mais permanentes. Il s'agit notamment des effets de nombre, avec l'entassement, de masse avec l'indifférenciation, de foule, avec les rassemblements occasionnels chargés d'une puissance mal contrôlable, et d'imitation, avec la fragilité des valeurs et modèles identitaires, propice au désemparement individuel.[233]

Contrairement au pouvoir archaïque, le pouvoir moderne s'exerce dans l'interdiction de la violence avec laquelle il semble ne plus rien avoir en commun : « Il fait disparaître sa propre violence et fige celle qui s'exerce contre lui dans un spectacle qui substitue l'image au sens. »[234] Au moyen des médias et avec le sensationnalisme.

Cette violence refoulée constitue le fondement de l'idéologie de la vie sociale. « C'est ainsi qu'on peut parler d'un totalitarisme moderne, non pas visiblement répressif, certainement pacifié, mais qui obtient plus habilement peut-être que par la brutalité dictatoriale, plus que la simple obéissance aux normes, la dévitalisation du social. »[235] Mais même en parvenant

---

232 J. BAUDRILLARD, *L'échange symbolique et la mort*, op. cit.

233 G. BALANDIER, *Le désordre*, op. cit., p. 201.

234 P. BAUDRY, op. cit., p. 37.

235 Ibid., p. 13.

ainsi à confisquer la violence et à la refouler en la rendant invisible, le pouvoir moderne n'a pu empêcher ni la perpétuation d'une violence sanglante, ni qu'elle provoque la fascination. D'autant que le social moderne, tant dans ses mouvements que dans ses configurations changeantes, n'arrive pas à murer les brèches par où passe l'action violente, bien au contraire. Cela provoque un renforcement des craintes par l'incertitude et des poussées de peur, amplifiées par la redondance médiatique, qui justifient l'exercice de la répression : « La peur, la catastrophe, l'apocalypse hantent les scènes de la modernité à la façon de vieux monstres de retour. Une culture de l'effroi s'inscrit sur le corps mouvant de la culture actuelle. »[236] Notamment du fait que la violence moderne s'exerce toujours sur la scène médiatique, ce qui augmente de beaucoup sa visibilité.

Cette surexposition de la violence dans les journaux de masse en particulier et les médias en général ne constitue donc pas une simple perversité, une déviation du système médiatique qui tombe dans les pièges du sensationnel. Bien au contraire, elle constitue un élément fondamental du sensationnalisme en tant que coefficient de dramatisation et fonction fondamentale des médias de masse qui se substitue aux rituels archaïques de domestication de la violence. En effet, elle sert, d'une part, à justifier l'action répressive pour mettre un terme à cette « violence odieuse ». D'autre part, elle permet la participation massive, mais toutefois à distance, à cette violence qui, pour être maudite, n'en continue pas moins de provoquer la fascination.

II.4. La mort : une angoisse cachée inéchangeable

La mort est bannie de la modernité. « Ce n'est pas le spectacle, l'expansion qui sont dominants, mais la dissimulation, la rétention qui sont typiques des rapports de la modernité à la mort. »[237]

---

236 G. BALANDIER, *Le désordre*, op. cit., p. 202.
237 P. BAUDRY, op. cit., p. 33.

Dans son anthropologie de la mort, E. Morin rappelle que dans les vocabulaires et les textes archaïques, on parle de la mort « comme d'un sommeil, d'un voyage, d'une naissance, d'une maladie, d'un accident, d'un maléfice, d'une entrée dans le séjour des ancêtres, et le plus souvent de tout cela à la fois »[238]. De la mort naturelle, s'entend, celle qui, d'une façon ou d'une autre, prolonge la vie individuelle... ou y met un terme.

Alors que dans les sociétés industrielles modernes, la mort naturelle disparaît du discours qui meuble l'espace public. Elle n'y apparaît en fait que pour renforcer sa dénégation : « la mort naturelle est celle qui est justiciable de la science, et qui a vocation d'être exterminée par la science. Ceci signifie en clair : la mort est inhumaine, irrationnelle, insensée, comme la nature lorsqu'elle n'est pas domestiquée »[239]. Paradoxalement, à mesure que les citoyens de ces modernités gagnent sur la mort, à mesure qu'ils vivent plus longtemps, qu'ils sont condamnés à une mort qui recule toujours, ils perdent leur statut et leurs prérogatives. Au statut prestigieux d'ancêtre dans les sociétés de la tradition rien n'est plus opposé que celui de vieillard dans les sociétés de la modernité. Dans le premier cas, les années sont échangées en pouvoir, en autorité, alors que les années gagnées par le vieillard des modernités sont accumulées sans pouvoir s'échanger. « Notre mort à nous, c'est quelqu'un qui fout le camp. Il n'a plus rien à échanger... C'est la mort plate, unidimensionnelle... « rendre l'âme » comme un pneu, contenant vidé de son contenu. Quelle banalité ! »[240]

Cette mort-là est née avec la modernité, lorsqu'elle a perdu sa faux et ses moyenâgeux Cavaliers de l'Apocalypse. Elle a été enfantée par le croisement de la fin de la dialectique chrétienne de la mort et l'avènement de la pulsion de mort freudienne, Thanatos, l'autre version d'Eros. De fête régie par l'échange, elle s'est muée en angoisse interdite de réversibilité, fermée au

---

238 E. MORIN, *L'homme et la mort*, Paris, Seuil, 1976, p. 22.

239 J. BAUDRILLARD, *L'Echange symbolique et la mort*, op. cit., p. 248.

240 Ibid., p. 251.

groupe et ayant perdu sa valeur symbolique. « Le symbolique, c'est le rêve d'une réversibilité de la mort dans l'échange, puisque le principe de mort naturelle équivaut à une neutralisation de la vie tout court. »[241]

La mort naturelle neutralisée de la sorte, reste la mort sacrificielle, c'est-à-dire comme rituel d'échange collectif, comme réversion et défi symbolique. Celle-ci est également bannie par la modernité. Mais elle occupe cependant l'espace public. Ainsi dans les journaux, à travers les émissions de radio ou de télévision, la mort « conflictuelle » est à fleur de page ou d'antenne. Le reste est corollaire : la peur, le danger ou le désir comme éternel procès de la mort.

Exploitation abjecte de la mort et de la violence par les médias ? Ceux-ci se contentent en fait de reprendre les événements qui signifient immédiatement pour tous. Ces événements sont ceux qui mettent en jeu la violence et la mort. Non pas la mort naturelle, vidée de sens car interdite au groupe, mais la mort violente. C'est celle-ci seule qui « manifeste quelque chose comme le sacrifice, c'est-à-dire comme une transmutation réelle par la volonté du groupe. Et ceci que la mort soit accidentelle, criminelle ou catastrophique, peu importe ; à partir du moment où elle échappe à la raison « naturelle », où elle est un défi à la nature, elle redevient affaire de groupe, elle exige une réponse collective et symbolique ; en un mot elle soulève la passion de l'artificiel, qui est en même temps la passion sacrificielle »[242].

Il est certain que ce flot d'informations ne répond pas uniquement à une curiosité morbide à l'égard de la violence et de la mort. Les hors-la-loi qui peuplent les journaux ne sont jamais tout à fait autres. Nous projetons sur eux notre refus de vivre cette vie-là et notre volonté de vivre la violence et la mort d'une autre manière que celle imposée par le rationalisme des sociétés modernes.

---

241 Ibid., p. 249.
242 Ibid., p. 252.

Les médias sont les modernes substituts des places publiques d'autrefois où se déroulaient les cérémonials et où les gens se bousculaient et la communauté se retrouvait pour assister notamment à la mort ritualisée des criminels, des révoltés et des sacrilèges. Les médias, moyen de communion de masse qui abaissent le seuil culturel ?

Il est vrai que le contenu morbide et violent des informations constitue l'accusation principale brandie contre les médias et que le citoyen de la société de communication de masse est assailli par un flot de messages conflictuels. Mais ne serait-ce pas le gigantisme de cette société qui exige ce liant quotidien, même permanent, pour permettre l'englobement de cette énorme famille humaine dans une seule tribu globale ? Celle dont parle Mc Luhan dans sa « Galaxie Gutenberg ».

III. Le sensationnalisme est la valeur de base à la bourse de l'information

La communication n'a de raison d'être que si elle tend à réduire une distance. Mais la communion de masse n'est-elle pas précisément une communion à distance : l'établissement, par la spectacularisation, d'un rapport esthétique où se développe « une participation à la fois intense et détachée, une double conscience ».[243]

L'esthétique comme substitut moderne à la magie, aux religions archaïques qui réifiaient les dieux, les rites et les cultes. Mais la différence est que, dans ce cas, la réification n'est jamais achevée car l'imaginaire demeure perçu comme tel et le fondement même de la croyance est donc détruit.

Prises aux frontières du social moderne, amplifiées par les médias, la violence et la mort sont ainsi redistribuées dans une mise en spectacle grossissante de faits dérangeants et monstrueux qui les déréalise plus qu'elle ne leur sert de caisse de résonance.

C'est ainsi que peut être compris le rôle des médias : ils mettent la violence à distance et annulent la dimension symbolique de la mort en donnant de l'une et de l'autre une hypervisibilité qui, mieux que le camouflage, les rend encore plus invisibles. Car cette spectacularisation à outrance ne renvoie plus à une réalité existante quelconque mais devient toute l'information.

Exorcisme donc, mais dans la même ligne d'action du système : le déni. Et qui contribue au renforcement de ce système. La mise en spectacle de la violence lui confère un caractère d'irréalité. Mais ce caractère même s'inscrit dans la ligne d'action du pouvoir moderne. L'impression d'agitation qu'il fournit est employée à justifier et à renforcer la surveillance et la protection.

La rupture de la normalité se trouve à l'origine du sensationnalisme. La normalité en ce qu'elle constitue une loi. Les personnages sensationnels sont hors-la-loi. Soit ils la dominent, soit ils sont en infraction avec elle. Point nodal de la

---

243 E. MORIN, *L'Esprit du temps*, op. cit., vol. 1, p. 105.

compréhension du fait social, le conflit est également l'axe autour duquel gravite le sensationnalisme. Les degrés de conflit varient de l'opposition violente à la mort.

Le sensationnalisme, rupture de la normalité de l'information ? Et le terrorisme, cette violence conflictuelle et mortelle donnée en spectacle par des hors-la-loi, constitue-t-il un fait journalistique à part ?

La démarche analytique adoptée pour répondre à ce questionnement est la même déjà utilisée dans l'analyse du corpus de la première partie de cette étude.

En raison de l'éloignement de l'événement dans le temps, le corpus retenu est relativement restreint, les numéros qui nous auraient permis de l'étoffer n'étant plus disponibles. Ce corpus se compose de trois quotidiens, *Le Monde*, *Le Figaro* et *Libération*, et d'un hebdomadaire, *Paris-Match*. Si le choix porte précisément sur les numéros du 26 août et du 16 septembre 1986 pour les premiers, du 5 et du 19 septembre de la même année pour *Paris-Match*, c'est dans le souci d'analyser chaque fois un « numéro d'attentat », en l'occurrence celui que les différents titres ont consacré à la bombe déposée le 15 septembre 1986 dans les locaux de la préfecture de police de Paris, et un numéro ordinaire.

Les deux parties dégagées au cours de l'analyse précédente se retrouvent dans ce corpus : l'information proprement dite et l'ensemble assez disparate classé sous la dénomination « avis ».

Les tableaux suivants montrent la répartition du contenu du corpus. L'unité de mesure est toujours le cc^2 (colonne-centimètre-carré).

	Le Figaro		Libération		Le Monde	
	26.08.86	16.09.86	26.08.86	16.09.86	26.08.86	16.09.86
Publicité et petites annonces	19,1%	34,0%	9,1%	22,0%	25,0%	55,8%
Programmes et carnet	11,4%	8,7%	11,5%	7,2%	9,0%	4,8%
Météo et jeux	3,6%	1,6%	0,1%	0,5%	2,0%	1,0%
Informations internationales	5,0%	5,0%	12,1%	13,8%	11,0%	6,6%
Politique	12,1%	6,0%	18,5%	0,9%	6,0%	3,5%
Catastrophes et faits divers	10,2%	1,0%	19,2%	5,0%	5,7%	1,0%
Terrorisme	0,0%	7,5%	0,0%	10,0%	0,0%	6,9%
Economie et bourse	13,0%	17,0%	7,0%	15,7%	21,5%	13,0%
Culture et loisirs	12,4%	8,0%	15,0%	13,0%	13,2%	2,8%
Science, médecine et industrie	2,5%	4,0%	2,5%	4,2%	0,5%	0,3%
Sport et courses	7,7%	2,5%	5,0%	4,5%	4,0%	2,6%
Religion	0,0%	0,7%	0,0%	1,0%	0,0%	0,1%
Actualité sociale	0,0%	1,5%	0,0%	0,0%	1,1%	1,0%
Enseignement	0,0%	0,0%	0,1%	0,2%	0,0%	0,7%
Autre	3,0%	2,5%	0,0%	2,0%	1,0%	0,0%

Tableau n° 20

Paris-Match	05.09.86	19.09.86
Publicité et petites annonces	11,1%	31,7%
Programmes et carnet	6,3%	2,4%
Météo et jeux	2,5%	3,0%
Informations internationales	11,0%	14,5%
Politique	1,0%	0,7%
Catastrophes et faits divers	23,0%	4,7%
Terrorisme	0,0%	16,0%
Célébrités	39,5%	15,0%
Culture et loisirs	5,7%	8,4%
Enseignement	0,0%	1,6%
Actualité sociale	0,0%	2,0%

Tableau n° 21

Une sensible augmentation de la partie publicité et petites annonces, dans les numéros du 16 et du 19 septembre, ressort de ces tableaux. Ce phénomène s'explique par la reprise des diverses activités économiques après les vacances d'été.

Si l'on met à part les trois rubriques avis, l'analyse morphologique des quotidiens dégage une impression de contenu hétéroclite. Les pages semblent pavées de nouvelles disparates, collectées un peu partout et soumises au seul principe fédérateur de la date. Mais est-ce seulement pour cela que les rubriques enflent ou rétrécissent, ou même disparaissent, qu'un événement survenu la veille occupe parfois 8, 10 et même 15% du journal ?

Pour ce qui est de *Paris-Match*, la partie information s'articule autour de deux pôles : les catastrophes-terrorisme-faits-divers d'une part et les célébrités de l'autre, dans un dosage minutieux et savant où la photo joue un rôle primordial. Là non plus, la seule date ne suffit pas à expliquer cette répartition.

L'analyse des titres des différentes rubriques du corpus montre en effet que le sensationnalisme, dans un cas comme dans l'autre, est le principe organisateur de l'information. Le sensationnel et l'informatif sont souvent étroitement liés, sinon confondus. La valeur marchande de l'information réside dans sa teneur sensationnelle.

Un titre est destiné à provoquer un maximum d'étonnement dans un minimum de mots. Il constitue l'essence de l'article. Il en résume le thème. Un titre s'articule autour d'un mot ou d'un groupe de mots. Après un premier inventaire des titres, et suivant la même démarche adoptée dans le traitement du corpus dans la première partie de ce travail, nous en avons effectué un autre : celui de leurs composantes essentielles, c'est-à-dire des points d'articulation autour desquels chaque fois est construit un titre. Ce qui a permis de les classer dans les catégories établies à la suite d'une première lecture du corpus étudié. **Ces catégories sont les suivantes : rupture, conflit, violence, mort.**

La catégorie rupture regroupe tout ce qui « casse » l'environnement général mais également l'environnement immédiat du titre. Ainsi, par exemple, dans le titre « Dimanche ordinaire à Santiago » (*Le Monde*, 16 septembre 1986, p. 1), le dimanche ordinaire constitue une rupture de la normalité extraordinaire qui règne dans la capitale du Chili. Alors qu'avec le titre « J.R. vend le gaz de Thatcher » (*Libération*, 26 août 1986, p. 11), la rupture consiste dans l'irruption de J.R., personnage mythique de la série télévisée américaine « Dallas », dans l'univers bien réel de Mme Thatcher.

De même, on distingue **trois types de conflits :** celui touchant au **consensus du dire ou conflit de crédibilité**, comme l'accusation dans le titre « Pékin accuse l'Inde d'incursions militaires » (*Le Monde*, 26 août 1986, p. 4) ; le **conflit d'entente et de coexistence** qui recouvre les notions d'hostilité, de guerre et de combat, exemple : « Manoeuvres arabes contre la guerre du Golfe » (*Le Figaro*, 26 août, p. 2) ; enfin le **conflit de normes** recouvrant les condamnations, arrestations, etc.

La catégorie **violence** regroupe la **violence simulacre**, c'est-à-dire « jouée » par rapport à la violence naturelle, comme dans les informations sportives ou des titres du genre « Le feu comme une bombe » (*Le Monde*, 26 août, p. 7) ; la **violence rupture de contrat social**, interne à la société, comme « La terre-mère délétère » (*Libération*, 26 août, p. 3) ; et **la guerre et ses substituts**, comme dans le titre suivant : « L'imam Khomeiny veut « pousser Saddam Hussein à se suicider ou à abandonner le pouvoir » » (*Le Monde*, 26 août, p. 3).

Au niveau de la **mort**, on distingue en premier **les prodromes de la mort** ou tout ce qui est danger, peur ; exemple : « Tirs de fusées porteuses » (*Le Monde*, 26 août, p. 4). En second se place **la réalité effective de la mort** qui regroupe la **mort-catastrophe** : « Cameroun : le volcan sème la mort » (*Le Figaro*, 26 août, p. 1) ; la **mort polémique**, du grec polémikos, comme dans le titre « Demain : le « Che » est mort » (*Le Figaro*, 26 août, p. 19) ; et la **mort naturelle** qui émerge une seule fois dans cette analyse, mais il s'agit du décès d'une romancière connue : « Germaine Acrement est morte à quatre-vingt-dix-sept ans » (*Le Monde*, 26 août, p. 8).

Nous représentons cette structure du sensationnel par le schéma n° 3 suivant. Dans ce schéma, ces quatre catégories et leurs composantes respectives sont, comme nous l'avons déjà indiqué, régies par le principe de base qui est celui du double fonctionnement de chacune d'elles, à la fois unité pour le niveau supérieur et contexte pour le niveau inférieur. Ces divers niveaux se disposent entre eux comme une sorte d'étagement vers le superlatif absolu qui est la mort violente.

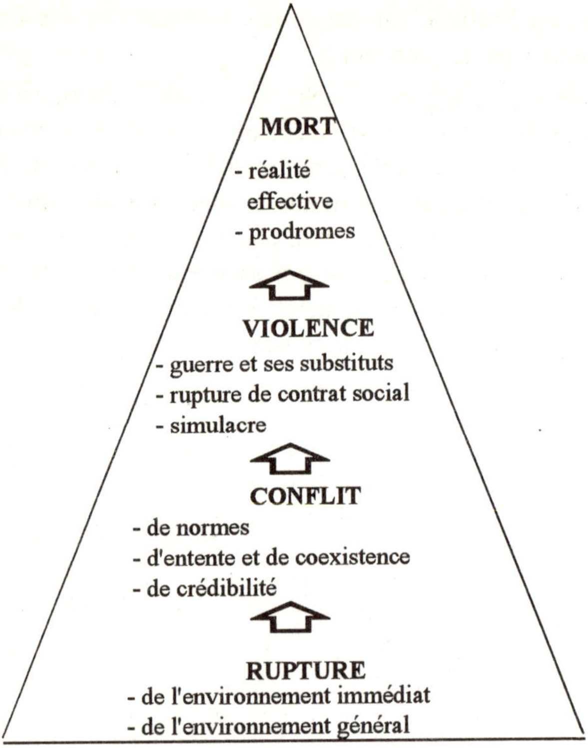

Schéma n° 3: les catégories du sensationnel

Et d'une certaine manière, ils peuvent être considérés comme les étapes virtuelles d'une narration dont les ressorts seraient la montée aux extrêmes. En allant de la mort vers la rupture, chaque niveau comporte virtuellement les autres. Ainsi en est-il de titres comme « Reagan, le croisé anti-drogue » (*Libération*, 16 septembre, p. 31). Classé dans les prodromes de la mort - drogue équivaut à danger -, il comporte également une violence simulacre : Reagan croisé, un conflit d'entente et de coexistence : anti, et une rupture due à l'irruption du croisé historique dans le monde moderne de l'ex-président des Etats-Unis. De même le titre « Paris : cinq attentats en dix jours », classé dans la mort polémique, comprend aussi une violence de la guerre et de ses substituts, un conflit d'entente et de coexistence et une rupture à la paisible normalité parisienne.

Ces quatre catégories sont les quatre composantes du sensationnalisme. Un sensationnalisme qualifié de « négatif » et de « viril », face à un autre sensationnalisme qui serait, lui, à la fois « positif », d'essence féminine et fondé sur une idéologie du bonheur. Cette idéologie ne laisse pas de traces - ou si peu - dans les titres des trois quotidiens. Le thème de l'érotisme apparaît une fois et celui du pouvoir deux fois. Mais le pouvoir n'est-il pas synonyme de conflit et de violence ?

III.1. Fusion de l'informatif et du sensationnel

La première conclusion qui se dégage de l'analyse est la fusion quasi totale de l'informatif et du sensationnel. Ceci pour tous les éléments de ce corpus et pour les numéros ordinaires aussi bien que pour les numéros « d'attentat ». L'ampleur de la fusion peut certes varier d'un journal et d'un numéro à l'autre mais sa réalité est toujours présente. Elle constitue en fait le principe de sélection essentiel de la matière journalistique, surtout pour les informations internationales, les catastrophes et autres faits divers, mais également, quoique à un moindre degré, pour les coulisses de la vie parlementaire et de la bourse, voire dans les rubriques consacrées aux loisirs. Si la mort et la violence sont apparemment bannies de ces domaines, le conflit y reste présent en permanence, en politique comme en économie, et la rupture de la normalité est ce qui est servi au citoyen de la société de masse, ici comme ailleurs, et jusque dans ses mouvements d'évasion. Lorsqu'une information paraît trop fade, « l'emballage » ou rewriting est là pour lui donner au moins l'aspect et la contenance du sensationnel.

Cette fusion entre l'informatif et le sensationnel constitue la base du système événementiel du journalisme de masse. C'est elle qui fait que les rubriques se développent excessivement ou disparaissent, selon que les nouvelles les concernant sont ou non chargées de mort, de violence, de conflit ou de rupture. Ainsi en est-il des informations internationales, de la politique et de l'économie, mais aussi des rubriques non permanentes - comme « l'actualité sociale », « la vie religieuse », « l'enseignement » - dont l'apparition ou la disparition sont étroitement liées à la charge de rupture, de conflit, de violence et de mort que la rue, l'Eglise, l'université, l'école sont susceptibles de fournir.

Même les Olympiens de notre temps deviennent, à la longue, lassants dans leur bonheur figé. La presse, qui l'a compris depuis longtemps, invente ainsi des rivalités entre « Fergie » (alors encore duchesse d'York) et sa belle-soeur « Lady Di » (la princesse de Galles), des conflits entre cette dernière et sa belle-mère, la reine Elisabeth, ou insinue déjà en 1986 que le couple princier britannique bat de l'aile. « Lady Di infidèle ? », titre *Paris-Match* à la « Une », aux grands délices du lecteur qui, ravi, regarde. *Paris-Match* n'entend-il pas avant tout donner à voir ? Le tableau suivant montre la répartition des photos par rapport au texte dans la partie « information » de ce magazine.

Paris-Match / Photos	05.09.86	19.09.86
Informations internationales	8,5%	21,2%
Politique	0,1%	0,1%
Catastrophes et faits divers	38,5%	8,0%
Terrorisme	0,0%	31,3%
Célébrités	50,0%	30,6%
Culture et loisirs	3,5%	6,8%
Enseignement	0,0%	0,0%
Actualité sociale	0,0%	2,3%
Rapport Photo / Info	66,0%	60,1%

Tableau n° 22

De même que la répartition des rubriques, celle des photos gravite autour de deux pôles : les célébrités d'une part, les catastrophes-terrorisme-faits-divers de l'autre. Les photos montrent ce que le lecteur ne voit pas dans la vie quotidienne. C'est pourquoi, plus le contenu est en rupture avec la normalité, plus la photo envahit le texte, tandis que les titres deviennent des formules lapidaires et que le texte se transforme en légende plus ou moins explicative. Quant aux légendes proprement dites, elles sont réduites au strict minimum. Dans le cas des célébrités, la photo fait plus qu'illustrer l'événement ; elle constitue l'événement lui-même puisqu'elle matérialise la preuve de l'existence des Olympiens. Et l'information qui les concerne se trouve souvent réduite à cette seule matérialisation comme à travers les photos des « duos célèbres de la mode » (*Paris-Match*, 19 septembre, pp. 82-89). Contrairement aux quotidiens, *Paris-Match* ne se contente donc pas du côté « viril » du sensationnalisme, il développe aussi l'aspect « féminin ». Double orientation et double voyeurisme, mais toujours placés sous le signe de l'« extra-ordinaire ».

III.2. Les bonnes nouvelles sont les mauvaises

Cette affirmation constitue la deuxième conclusion qui se dégage de l'analyse des titres du corpus. Le bonheur, s'il fournit son idéologie à la société de communication de masse, n'est pas payant pour les organes du journalisme de masse. Pour ceux-ci, les valeurs sûres où ils investissent sans exception sont la mort, la violence, le conflit, la rupture... bref l'infraction à la normalité. Ceci pour *le Monde* comme pour *Paris-Match*, pour *le Figaro* comme pour *Libération*, dans les numéros ordinaires et les numéros « d'attentats ».

Il est banal de dénoncer, à ce propos, l'exploitation abjecte des créneaux à sensation, leitmotiv du discours moralisateur que l'opinion - la même qui s'en délecte - et même le pouvoir adressent aux médias. En réalité, dans les sociétés occidentales, l'information est un produit de grande consommation. Comme telle, elle est soumise à la loi du marché, celle de l'offre et de la demande, et se trouve par conséquent placée sous le signe de la régulation réciproque à laquelle se livrent le destinateur et le destinataire. Le produit que fabrique le premier n'est pas inventé de toute pièce. Il répond à une demande, en tout cas à une attente présente chez le second.

III.3. Caractériser l'attente du destinataire

Une des façons de caractériser cette attente du récepteur est de la répartir en plusieurs types correspondants aux strates, ou aux couches du psychisme humain. C'est ainsi que Moles[244] distingue :

- Les couches subconscientes de l'être (mort, sexe et volonté de puissance).
- Le domaine des croyances explicites (ou opinions).
- Celui des intérêts explicites des individus (ou valeurs économiques).
- Le substitut de la vie matérielle des individus (la modification des horaires de chemin de fer par exemple).
- Les couches superficielles où les informations ne trouvent pas d'échos.

Evidemment, la zone la plus profonde est aussi la plus importante et la plus déterminante de l'intérêt - donc de l'attente - du lecteur. Et c'est vers elle que converge l'offre de l'émetteur.

Si nous disposons les couches correspondantes en cercles concentriques, nous constatons que les quatre constantes qui se dégagent de l'analyse des titres des divers éléments du corpus se situent dans la couche centrale.

---

244 A. MOLES, *Sociodynamique de la culture*, op. cit., pp. 59-60.

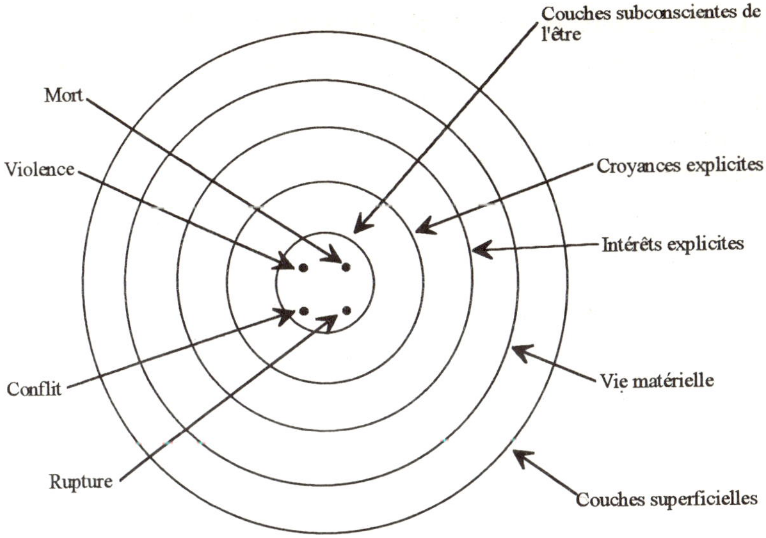

Schéma n° 4 : les strates ou couches du psychisme humain

La mort comme réalité première refoulée. La violence et le conflit comme éléments de la volonté de puissance. Et la rupture comme échappatoire à l'emprise de l'environnement.

Ces quatre éléments sont bannis de la société moderne où la mort est cachée, camouflée, aseptisée, où la violence est escamotée, où domine le modèle de rationalité paisible et où les individus se fondent dans la masse. C'est précisément ce caractère d'interdit qui leur donne de la valeur comme composantes du sensationnalisme.

Des composantes toutefois inégales, selon le type d'information traitée. C'est ainsi que les rubriques sportives, si elles sont chargées d'une forte teneur conflictuelle, restent dans la plupart des cas respectueuses de la règle. De leur côté, les informations internationales sont lestées selon le cas de conflit, de violence ou de mort.

Il est évident que c'est la combinaison d'au moins deux de ces éléments qui donne à l'information sa plus value. C'est ainsi que la différence entre le tremblement de terre signalé le 16 septembre 1986 à Kalamata et celui survenu à Agadir est que le premier constituait une simple rupture de l'écorce terrestre alors que le second avait en plus provoqué la mort violente de milliers d'individus.

Le terrorisme qui cumule rupture, violence, mort et conflit, constitue ainsi l'information par excellence.

S'agissant des attentats à Paris, la profondeur psychologique de l'impact du terrorisme se double d'une extrême restriction de la distance psychologique au lecteur. D'où un degré d'implication poussé à son paroxysme pour les Parisiens en premier lieu, et quoique un peu plus faiblement, pour les Français en général. Pour mesurer la distance psychologique des informations au lecteur, Moles propose une échelle à sept degrés[245]:

1- Implique une réaction immédiate et concrète du destinataire (exemple : explosion d'une bombe dans son quartier).

2- Le destinataire est directement impliqué (exemple : augmentation du coût de la vie).

3- Le destinataire peut se permettre d'ignorer cette information, il s'y intéresse sans se sentir concerné.

4- Implication lointaine ou à longue échéance, exemple la modification de l'environnement.

5- L'information est liée de façon énonçable à des événements qui concernent l'individu.

6- Concerne vaguement l'individu sans qu'il puisse définir en quoi.

7- Aucune implication : l'affaire se passe sur une autre planète.

L'intérêt que le destinataire porte à une information n'est toutefois pas nécessairement tributaire de son degré d'implication ou distance psychologique. Il est surtout lié à la profondeur psychologique. Ainsi en est-il de l'attention accordée aux faits

---

245 Ibid., pp. 58-59.

divers, comme celui de Simone Weber par exemple, ou aux conflits même lointains. Mais lorsque la profondeur psychologique se conjugue avec une faible distance psychologique, nous sommes alors face à une information qui mobilise le plus grand intérêt du destinataire. Le graphique suivant montre l'importance de quelques titres du corpus en fonction de ces deux paramètres. Les attentats à Paris occupent la place privilégiée.

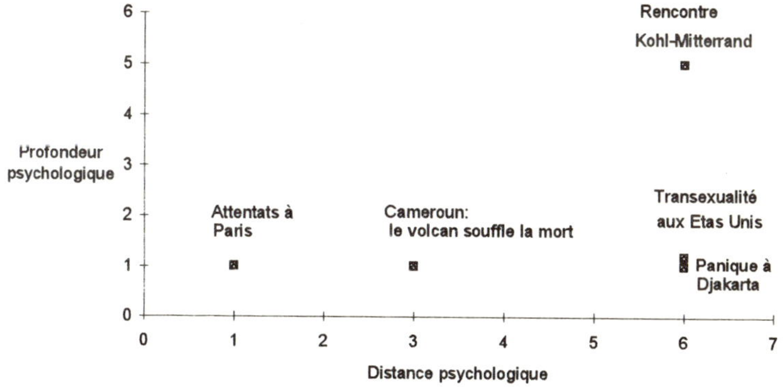

Graphique n° 1

IV. Catharsis, déni, représailles ou l'exploitation journalistique du terrorisme

La mort attire. C'est une valeur journalistique sûre. On meurt beaucoup dans la presse et dans les médias en général. Cette ostentation va de pair avec la conspiration du silence qui entoure la mort dans la vie de tous les jours - cachée, refoulée, escamotée.

Grâce au rapport duel et intime qui s'établit entre le journal et son lecteur, on pourrait penser que le rôle du premier est de donner à voir la mort au second. Mais, curieusement, ce n'est pas de mort naturelle dont on parle essentiellement dans la presse ; elle y est admise lorsque le défunt échappe à l'anonymat général par son rang et/ou sa célébrité. Sinon c'est dans la mort violente qu'investissent les journaux, faisant foi à son capital d'interdit. N'est-ce pas en effet l'interdit sous ses formes différentes - rupture, conflit, violence, mort - qui explique la fascination générale pour tout ce qui est anormal et donc sensationnel.

Or l'interdit est une oeuvre de groupe, le produit d'une société. Et si la presse établit avec son lecteur le rapport duel et intime que nous évoquions à l'instant, il ne faut pas oublier qu'elle est avant tout un moyen de communication de masse. Elle rend possible une communion fictive mais précieuse puisque la seule autorisée par la société moderne. Doublement précieuse : au niveau du public, elle permet de vivre l'interdit par procuration, donc en échappant aux conséquences de l'infraction au regard de la loi ; du point de vue du pouvoir, elle sert à désamorcer, par une sorte de catharsis, l'opposition latente à l'ordre établi. Le sensationnalisme ne constitue donc pas un élément perturbateur de l'ordre moderne. Bien au contraire, il intervient comme un élément régulateur au sein du système global. C'est ce que cherche à vérifier une analyse sémiologique sur les attentats à Paris, en septembre 1986. L'étalage qu'en fait la presse ne sert pas seulement à satisfaire le voyeurisme du lecteur mais aussi à le faire participer à un rituel social où la mort est donnée et reçue, à dénier la violence et la mort en les déréalisant, tout en justifiant l'action de représailles du pouvoir.

Le corpus retenu pour cette analyse comporte trois titres : *Libération*, *le Figaro* et *Paris-Match*. Il a été constitué sur le principe d'un choix raisonné permettant de sauvegarder le suivi chronologique, à raison d'un numéro sur quatre de *Libération* et du *Figaro*, durant le mois de septembre 1986, et d'un numéro sur quatre également, donc en l'espèce d'un numéro unique, de *Paris-Match* durant ce même mois. Les dates arrêtées sont les suivantes : pour les quotidiens, jeudi 4, mardi 9, samedi 13, jeudi 18, mardi 23 et samedi 27 septembre ; pour *Paris-Match*, le 26 septembre. L'analyse a pour objet les articles consacrés aux attentats terroristes qui ont eu lieu à Paris durant ce mois.

Un premier classement des articles est effectué : d'un côté l'annonce, au sens proclamatoire et non prédicatif, de l'événement et de l'autre le discours sur l'événement.

IV.1. L'annonce de l'événement : une déréalisation par l'hypervisibilité

La grille utilisée est la même que celle employée dans le cadre de l'étude de la première partie de notre corpus et porte toujours sur ce que J. Gritti dénomme le « sous-sol qualificatif », c'est-à-dire les items (noms et adjectifs) appréciateurs et dépréciateurs qui figurent dans le corpus et qui reflètent la logique de dramatisation d'un texte[246].

L'analyse du paysage qualificatif des articles annonçant les attentats comporte deux temps : un inventaire de ces items avant de les classer sur cette grille. Comme leur nombre élevé empêchait une classification exhaustive, ils ont été regroupés par catégories dans un tableau constituant une légende explicative à la grille.

Un certain nombre de caractéristiques dominantes apparaissent à la lecture de cette grille et du tableau explicatif qui l'accompagne.

246 Cf. p. 108.

Le trait essentiel de la violence dans la proclamation qu'en fait la presse est son caractère irrationnel. Le secteur « raison » de la grille demeure totalement désert. Pas un seul item ne relève de cette catégorie. Ainsi s'exprime toute l'étrangeté de cette « lèpre », de ce phénomène « d'horreur » et de « cauchemar » par rapport à la rationalité de la société moderne, qui se veut paisible et en principe non violente.

Incompréhensibilité donc, toutes les voies d'accès de la raison étant fermées, mais du même coup implication et forte charge émotionnelle, la moitié des termes qualificatifs relevant de l'affect (49,22%). Dans son annonce de l'événement, la presse s'adresse à cet aspect inanalysable et élémentaire de l'affectivité pour susciter l'émotion, mais aussi des sentiments socialement plus élaborés comme le rejet, la condamnation, etc.

Par ailleurs, cette violence touche à l'irréalité du sublime, un sublime négatif certes et monstrueux, mais qui à travers les items placés sur cet axe (20,52%) remplit bien cette fonction de grossissement déréalisé qui le caractérise.

Globalement, la domination écrasante des items négatifs (87,3%) exprime la réprobation et la condamnation d'un phénomène qui s'oppose aux valeurs « positives » valorisées par la société moderne. Quant aux items positifs, ils sont utilisés non pour atténuer cette condamnation, mais bien au contraire, pour l'accentuer, par contraste et/ou opposition. C'est ainsi que « miracle » sert à évoquer le sauvetage inespéré des rescapés de l'attentat et fait ressortir davantage encore les notions, qui figurent à une phrase de distance, de « cauchemar » et d'« enfer ». De même « proches », « femmes », « mères » rendent plus intense la portée de mots tels que « tueurs », « meurtriers », « blessés », « morts ».

Au premier abord, il est tentant de considérer que les items relevant du sensible et du corporel sont là pour implanter dans le réel l'événement raconté. En fait, ne constituent-ils pas surtout le cadre, purement conventionnel, de référence à la réalité qui est indispensable à la mise en spectacle de l'histoire et à sa crédibilité.

En conclusion, il est permis de souligner la perfection d'un système qui, tout en énonçant la violence terroriste et parce qu'il l'énonce, la neutralise en lui conférant un caractère d'irrationalité, d'incompréhensibilité et d'irréalité.

IV.2. Le message iconique : forte implication et effet d'ellipse

L'analyse sémiologique des photos de *Paris-Match* correspondant aux articles étudiés ci-dessus vient confirmer ces résultats.

Tous ces messages iconiques sont conjugués à un seul temps mythique : celui de l'instantanéité pure, celui de l'événement à chaud, juste après l'attentat. Pas de mise en situation dans un contexte temporel mais une mise entre parenthèses qui échappe à l'échelle normale de la durée. Ces photos ont pourtant une fonction narrative, mais, paradoxalement, cette narration n'est pas diachronique. Il est vrai qu'elles sont présentées « en collection », comme une série de tableaux, chacune d'elles prise à part constituant une scène, un fragment d'espace, un univers. Leur somme ne constitue pas une unité de signification globale, mais l'accumulation de significations fragmentaires.

On se trouve ainsi en face d'une « galerie » de photos, dans une dimension temporelle unique, mais avec deux composantes indissociables : la violence terroriste et la peur, chacune illustrée par deux photos occupant une double page, soit huit pages au total.

Le message iconique consacré à la première composante (pp. 54 à 57) se caractérise par un esthétisme évident : effets de filtres, contre-plongée, champ fermé confèrent à ces images un caractère de fiction accentué par l'effet de pose du « présent prolongé », qui tend à installer les éléments de la scène (cadavre de policier tué par une bombe, voitures de police stationnant sur les lieux de l'attentat) dans une durée immobile.

Par contre, la peur, la panique même, est servie toute crue et sans aucun de ces ménagements. Pas de saturation de l'espace. Les photos sont à champ ouvert. Centrifuges, elles renvoient par la direction latérale d'un regard affolé (pp. 49 et 60), ou par des yeux fermés (pp. 58, 60 et 61) à un hors-champ doublement peuplé : d'une part on y trouve la violence terroriste présente par effet d'ellipse et de l'autre le lecteur interpellé par toute cette mise en scène.

IV.3. Le discours sur l'événement : face à l'irrationalité du phénomène, le rationalisme de l'auteur

Cette analyse du discours sur l'événement a pour objectif de dégager l'image des terroristes telle qu'elle est restituée par la presse. Elle porte sur les éditoriaux et articles consacrés aux terroristes et suit la même procédure que celle adoptée pour analyser l'annonce proclamatoire de l'événement ; à savoir l'inventaire des items constituants le paysage qualificatif et leur classification sur la même grille accompagnée d'une légende explicative, avant d'en tirer les conclusions.

Contrairement à l'annonce de l'événement, la catégorie « raison » constitue ici le pôle principal de la grille (44,2%). Et il ne s'agit pas d'items négatifs. Bien au contraire, ces derniers sont inexistants. C'est la « raison positive » qui regroupe 40,8% des items.

Le côté affect, par contre, demeure marqué du signe négatif : les terroristes suscitent le même rejet que leur acte. En revanche, si celui-ci est irréel et irrationnel, les fauteurs, eux, se caractérisent par un rationalisme dominant. Sinon comment seraient-ils responsables ?

Les sociétés occidentales, où le système capitaliste a comme fondation le mérite, l'initiative, l'entreprise individuelle, ont construit un idéal de responsabilité avec son équivalent répressif. Sans responsabilité donc, pas de répression. Ce rationalisme des fauteurs est ainsi indispensable pour justifier une action punitive opposée.

Dans les images qu'elle restitue des attentats et des terroristes qui en sont les auteurs, on voit bien que la presse ne se laisse pas prendre au jeu de ces derniers, contrairement à ce dont on l'accuse souvent. Bien au contraire, elle dénie leur violence en la déréalisant et elle prépare les voies du châtiment en conservant à ses promoteurs ce qu'il faut d'humain pour établir publiquement leur responsabilité. Elle exerce donc, ici, une fonction de catharsis moderne, qui n'est qu'un aspect de la catharsis plus large pratiquée par la presse pour désamorcer la violence immanente au social.

IV.4. Le sensationnalisme du sens large au sens précis

Loin de constituer une infraction au système journalistique, le sensationnalisme en est le principe de base : nous avons pu constater qu'il s'agit d'annoncer une « bonne » nouvelle. Et les bonnes nouvelles sont toujours les mauvaises, puisque ce sont elles qui apportent aux médias l'occasion d'exercer leur fonction de mise en spectacle de la rupture, du conflit, de la violence et de la mort. Pour en tirer le profit psychologique et quelque part matériel, dont ils ont besoin pour prospérer.

Ces quatre éléments - rupture, conflit, violence, mort - sont les composantes du sensationnalisme au sens précis, c'est-à-dire coefficient de dramatisation de l'information, catégorisation et prélèvement de second niveau portant sur le signifiant. Ils se disposent entre eux comme une sorte d'échelle ou d'étagement conduisant au superlatif absolu qui est la mort violente. D'une certaine manière, ils peuvent être considérés comme les étapes virtuelles d'une narration dont les ressorts seraient la montée aux extrêmes.

C'est dans le sensationnalisme « viril », celui du malheur, que la presse de masse puise son matériau de base, dédaignant l'idéologie du bonheur qui berce le quotidien de la société de communication de masse. Mais cette opposition apparente ne dissimule-t-elle pas une valorisation à contrario, le malheur étant là pour rehausser le bonheur, comme le noir peut faire ressortir le rose ?

En tout état de cause, la presse va chercher ces éléments à la périphérie du social moderne où ils sont refoulés - un social dont les caractéristiques centrales sont la sécurité, la rationalité paisible et l'escamotage de la violence comme de la mort.

La presse fonctionnerait-elle donc en infraction au système global qui régit la société contemporaine ? Il ne le semble pas. Le sensationnalisme ne constitue pas un élément perturbateur du système social moderne au sein duquel s'inscrit la presse, avec d'autres composantes. Bien au contraire, il intervient au sein de l'ensemble en tant qu'élément de régulation. L'étalage de mort, de violence, de conflit et rupture dont s'alimente la presse ne sert pas seulement à satisfaire le voyeurisme du lecteur. Il contribue surtout à faire participer celui-ci à tout un rituel social fictif où la mort est donnée et reçue et à faire disparaître la violence et la mort par le grossissement même dont elles sont l'objet, tout en justifiant l'action de représailles du pouvoir en place contre leurs promoteurs.

Communion de masse donc et double catharsis, celle du public qui vit l'interdit par procuration et celle du pouvoir qui « purge » et désamorce la violence immanente au social.

Ce mécanisme atteint sa plus haute expression avec les informations consacrées au terrorisme. Déclenchée toujours avec le propos de devenir un attentat informateur, l'action terroriste fournit son couronnement au système événementiel du journalisme de masse. Ne cumule-t-elle pas en effet la rupture de la normalité, le conflit, la violence et la mort qui sont les composantes de base du sensationnalisme ? Ne permet-elle pas, avec ces moments de cruauté qui déchirent la monotonie quotidienne, une participation réelle quoique distanciée du social à la violence et à la mort ? Enfin, n'est-ce pas elle qui bénéficie du maximum d'amplification déréalisante de la part de la presse et des médias en général, qui la représentent en donnant cette représentation pour vraie alors qu'ils ne la construisent que comme vraisemblable, comme elle devrait être ?

En conclusion, il est permis de souligner le caractère accompli d'un système qui énonce la violence et la mort dans la mesure où il les dénonce et qui, ce faisant, les neutralise.

V. De la normalité dans l'information

Le normal est ce qui est conforme à une moyenne considérée comme une norme. Il n'a rien d'exceptionnel, il est ordinaire, habituel. Il serait donc par définition le non marqué. La normalité étant aussi ce qui est conforme à une norme. Quant à la norme, elle s'oppose à la loi de la parole laïque, qui a elle-même succédé à la règle dictée par la parole divine. La norme de la modernité est celle des modèles, elle consiste en un « minimum de socialité réelle et un maximum de simulation »[247]. Elle se traduit concrètement par une « dissuasion des stratégies antagonistes qui faisaient du social et de la Loi un enjeu - y compris dans sa transgression. Plus de transgression, plus de transcendance - mais nous ne sommes plus pour autant dans l'immanence tragique de la règle et du jeu, nous sommes dans l'immanence cool de la norme et des modèles. Régulation, dissuasion, feed-back, enchaînement d'éléments tactiques dans un espace sans référence, etc. »[248]

L'information événementielle et/ou sensationnelle serait ainsi le marqué, le non banal, l'éruption par rapport au cours banal de la vie, des choses et des discours, normalisé par les médias. La normalisation étant la transformation du « banal » en « normal » et de celui-ci en normatif. « Echange en douceur, presque imperceptible. Circuit court : cela se fait ➔ cela peut se faire ➔ cela doit se faire... »[249] Dans ce contexte, il est intéressant de définir la normalité de l'information du journalisme de masse.

Qu'est-ce qu'une information normale ? Est-ce une information banale ? Nous distinguons trois formes de retombée de l'événementiel et même du sensationnel dans le banal, dans une sorte de retour au non-marqué.

---

247 J. BAUDRILLARD, *De la séduction*, op. cit., p. 213.

248 Ibid.

249 J. GRITTI, « Les médias accréditent la morale ambiante », in *Projet*, n° 207, sept.-oct. 1987, pp. 83 à 93, p. 87.

V.1. Redondance et autocensure pour un effet de banalisation

On assiste souvent, dans la presse de masse, à un retour au non-marqué. Même dans le cas du terrorisme, surchargé tant en sensationnel qu'en événementiel. En effet, celui-ci est généralement magnifié dans la période d'essor d'un groupe ou d'un mouvement terroriste. Il est banalisé le plus souvent dans ses phases initiale et terminale. Les journaux de masse, qui produisent des images des acteurs terroristes, sont capables de présenter les mêmes personnages, à quelques mois d'intervalle, comme des héros tout puissants, liés mystérieusement à de formidables centres de pouvoir, dotés d'une imagination et de moyens impressionnants, puis comme de misérables soldats de la terreur, isolés, sans ressources intellectuelles ni matérielles.[250]

Mais la presse de masse utilise plus généralement des effets de chiffres, de répétition et d'autocensure de langage dans son processus de normalisation. L'accident automobile constitue, de par sa répétition, un exemple type de la retombée dans la banalité du sensationnel et de l'événementiel : la statistique où il est désormais enfermé est l'indice de sa chute dans le non marqué par une sorte de chiffrage. Pourtant, au départ, les statistiques servent à créer un effet de réel dans le journalisme de masse, surtout quand il s'agit de chiffres précis à l'unité près. Quand aux chiffres ronds, ils sont employés le plus souvent pour matérialiser une menace : « Environ 100.000 séropositifs... »[251] A force de répétition, l'effet originel des chiffres est ainsi banalisé par la redondance inhérente au journalisme de masse. « Répétez, répétez, il finira toujours par en sortir du banal, du tolérable. »[252] Il y a exténuation de l'événementiel et du sensationnel à force de consommation. De consumation ?

---

250 M. WIEWORKA, op. cit., p. 227.

251 J. GRITTI, « Les médias accréditent la morale ambiante », op. cit., p. 86.

252 Ibid.

Une autre illustration du retour au non marqué est l'effet de certaines catégories de langage où s'exerce une autocensure. C'est le cas d'une certaine langue de bois médiatique qui vide les mots de leur sens et travestit le langage. D'autant plus qu'« il n'y a pas de langage exempt de théorie pour décrire les données, car les mythes émergent de pair avec le langage »[253]... ou disparaissent. C'est ainsi que les chômeurs deviennent dans la presse de masse des demandeurs d'emploi et les vieux des personnes du troisième âge. L'une et l'autre de ces formules servent à désamorcer le danger que représentent, pour les sociétés occidentales industrielles, les chômeurs et la valeur non échangeable en productivité incarnée par les vieux. En s'autocensurant de la sorte, les journaux de masse effectuent leur fonction régulatrice d'intégration qu'ils assument dans les sociétés modernes, où le réel disparaît au profit de sa représentation, où le fait d'être informé, de connaître, est de travailler sur les métaphores les plus agréées. Doublement agréées : par les institutions, qui constituent souvent les sources d'information du journal de masse, et par son lectorat envers lequel le support est contraint de respecter, par intérêt vital, la moralité couramment reçue dans une société donnée.

V.2. Cadrage pour un effet médiatique

Paradoxalement, l'information peut, d'une manière retorse, extraire le banal du flux de la vie et des discours, et le faire accéder à un certain événementiel. C'est l'effet de cadrage qui, en isolant un fragment d'expérience, de discours, de son « paysage » environnant, en fait un tableau à part. « Medium is message », prophétisait Mc Luhan. Le médium fonctionne comme spectacle et fascination, comme effet d'ambiance[254].

Grâce à cet effet de cadrage, les journaux de masse véhiculent des idées nouvelles, de nouveaux mythes et de nouveaux modèles

---

253 K. POPPER, *La quête inachevée*, Paris, Calmann-Levy, 1981, p. 60.

254 J. BAUDRILLARD, *A l'ombre des majorités silencieuses*, op. cit., p. 40.

de comportements, qu'ils diffusent auprès du plus grand nombre. Au départ, idées, modèles et mythes sont présentés en spectacle exceptionnel, car ils sont l'oeuvre d'élites minoritaires, qualifiés par E. Morin d'« ondes de choc » des sociétés modernes[255]. Aussitôt, ces idées, modèles et mythes subissent les modifications et les accommodations nécessaires pour être intégrés, acceptés, compris, et donc diffusés avec succès auprès des masses. Ils passent ainsi à ce que E. Morin qualifie d'« ondes larges » grâce à la redondance caractéristique du journalisme de masse et des mass media en général. Il est important à ce sujet de ne pas identifier les traits distinctifs et les traits redondants d'un système de production de sens donné avec, respectivement, traits pertinents et traits non-pertinents. « Redondant n'est d'une aucune manière synonyme de superflu. Au contraire, la redondance doit être conçue comme une fonction. »[256]

Un exemple extrême de ce que peut être l'effet impressionnant du cadrage médiatique est donné par les enchaînements rocambolesques consécutifs au détournement d'un boeing de la TWA sur l'aéroport de Beyrouth en juin 1985. « La presse informa, largement en direct, sur des événements qui relevaient au fil des jours plus de la farce que du terrorisme, elle paya, souvent très cher, pour filmer les otages, bien décontractés, ou les ravisseurs, qui n'avaient rien de forces de l'ombre. »[257]

L'effet du cadrage est réducteur : il réduit le réel auquel il se réfère à une ou plusieurs informations platement monosémiques. Alors que la polysémie est la caractéristique première des faits, des choses, du vécu, bref de la réalité que l'information prétend signifier. D'où une réduction de la réalité référentielle de l'information à un effet de réel, à un discours vraisemblable.

---

255 E. MORIN, *L'esprit du temps*, op. cit., vol. 2.

256 R. JAKOBSON, *Essais de linguistique générale*, Paris, Minuit, 1963, 2 vol., vol. 1, pp. 17-18.

257 M. WIEWORKA, op. cit., p. 225.

VI. Du vraisemblable : la parole laïque porteuse de sens et de pouvoir

Le discours imprimé du journal de masse se positionne comme directement traduisible en terme de réalité alors qu'il n'est en fait qu'une représentation de cette réalité, représentation qui se doit d'avoir sa dose de normativité, de vraisemblable, sans laquelle un journal de masse ne serait rien. Cette dose de normativité doit être plausible à tout son public, hérétiques et déviants compris.[258] L'effet de texte se prétend ainsi effet de réel, dans la tradition de l'idéologie littéraire réaliste du dix-neuvième siècle qui fait de cette mimésis du vrai son idéal. Le discours imprimé du journalisme de masse veut faire vrai. Aussi le faire savoir de l'information est-il viscéralement lié, voire confondu au faire croire, le journal de masse s'adressant à son public « de la manière la plus saisissante qui soit : en confondant le message avec le messager de la vérité »[259]. Mais le vrai qu'il énonce ainsi est tautologique car, contrairement au réel ouvert sur une multitude de possibles, « il représente une restriction culturelle et arbitraire parmi les possibles réels, il est d'emblée censure »[260] car il se réduit à un seul possible, celui-là qui est vraisemblable.

Le vraisemblable naît avec la rhétorique et la systématisation des techniques d'argumentation qui l'accompagnent, en même temps que se développe la démocratie en Grèce. Il instaure de nouveaux rapports au vrai, dont l'énonciation jusque-là était le monopole de la parole divine et de la parole royale qui balisaient le réel par l'instauration des normes sociales et la production de sens. Aussi une brève analyse rétrospective historique nous semblait-elle nécessaire avant d'étudier le vraisemblable de la modernité. Notre propos n'est pas, bien entendu, de retracer une histoire exhaustive des notions de vrai, de réel et de vraisemblable ainsi que de leurs rapports complexes, mais plutôt de dégager les étapes-charnières de ces trois éléments avec leurs articulations sociales et politiques afin d'éclairer notre approche

---

258 P. LEGENDRE, op. cit., p. 40.

259 Ibid., p. 91.

260 Ch. METZ, « Le dire et le dit au cinéma », in *Communications* n° 11, 1968, p. 24.

du vraisemblable qui structure la normalité des temps modernes médiatiques.

Les racines profondes de la modernité sécularisée plongent dans l'antiquité grecque, où a lieu la première mutation de l'unité magico-sacrale de la société archaïque avec la naissance des premières formes d'une société urbaine. Ainsi que nous l'avons déjà indiqué dans notre analyse de la prise de parole en tant que prise de pouvoir, dans la Grèce mycénienne (IIe millénaire av. J.-C.), comme dans les autres sociétés archaïques, la fonction de souveraineté est inséparable de l'organisation du monde. Si le roi n'est pas lui-même une divinité, il descend cependant de Zeus[261], le souverain de l'Olympe grec. Et la parole royale est la vérité. Face à cette parole « vraie » de type assertorique, le siècle de Périclès (490-429 av. J.-C.) voit la naissance de la démocratisation et de la parole laïque qui devient l'instrument de pouvoir et l'arme politique par excellence. Enseignée par la première génération des Sophistes, elle pose pour la première fois le problème des rapports entre la transcendance et l'autoréférence, avec l'émergence de la notion de vraisemblable, de plausible.

Mais R. Barthes situe à Syracuse, en Sicile, la naissance de la rhétorique comme métalangage judiciaire et parole feinte, suite à un conflit social, un procès de propriété. Vers 485 av. J.-C., deux tyrans siciliens opérèrent des déportations, des transferts de population et des expropriations pour peupler Syracuse et lotir les mercenaires. Ils furent renversés par un soulèvement démocratique et lorsque l'on voulut revenir à l'ante quo, il y eut des procès interminables, les droits de propriétés étant devenus embrouillés et confus. « Ces procès étaient d'un type nouveau : ils mobilisaient de grands jurys populaires, devant lesquels, pour

---

261 Zeus est le souverain des dieux grecs. Ainsi que l'indiquent les poèmes homériques, il impose à l'assemblée des dieux le règne de la justice aux termes d'une longue et sanglante lutte où l'on retrouve toutes les tensions de la société grecque.

convaincre, il fallait être « éloquent ».[262] Aussitôt, cette éloquence, participant à la fois de la démocratie et de la démagogie, du judiciaire et du politique, ce qu'on appela ensuite le délibératif, se constitua en objet d'enseignement. Les premiers professeurs de cette nouvelle discipline furent Empédocle d'Agrigente, Corax, son élève de Syracuse qui fut le premier à se faire payer ses leçons, et Tisias. Grâce aux contestations de commerçants qui plaidaient conjointement à Syracuse et à Athènes, cet enseignement passa rapidement en Attique après les guerres médiques.

Art de la parole publique, la rhétorique est aussi art de penser qui substitue l'humain au divin en faisant de l'homme la mesure de toute chose : « L'homme est à la mesure de toute chose, de celles qui existent et de leur nature ; de celles qui ne sont pas et de l'explication de leur non-existence », indique Protagoras, sophiste de la première génération.[263] Monologique, elle n'instaure pas de dialogue avec l'humain qu'elle institue en arbitre, mais se pose pour finalité de le convaincre. La rhétorique s'articule autour de deux pôles. Le pôle syntagmatique a été posé par Corax. Il traite de la taxis ou desposito, qui est l'ordre des parties du discours. Et le pôle paradigmatique, instauré par Gorgias, porte sur les « figures » de rhétorique qui constituent la lexis ou élocutio, et qui débouchera plus tard sur la linguistique. Ces deux pôles se conjuguent dans une technique de formulation de la parole destinée à engendrer un discours brillant et efficace.

La connotation péjorative aujourd'hui associée aux Sophistes provient du déplacement de l'objectif de la rhétorique par la deuxième génération des maîtres de l'art de parler. En effet, de technique destinée à aider un orateur à convaincre son auditoire,

---

262 R. BARTHES, « L'ancienne rhétorique », in *Communications* n° 16, 1970, pp. 172-223, p. 175.

263 « Sur les dieux, je ne puis rien dire, ni qu'ils soient, ni qu'ils ne soient pas : bien des choses empêchent de le savoir, d'abord l'obscurité de la question, ensuite la brièveté de la vie humaine. » Protagoras, cité par J. VOILQUIN, *Les penseurs grecs avant Socrate*, Paris, Garnier / Flammarion, 1964, p. 204.

la rhétorique est devenue une fin en soi et l'objet même du discours dont l'objectif final est la mise en valeur du savoir-faire du sophiste.

Socrate s'insurge contre cette surévaluation de la parole et le glissement des sophistes dans une rhétorique pour la rhétorique.[264] Platon, conformément à sa vision dichotomique du monde, distingue deux rhétoriques, une bonne et une mauvaise. La première, la psychagogie ou la rhétorique philosophique ou encore la dialectique, est destinée à la formation des âmes par la parole et a pour objet la vérité. La seconde, la logographie ou rhétorique des rhéteurs, a pour objet le vraisemblable ou l'illusion. L'une et l'autre correspondent aux deux univers platoniciens, celui du Bien inhérent au divin, aux idées et à l'âme, et celui du Mal indissociable du matériel, du sensitif, du corporel et de l'humain. Mais Aristote réhabilite la parole laïque en tant que telle et procède à l'ancrage de la rhétorique dans l'humain qu'il indique sensible et intelligible. Il définit la rhétorique comme l'art d'extraire de chaque sujet le degré de persuasion qu'il comporte et rappelle que, dans la cité, ce microcosme démocratique où l'avis universel est la mesure de l'être, la rhétorique de l'orateur s'adresse à des citoyens dont le droit à la parole relève de l'élémentaire. Au monde des idées où Platon situe le surhumain, Aristote substitue une lointaine région céleste d'où la transcendance divine se fait moins écrasante pour le monde terrestre des humains.

Ainsi que l'indique R. Barthes, l'importance de la rhétorique d'Aristote réside dans le fait qu'elle est surtout « une rhétorique de la preuve, du raisonnement, du syllogisme approximatif (enthymème) ; c'est-à-dire une logique volontairement dégradée, adaptée au niveau du « public », c'est-à-dire du sens commun, de

---

264 Nous nous contenterons de souligner les conceptions de Socrate, de Platon et d'Aristote qui touchent à notre propos, tout en accordant bien entendu plus d'attention à la pensée aristotélicienne qui a profondément marqué la rhétorique de son sceau refondateur.

l'opinion courante » [265]. Une telle rhétorique impliquerait, étendue aux productions littéraires (ce qui n'était pas son propos d'origine), une esthétique du public, plus qu'une esthétique de l'oeuvre. « C'est pourquoi, mutatis mutandis et toutes proportions (historiques) gardées, elle conviendrait bien aux produits de notre culture dite de masse, où règne le « vraisemblable » aristotélicien, c'est-à-dire « ce que le public croit possible ». »[266]

Ce vraisemblable aristotélicien s'articule autour de deux noyaux essentiels :

1. L'idée de général, en ce qu'elle s'oppose à l'idée d'universel : le second est nécessaire, le premier ne l'est pas. Il s'agit en fait d'un « général » humain, déterminé statistiquement par l'opinion du plus grand nombre.

2. La possibilité de contradiction : le vraisemblable admet les contraires qui ne sont jamais impossibles dans les limites de l'expérience humaine.

Il se présente ainsi comme une rhétorique psychologique « projetée », la psychologie comme tout le monde l'imagine, soit non pas ce qu'il y a dans la tête du public mais ce que le public croit que les autres ont dans la tête. La psychologie « vraisemblable » est ainsi opposée à la psychologie « vraie ». Tout comme l'enthymème, syllogisme rhétorique développé au niveau du public à partir du probable et en vue de la persuasion, est opposé au syllogisme « vrai », ou démonstratif, sur lequel Aristote, père de la logique, fonde l'idéal scientifique par le biais de la déduction.

L'innovation du vraisemblable aristotélicien tient en ce qu'il est un art (techné) qui s'appuie pour la première fois sur un classement des états psychologiques, les passions. Aristote « ne les décrit pas scientifiquement, mais cherche les arguments que l'on peut utiliser en fonction des idées du public sur la passion.

---

265 R. BARTHES, « L'ancienne rhétorique », op. cit., p. 179.

266 Ibid.

Les passions sont expressément des prémisses, des lieux : la « psychologie » rhétorique d'Aristote est une description du vraisemblable passionnel »[267].

La rationalité rhétorique aristotélicienne divise les preuves psychologiques en deux grands groupes : l'ethos et le pathos. L'ethos, ce sont les attribut de l'orateur qui donnent sa crédibilité au discours. Le pathos, ce sont les affects de celui, ou de ceux qui écoutent, du moins tels qu'ils les imaginent, et dont dépend l'acceptabilité du discours.[268]

L'ethos est un acte d'institution dans le sens que lui donne Bourdieu. Le destinateur du discours signifie au destinataire son identité, ce qu'il veut être pour lui, « mais au sens à la fois où il la lui exprime et la lui impose à la face de tous »[269]. C'est un acte de communication, l'orateur y énonce une ou des informations tout en disant : je suis ceci, je ne suis pas cela.

Le pathos, ce sont les passions qu'Aristote prend volontairement dans leur banalité, dans ce qu'en dit tout le monde, c'est de l'intertextuel pur, de la citation. « Pour Aristote, l'opinion du public est le donné premier et ultime ; il n'y a chez lui aucune idée herméneutique (de décryptage) ; pour lui, les passions sont des morceaux de langage tout faits, que l'orateur doit simplement bien connaître ; d'où l'idée d'une grille des passions, non comme une collection d'essence mais comme un assemblage d'opinions. »[270]

En réhabilitant la parole laïque, Aristote la dote d'une structure, d'une technique qui prend pour ultime donnée l'avis du plus grand nombre. Au pouvoir que Platon voudrait exercé par les philosophes et que les rois exerçaient au nom du divin, il construit un politique pragmatique, démocratique, qui aspire à la meilleure gestion possible du réel.

---

267 Ibid., p. 211.

268 ARISTOTE, *Rhétorique*, Paris, Librairie Générale Française, 1991, pp. 8-9 et 32-36.

269 P. BOURDIEU, *Ce que parler veut dire*, Paris, Fayard, 1982, p. 126.

270 R. BARTHES, « L'ancienne rhétorique », op. cit., p. 212.

Après un bref passage à Rome, notamment avec Cicéron et Quintilien, où la marche vers la démocratie n'a jamais pu aboutir, la parole laïque comme source de pouvoir et de sens disparaît de l'Europe chrétienne où l'accès au monde est étroitement régi à la fois par les paroles divine et royale. Au neuvième siècle, dans l'Orient islamique abbasside, Aristote est traduit dans son intégralité ainsi que Platon.[271] En Occident, on dispose, au douzième siècle, de traductions intégrales d'Aristote, soit du grec, soit de l'arabe. Cette redécouverte du philosophe grec reste cependant très élitiste et s'accompagne, notamment avec Saint Thomas d'Aquin, d'une tentative d'intégration de la pensée aristotélicienne au dogme chrétien.

Avec l'invention de l'imprimerie par Gutenberg (vers 1440) et la traduction de la Bible en langage vulgaire par Luther (1521-1534), la parole divine devient directement accessible au peuple, sans intermédiaire obligé. Cela provoque une intériorisation de la pratique religieuse qui tend de ce fait à devenir une affaire privée. Mais il faut attendre les Lumières, puis la Révolution française, pour que la parole laïque fasse son apparition dans la « sphère publique » en même temps que le processus de sécularisation qui substitue la Raison aux principes métaphysiques antérieurs. Le vrai, le réel, n'est plus dicté par la parole divine ou royale mais par l'« entendement ». L'idéologie bourgeoise, dans le sens habermassien, se positionne en intermédiaire entre l'Etat et la société pour assumer la régulation du système social. Mais, très vite, l'accès à la sphère publique n'est plus l'apanage des seuls « représentants éclairés » et s'étend, avec la démocratisation, au peuple plébéien, ce qui pervertit l'exercice de la « publicité ». En effet, de par cette extension de la sphère publique à des non-initiés s'opère, comme nous l'avons déjà indiqué dans l'introduction de notre travail, un glissement

271 Commentateur d'Aristote et de Platon, le philosophe musulman Al-Farabi (870-950) introduisit les deux penseurs grecs dans la philosophie de l'islam. Il eut Avicenne pour disciple et élabora un système moniste d'inspiration platonicienne, unissant métaphysique et politique (*Opinions des habitants de la cité vertueuse*).

vers la sphère privée qui englobe le social dans son ensemble. Le journal de masse naît à ce moment : avec sa double vocation de producteur d'opinions et de pourvoyeur de sens, il met en forme le réel, prenant le relais de la parole divine et royale, et s'instaurant intermédiaire obligé entre l'homme moderne et le monde désacralisé. Plus encore, le journal de masse en particulier et les médias en général se positionnent comme les garants contre l'entropie naturelle de l'univers, notamment depuis le second conflit mondial. En effet, durant cette étape charnière, le secret fut le complice de la barbarie moderne et c'est au creuset de cette connivence que se nourrit le thème de la transparence, qui fondera désormais la politique d'expansion des médias modernes : « rien, nulle part, ne doit plus jamais rester secret »[272]. En corollaire à cet a priori se développera un autre principe fondateur du journalisme de masse moderne : toute la vérité, tout le vraisemblable, est là et il n'y a plus rien ailleurs.

---

272 Ph. BRETON, op. cit., p. 56.

VII. Le vraisemblable est la normalité de l'information

Dans cette entreprise de représentation, le journal recrée le réel, mais il s'agit dans cette opération de « sublimation des archétypes (inconscients) plutôt que des reproductions de la réalité »[273], et en même temps de la création d'un effet de réel, d'un vraisemblable convaincant pour le plus grand nombre. R. Barthes souligne à ce propos qu'« il y a une sorte d'accord obstiné entre Aristote (d'où est sortie la rhétorique) et la culture dite de masse, comme si l'aristotélisme, mort depuis la Renaissance comme philosophie et comme logique, mort comme esthétique depuis le romantisme, survivait à l'état dégradé, diffus, inarticulé, dans la pratique culturelle des sociétés occidentales - pratique fondée, à travers la démocratie, sur une idéologie du « plus grand nombre », de la norme majoritaire, de l'opinion courante »[274]. Le vraisemblable du journalisme de masse, c'est à la fois le communément acceptable et le simili-vrai : ce qui est à la manière du vrai.[275]

Le vraisemblable constitue ainsi la normalité de l'information. Deux hypothèses fondamentales structurent notre démarche à ce niveau de notre travail :

1. Cette normalité n'est pas le non marqué autour duquel on tourne par des procédés divers sans arriver à le structurer avec des « marques » distinctes. La normalité de l'information n'est pas réfractaire à toute rhétorique. Et n'a rien d'un effet de réel aseptisé, lissé, dans une uniformité bienséante.

2. Ce nouveau vraisemblable du journalisme de masse est différent de l'ancien, même s'il emprunte un cheminement analogue. La différence n'est pas dans la procédure, mais réside dans le fondement : le vraisemblable moderne prétend à une

---

273 G. BACHELARD, *La terre et les rêveries de la volonté*, Paris, Librairie José Corti, 1948, p. 4.

274 R. BARTHES, « L'ancienne rhétorique », op. cit., p. 223.

275 J. GRITTI, « Les médias accréditent la morale ambiante », op. cit., p. 88.

« plénitude référentielle »[276] qui fait reculer infiniment son objet originel, le réel, et remet en cause « l'esthétique séculaire de la représentation »[277].

Pour valider ces hypothèses, nous avons analysé un corpus recouvrant une semaine d'événements « ordinaires ». Cette troisième période-événement étudiée est choisie au hasard entre le 22 et le 29 mars 1990. Le corpus regroupe le même échantillonnage exhaustif que celui analysé dans la première partie de ce travail. A savoir trois quotidiens nationaux, *Le Figaro*, *Libération* et *Le Monde* ; trois quotidiens régionaux, *Le Parisien*, *Ouest-France* et *La Voix du Nord* ; deux news, *L'Express* et *Le Nouvel Observateur* et un magazine illustré, *Paris-Match.* Ce qui nous donne 24 numéros en tout, avec 3 numéros consécutifs de chaque quotidien, sélectionnés à deux ou trois jours d'intervalle, et deux numéros consécutifs de chaque magazine.

VII.1. Le champ événementiel est une constante

Une analyse morphologique de ce corpus se solde par l'émergence des mêmes champs événementiels dégagés dans la première partie de cette étude, comme on peut le constater en examinant les tableaux n° 25, 26 et 27.

	Le Figaro			Libération			Le Monde		
	22.03.90	24.03.90	28.03.90	22.03.90	24.03.90	28.03.90	23.03.90	25.03.90	29.03.90
Publicité et petites annonces	31,6%	14,7%	29,3%	25,7%	8,7%	12,4%	27,7%	4,0%	28,6%
Programmes et carnet	7,0%	12,5%	7,4%	4,1%	7,5%	5,4%	4,4%	7,9%	12,3%
Météo et jeux	1,5%	2,0%	1,5%	0,7%	0,7%	0,7%	1,5%	2,5%	1,2%
Informations internationales	5,2%	5,5%	6,3%	10,8%	30,1%	20,8%	12,7%	16,8%	10,9%
Politique	5,3%	5,5%	3,2%	9,5%	8,0%	10,8%	5,4%	9,9%	4,9%
Catastrophes et faits divers	1,7%	0,7%	2,1%	3,1%	4,5%	3,6%	0,5%	3,1%	1,3%
Terrorisme	0,0%	0,0%	0,0%	0,0%	0,0%	0,0%	0,0%	0,3%	0,0%
Economie et bourse	24,3%	26,1%	24,1%	7,8%	12,0%	16,8%	17,6%	42,5%	10,9%
Culture et loisirs	9,8%	14,4%	9,6%	34,1%	14,6%	20,9%	23,8%	5,9%	16,2%
Science, médecine et industrie	5,4%	2,5%	2,7%	1,8%	3,3%	0,0%	0,7%	0,0%	0,4%
Sport et courses	3,7%	12,7%	2,3%	1,9%	6,3%	4,1%	1,0%	0,6%	0,7%
Religion	0,5%	0,6%	0,0%	0,2%	0,0%	0,0%	0,0%	0,0%	0,4%
Actualité sociale	0,5%	1,4%	7,3%	0,3%	3,3%	4,6%	3,6%	3,0%	5,7%
Enseignement	1,5%	1,3%	2,6%	0,0%	0,0%	0,0%	0,3%	0,0%	6,3%
Autre	2,0%	0,0%	1,5%	0,0%	0,9%	0,0%	0,8%	3,6%	0,1%

Tableau n° 23

276 R. BARTHES, « L'effet de réel », in *Communications* n° 11, 1968, pp. 84-89, p. 89.

277 Ibid.

Les quotidiens nationaux dessinent autour d'eux le même champ événementiel en temps normal et en temps révolutionnaire. On retrouve les mêmes rubriques rendez-vous créées en fonction de populations segments, les mêmes passerelles lancées d'un jour à l'autre aux lecteurs afin d'obtenir le maximum de diffusion pour un effet de masse. Ainsi la rubrique économie chute de 42,5% le 26.3.90, jour de la sortie du supplément « Initiatives » du *Monde*, à 10,9% le 29.3.90. La rubrique sport augmente de 3,7% dans *Le Figaro* du 22.3.90 à 12,7% le 24.3.90. Et la culture, qui envahit jusqu'à 34,1% de *Libération* du 22.3.90, retombe à 14,6% deux jours plus tard.

Le même découpage temporel et numérique est maintenu tant dans la période-événement que dans la période normale. Et la hiérarchisation des événements-informations, basée sur le groupal, l'individuel et le symbolique, est omniprésente dans les deux cas : à travers les informations internationales, fortement présentes dans *Libération* du 24.3.90 (30,1%) et dans *Le Monde* du 25.3.90 (16,8%) ; le politique qui occupe jusqu'à 10,8% de *Libération* du 28.3.90, 9,9% du *Monde* du 25.3.90 et 5,5% seulement du *Figaro* du 24.3.90 car il s'agissait de couvrir le congrès du parti socialiste à Rennes. Toutefois, il est bien entendu que la double révolution allemande et roumaine confère à cette hiérarchisation une charge supplémentaire d'intensité.

La normalité de l'information ne modifie pas le champ événementiel des quotidiens régionaux. Que les temps soient révolutionnaires ou non, le quotidien régional fabrique de nouvelles unités de socialisation et d'identification symboliques pour un néoarchaïsme couleurs locales, tout en poursuivant simultanément la sécularisation des provinces et leur intégration aux temps modernes étatiques.

C'est pourquoi, dans un cas comme dans l'autre, on retrouve les mêmes rubriques greffées sur les temps forts de la vie du territoire : les loisirs et la culture, 13,8%, 11% et 20% respectivement dans *Le Parisien*, *Ouest-France* et *La Voix du Nord* datés du 28.3.90 ; le sport et les courses, 18,4% du

Parisien du 24.3.90, 10% dans *Ouest-France* du 28.3.90 et 11,9% dans *La Voix du Nord* du 22.3.90 ; et l'économie qui occupe jusqu'à 32,7% de l'espace « information » d'*Ouest-France*, avec la sortie du supplément « emploi ». Les informations internationales retrouvent leur place normale : de 1,8% à 3% dans *La Voix du Nord*, de 1,3% à 3% dans *Ouest-France* et de 2,6% à 3,6% dans *Le Parisien*. Autant de dimensions raisonnables pour implanter l'information régionale dans l'univers habité qui sert de champ global d'observation aux quotidiens nationaux et régionaux.

	Le Parisien			Ouest-France			La Voix du Nord		
	22.03.90	24.03.90	28.03.90	22.03.90	24.03.90	28.03.90	22.03.90	25.03.90	28.03.90
Publicité et petites annonces	23,3%	19,0%	34,3%	14,5%	42,3%	33,2%	23,4%	60,4%	16,6%
Programmes et carnet	7,5%	19,1%	7,1%	9,3%	12,8%	11,2%	12,9%	9,3%	9,3%
Météo et jeux	5,2%	4,6%	4,1%	1,9%	0,7%	1,2%	1,7%	1,7%	3,3%
Informations internationales	2,6%	2,7%	3,6%	1,3%	2,8%	3,0%	2,9%	1,8%	3,0%
Politique	3,3%	2,5%	1,6%	2,3%	1,3%	2,9%	6,7%	0,5%	6,2%
Catastrophes et faits divers	8,0%	4,2%	9,0%	2,3%	2,2%	2,6%	5,6%	1,8%	4,3%
Terrorisme	0,0%	0,1%	0,0%	0,0%	0,0%	0,0%	0,0%	0,0%	0,0%
Economie et bourse	6,5%	3,1%	2,1%	32,7%	13,6%	9,8%	0,9%	1,1%	5,8%
Culture et loisirs	11,5%	12,4%	13,8%	7,5%	7,3%	11,0%	13,8%	12,1%	20,9%
Science, médecine et industrie	0,0%	0,0%	0,4%	0,7%	0,0%	0,6%	5,7%	0,0%	1,8%
Sport et courses	16,5%	18,4%	7,5%	9,1%	9,5%	10,0%	11,9%	7,1%	10,5%
Religion	1,3%	0,0%	0,0%	1,2%	0,4%	0,8%	0,5%	0,0%	0,0%
Actualité sociale	11,3%	10,6%	14,3%	11,8%	4,9%	9,4%	6,1%	2,7%	6,9%
Enseignement	0,0%	0,0%	0,4%	4,3%	1,0%	3,2%	3,4%	0,3%	6,3%
Autre	3,0%	3,4%	1,9%	1,0%	1,1%	1,2%	4,6%	1,1%	5,0%

Tableau n° 24

De même, les magazines illustrés d'information générale ne modifient pas leur champ événementiel. Leur approche de l'actualité reste thématique. Avec plusieurs thèmes s'alimentant aux flux des informations internationales : 11,8% et 12,4% dans *L'Express* du 23.3.90 et du 30.3.90 et 8,7% à 8,6% dans *Paris-Match* du 22.3.90 et 29.3.90 ; de la politique : 8,8% du *Nouvel Observateur* daté du 22.3.90 et 9,1% dans *L'Express* du 23.3.90 ; des loisirs et de la culture : 16,6%, 21,1%, 14,1% et 13,5% respectivement dans *Le Nouvel Observateur* et *Paris-Match* datés du 22 et 29.3.90, et 15,4% et 18% de *L'Express* daté du 23 et 30.3.90 ; et les célébrités enfin pour *Paris-Match :* 17,1% et 25,6% des numéros datés du 22 et 29.3.90.

	L'Express		Le Nouvel Obs.		Paris-Match	
	22.03.90	30.03.90	22.03.90	29.03.90	22.03.90	29.03.90
Publicité et petites annonces	46,6%	40,2%	54,9%	50,7%	34,1%	30,8%
Programmes et carnet	1,9%	2,1%	4,1%	5,6%	2,3%	2,1%
Météo et jeux	0,6%	0,6%	0,7%	2,0%	1,7%	2,1%
Informations internationales	11,8%	12,4%	3,4%	8,8%	8,7%	8,6%
Politique	9,1%	5,5%	8,8%	5,0%	0,9%	4,2%
Catastrophes et faits divers	0,6%	1,8%	2,0%	0,5%	4,8%	8,3%
Terrorisme	0,0%	0,0%	0,0%	0,0%	0,0%	0,0%
Economie et bourse	8,3%	8,8%	5,6%	4,7%	6,0%	0,7%
Culture et loisirs	15,4%	18,0%	16,6%	21,1%	14,1%	13,5%
Science, médecine et industrie	2,9%	9,7%	0,0%	0,0%	4,0%	1,7%
Sport et courses	1,8%	0,6%	1,0%	1,1%	0,0%	0,0%
Religion	0,0%	0,0%	0,0%	0,0%	4,9%	0,0%
Actualité sociale	0,0%	0,3%	2,9%	0,5%	1,3%	1,8%
Enseignement	0,0%	0,0%	0,0%	0,0%	0,0%	0,0%
Célébrités	0,0%	0,0%	0,0%	0,0%	17,1%	25,6%
Autre	1,1%	0,0%	0,0%	0,0%	0,0%	0,7%

Tableau n° 25

Certains newsmagazines affichent désormais ce champ événementiel multi-thématique sur leur couverture. C'est ainsi que *L'Evénement du jeudi* propose régulièrement des « Une » s'articulant autour de trois ou quatre thèmes. L'objectif étant de compenser, vis-à-vis du lecteur, la distance qui sépare les magazines illustrés d'information générale de l'information-flux.

Le champ événementiel des genres du journalisme de masse s'avère donc, aux résultats de cette analyse morphologique, non tributaire des temps forts ou faibles de l'information-flux. Il constitue en fait, pour chaque genre, un pilier de base dont la modification ne peut provenir que de mutations sociales profondes des destinataires ciblés et qui se répercutent sur le support. L'illustration type en est le passage du journal d'opinion au journal de masse avec l'alphabétisation d'une grande partie de la population et l'introduction des lois du marché et du capital à l'entreprise de presse.

Quant au journal de masse, l'introduction de changement à son champ événementiel ne peut que s'accompagner d'un repositionnement du support. Car à chaque positionnement correspond un contrat de lecture et un champ événementiel, les trois étant étroitement interdépendants.

VII.2. La normalité de l'information est événementielle et sensationnelle

Après l'analyse morphologique, nous avons soumis ce corpus ordinaire à la même démarche analytique appliquée dans la première et la deuxième partie de ce travail. A savoir un inventaire systématique de tous les titres et leur classement, suite à une analyse sémiologique, dans les catégories de l'événementiel et du sensationnel. On constate à l'examen des résultats que la normalité de l'information est événementielle et sensationnelle.

Même dans les temps « ordinaires », les journaux de masse appliquent cette double catégorisation. Un même titre peut relever à la fois de l'événementiel et du sensationnel. Ainsi, « Le PS range ses couteaux » (*Libération*, 22.3.90, p. 1) est un titre où l'on retrouve la métaphore symbolique de l'événementiel et la violence simulacre du sensationnel. Ceci, quel que soit le journal de masse en question, comme le montrent les exemples qui suivent.

- « Yougoslavie : représailles » (*Libération*, 28.3.90, p. 23) réunit l'extension spatiale et l'intensité exceptionnelle de l'événementiel et la guerre et ses substituts de la violence sensationnelle.
- « 71 journalistes tués en 1989 » (*Le Figaro*, 24.3.90, p. 26) présente une double catégorisation par extension, numérique et temporelle, ainsi que la réalité effective de la mort sensationnelle.
- « URSS : révélations sur le massacre de Katyn » (*Le Monde*, 23.3.90, p. 2) relève du spatial de l'extension et de l'exceptionnel de l'intensité, toutes deux événementielles, ainsi que de la mort violente du sensationnel.
- « Le prof amoureux avait tué l'un de ses élèves » (*Le Parisien*, 28.3.90, p. 19) présente une catégorisation par intensité, avec l'individuel et l'exceptionnel, ainsi que la mort violente sensationnelle.

- « L'auteur du dernier hold-up de Rennes sous les verrous » (*Ouest-France*, 22.3.90, p. 10) est un titre où l'on trouve le spatial de l'extension et l'exceptionnel de l'intensité événementielle ainsi que la rupture sensationnelle.
- « Lille : une victoire faite pour rassurer » (*La Voix du Nord*, 22.3.90, p. 62) réunit le spatial de l'extension, l'exceptionnel de l'intensité événementielle et la rupture du sensationnel.
- « Trump / Cette scandaleuse menace l'empire » (*Paris-Match*, 22.3.90, p. 62) conjugue l'exception de l'intensité événementielle à la violence simulacre du sensationnel.
- « Le long sanglot des harkis » (*Le Nouvel Observateur*, 22.3.90, p. 62) relève, à la fois, du groupal de l'intensité et de la métaphore du symbolique événementiel, ainsi que de la rupture du sensationnel.
- « Transylvanie : les démons des Carpates » (*L'Express*, 30.3.90, p. 56) est un titre où l'on retrouve le spatial de l'extension, l'exceptionnel de l'intensité et la métaphore du symbolique événementiel en même temps que la rupture du sensationnel.

Bien entendu, si notre travail d'analyse fait ressortir une fusion pratiquement totale entre l'informatif et l'événementiel, celle-ci n'a pas la même ampleur lorsqu'il s'agit de l'informatif et du sensationnel. Certes, cette dernière fusion est parfois moins totale que la première, mais sa réalité est toujours fortement présente : si c'est sa valeur événementielle qui conditionne l'admission d'une information-unité-de-base dans un journal de masse, il reste toutefois que c'est le coefficient sensationnel de cette information qui lui donne sa « news value » ou sa valeur ajoutée. La normalité du journalisme de masse est structurée par cette double catégorisation. Elle est donc « marquée » à la fois par les catégories de l'événementiel et du sensationnel ainsi que par la dominance et la culminance qui construisent l'événementiel propre à chaque journal de masse, celui qui incarne son épistémologie primaire. La normalité de l'information n'est pas un banal fait d'absence d'événementiel et de sensationnel, bref d'événement. La normalité du journalisme de masse, c'est l'actualité, faite tous les jours de bruit et de fureur. L'actualité qui « n'a d'autre légitimité que son évidence qui n'est ni l'objectivité ni la vérité »[278] : l'admission, au seuil du journal, d'une information-unité-de-base et sa restitution à la consommation comme information est tributaire de son taux de change à la bourse événementielle et sensationnelle du journal et du genre auquel il appartient.

Chaque jour, pour les quotidiens de masse, chaque semaine pour les news, apportent leur moisson d'événements. Bien entendu, ceux-ci peuvent être plus ou moins événementiels, plus ou moins sensationnels, mais ils ne sont jamais non marqués puisque le journal leur applique le même traitement réservé à l'événement dans sa plénitude, la révolution, et au sensationnel par excellence, le terrorisme. L'analyse sémiologique de l'annonce, au sens proclamatoire, d'un événement en période ordinaire confirme d'ailleurs ces conclusions.

VII.3. L'annonce de l'événement : l'émotion toujours privilégiée

La démarche méthodologique adoptée dans cette analyse est la même déjà appliquée dans ce travail pour étudier l'annonce proclamatoire de la chute du Mur de Berlin et de Nicolae Ceausescu ainsi que des attentats terroristes à Paris. L'événement en question est celui plébiscité en tant que tel par la majorité des supports étudiés. Il s'agit en l'occurrence du congrès de Rennes du Parti Socialiste qui occupe la première place à la « Une » du *Figaro*, de *Libération*, de *La Voix du Nord*, du *Nouvel Observateur* et d'*Ouest-France* et la deuxième place à la « Une » du *Monde*. Soit six titres sur les neuf composant le corpus.

Le trait caractéristique essentiel de cet « événement ordinaire », dans la proclamation qu'en font les journaux étudiés,

---

278 M. MOUILLAUD et J.F. TETU, op. cit., p. 25.

réside dans une surcharge émotionnelle. En effet, c'est l'affect qui constitue le pôle le plus chargé, tant pour les quotidiens nationaux et régionaux que pour les magazines illustrés d'information générale.

Que ce soit *Le Figaro*, *Le Monde* ou *Libération*, pour les trois quotidiens nationaux, le politique continue d'incarncr le creuset où ils vont puiser le liant qui leur permet d'atteindre et d'émouvoir le plus grand nombre. D'autant que le politique a réintégré le secret, malgré ou en raison du grand étalage qu'en fait la presse de masse. Etalage qui se contente de renvoyer le spectacle où s'est replié le politique : à l'Etat spectacle correspond une information spéculaire[279]. D'où l'importance accordée à l'affect : 52% dans *Le Figaro*, 56,7% dans *Le Monde* et 60% dans *Libération*.

La richesse de l'affect traduit l'importance accordée à l'émotion dans le discours imprimé des journaux de masse. En fait, il s'agit surtout d'affect négatif (*Le Figaro* : 34%, *Le Monde* : 40%, *Libération* : 46%) : le bonheur ne fait pas vivre les quotidiens nationaux dont les valeurs sûres sont la rupture, le conflit, la violence et la mort. Et si le pôle raison(*Le Figaro* : 28%, *Le Monde* : 36,7%, *Libération* : 28%) , qui engrange le plus d'items après l'affect, est essentiellement positif (*Le Figaro* : 22%, *Le Monde* : 33,3%, *Libération* : 20%) , la catégorie sensible corporel(*Le Figaro* : 16%, *Le Monde* : 6,7%, *Libération* : 10%) , utilisée pour créer un effet de réel, pour faire vrai, est, elle, à forte dominance négative(*Le Figaro* : 14%, *Le Monde* : 6,7%, *Libération* : 8%) . Le tout pour un effet de contrastes où les termes rationnels appréciateurs sont dominés, en nombre et en effet, par les termes dépréciateurs de l'affect et du sensible corporel.

Les quotidiens régionaux adoptent la même démarche que les quotidiens nationaux : l'affect est la catégorie la plus fournie (*Le Parisien* : 47,4%, *Ouest-France :* 63,6%, *La Voix du Nord* :

---

279 Ibid., p. 187.

63,9%), c'est le pôle le plus lourd. Il est suivi par la catégorie raison (*Le Parisien* : 36,8%, *Ouest-France :* 21,2%, *La Voix du Nord* : 22,2%), puis, en troisième position, par le sensible corporel (*Le Parisien* : 15,8%, *Ouest-France :* 9,1%, *La Voix du Nord* : 13,9%). Le pôle sublime arrive en dernier, désert dans *Le Parisien* et *La Voix du Nord*, et peu fourni dans *Ouest-France (6,1%)*.

Le Parisien, déjà proche des quotidiens nationaux en temps événementiel, le reste en temps ordinaire. Il demeure ainsi fidèle à son épistémologie primaire, à dominance factuelle jusqu'à l'élémentaire et qui trouve sa culminance dans le fait divers. Si, pour ce grand quotidien populaire, le sublime dont relèvent les grandes convulsions du monde et de l'histoire a désormais déserté le politique, ce dernier n'en reste pas moins un creuset d'émotion grâce à une spectacularisation cristallisée sur quelques personnages et des « vérités » élémentaires. D'où l'explication de la dominance négative également dans le pôle raison (21,1%) qui vient en deuxième position après l'affect : quand émouvoir est aussi étroitement lié à expliquer, les deux procédures se doivent d'avoir une même dominance, négative ou positive.

Si l'affect domine l'annonce proclamatoire du congrès de Rennes du PS par *Ouest-France* et *La Voix du Nord*, c'est parce que le politique constitue un des domaines de la culminance de l'événementiel propre aux deux quotidiens régionaux. En effet, c'est le lieu où s'exerce par excellence l'intrication et l'équilibre entre l'institutionnel et le personnel, le PS étant le parti au pouvoir dont relèvent de nombreuses personnalités régionales. Fidèles à leur épistémologie primaire dans leur traitement de cet « événement ordinaire », les deux quotidiens régionaux remplissent également, ce faisant, leur vocation de médias de masse : ils dégagent du conflit inhérent au politique le coefficient de dramatisation sensationnel qui confère à l'information sa valeur ajoutée.

Enfin les deux newsmagazines et le magazine illustré effectuent également une annonce proclamatoire de l'événement essentiellement basée sur l'affect : 61,7% dans *L'Express*, 50,4% dans *Le Nouvel Observateur* et 73,2% dans *Paris-Match*.

En fait, les deux news et *Paris-Match* ont suivi ici la même démarche déjà adoptée tant dans l'annonce de la chute du Mur de Berlin que dans celle de Nicolae Ceausescu ou les attentats terroristes à Paris (pour *Paris-Match*). Malgré le recul que leur confère leur statut d'hebdomadaire, c'est dans l'émotion qu'ils investissent massivement. Bien sûr, il faut expliquer l'événement ou plutôt le décortiquer pour épuiser jusqu'à ses infimes ressources, précisément pour *L'Express* et *Le Nouvel Observateur* qui partagent la même culminance, un « harceling » sur un thème événementiel donné. C'est d'ailleurs pour cela que la catégorie raison constitue le second pôle du paysage qualifiquatif des deux supports (*L'Express :* 16,7%, *Le Nouvel Observateur :* 21,9%). En fait, pour *Le Nouvel Observateur*, la raison et le sensible corporel (21,2%) regroupent presque le même nombre d'items, occupant ainsi la même importance dans l'annonce proclamatoire de l'événement. Ceci du fait de la dominance culturelle du *Nouvel Observateur* qui se soucie de faire vrai autant que d'expliquer, ainsi que du positionnement idéologique du support.

Alors que pour *Paris-Match*, la raison vient en troisième position (12,2%), avant un pôle sublime désert et après la catégorie sensible corporel (14,6%) : le magazine illustré exploite le conflit immanent au politique et le spectacularise.

En conclusion, les titres étudiés procèdent de la même façon pour annoncer un événement extraordinaire ou ordinaire. L'un ou l'autre de ces événements est soumis aux contraintes caractéristiques dues à l'événementiel propre à chaque journal et au sensationnel inhérent à son contrat de lecture. Ce sont ces deux éléments qui constituent le vraisemblable créé par chaque journal de masse. C'est ce vraisemblable qui constitue en fait la normalité du journalisme de masse et de chaque journal de masse. L'analyse du fonds iconique utilisé dans le discours imprimé sur le congrès de Rennes du PS vient d'ailleurs confirmer ces conclusions.

VII.4. Le message iconique : pauvreté tautologique

Le journal de masse a moins de choses à donner à voir dans les temps ordinaires que dans les temps événementiel ou sensationnel. Ceci qu'il s'agisse de quotidiens, tant nationaux que régionaux, ou de newsmagazines.

Les deux quotidiens nationaux consacrent à la photo un espace inférieur ou égal à celui déjà observé dans les numéros ordinaires précédant ou suivant la chute du Mur de Berlin et celle de Nicolae Ceausescu.

Photos	Le Figaro			Libération		
	22.03.90	24.03.90	28.03.90	22.03.90	24.03.90	28.03.90
Informations internationales	11,6%	13,6%	9,1%	16,1%	24,2%	16,2%
Politique	8,2%	8,6%	14,4%	19,2%	18,9%	8,7%
Catastrophes et faits divers	0,0%	0,0%	0,0%	6,3%	5,2%	26,3%
Economie et bourse	2,3%	3,1%	4,0%	12,3%	13,3%	13,6%
Culture et loisirs	17,0%	27,3%	17,8%	3,7%	31,1%	24,2%
Science, médecine et industrie	7,7%	28,2%	23,1%	30,4%	8,4%	0,0%
Sport et courses	16,3%	11,2%	10,0%	22,7%	15,4%	27,2%
Religion	0,0%	0,0%	0,0%	0,0%	0,0%	0,0%
Actualité sociale	0,0%	0,0%	2,2%	0,0%	36,0%	24,4%
Enseignement	0,0%	0,0%	10,3%	0,0%	0,0%	0,0%
Rapport Photo / Info	10,8%	11,5%	8,5%	10,0%	21,2%	18,2%

Tableau n° 26

Une des raisons d'être de la photographie de presse est de témoigner, grâce à son fonctionnement analogique, que l'extraordinaire, l'insolite est là. « Car il y a dans toute photographie l'évidence toujours stupéfiante du : cela s'est passé ainsi : nous possédons alors, miracle précieux, une réalité dont nous sommes à l'abri. »[280] La photo de presse constitue ainsi la caution, le fondement du crédit du « dire vrai » et de « l'effet de réel » auxquels postule la presse de masse, c'est un pilier essentiel du « faire croire » du journal. Grâce à son pouvoir d'authentification, le spectacle du monde produit par le journal n'en semble que plus vrai, notamment depuis la généralisation de la quadrichromie. Toutefois, le lecteur peut consommer impunément même les photos extraordinaires de mort, de

280 R. BARTHES, « Rhétorique de l'image », in *Communications* n° 4, 1964, pp. 40-52.

violence, de conflit ou de rupture de la normalité : grâce au rapport esthétique, le journal, qui se veut l'écran où se projette le spectacle du monde, se fait en même temps écran entre le monde et le lecteur.

Toutefois, c'est la photographie des grands événements qui fait la grande photographie des grands quotidiens. D'où la pénurie iconique relative dans les temps ordinaires des quotidiens nationaux. D'autant que ce qu'ils ont sélectionné comme événement en cette période relève du politique, domaine où l'événement réintègre le caché et est représenté par son ou ses acteurs. Ainsi, même si le politique demeure un creuset où la presse quotidienne régionale trouve sa culminance, le rapport photo/info dans les numéros du *Parisien*, d'*Ouest-France* et de *La Voix du Nord* est nettement inférieur à celui observé lors des mutations berlinoise et roumaine.

Photos	Le Parisien			Ouest-France			La Voix du Nord		
	22.03.90	24.03.90	28.03.90	22.03.90	24.03.90	28.03.90	22.03.90	25.03.90	28.03.90
Informations internationales	23,2%	16,6%	11,3%	18,5%	12,9%	23,7%	6,7%	12,6%	4,2%
Politique	0,0%	13,5%	11,6%	6,1%	10,3%	14,3%	9,1%	0,0%	7,1%
Catastrophes et faits divers	11,8%	0,0%	18,3%	4,3%	11,3%	6,8%	0,0%	24,9%	8,2%
Economie et bourse	7,4%	0,0%	0,0%	3,7%	9,0%	6,1%	7,0%	0,0%	0,0%
Culture et loisirs	22,0%	24,8%	27,0%	25,5%	37,4%	21,6%	23,6%	20,5%	27,5%
Science, médecine et industrie	0,0%	0,0%	0,0%	11,9%	0,0%	32,9%	15,4%	0,0%	78,0%
Sport et courses	15,0%	19,0%	14,6%	5,8%	6,0%	13,8%	7,5%	11,5%	1,7%
Religion	0,0%	0,0%	0,0%	18,3%	0,0%	0,0%	0,0%	0,0%	0,0%
Actualité sociale	20,0%	16,4%	13,0%	16,6%	25,6%	17,0%	30,4%	32,3%	14,5%
Enseignement	0,0%	0,0%	0,0%	30,9%	17,7%	19,3%	45,0%	42,8%	23,8%
Rapport Photo / Info	15,5%	16,1%	16,5%	10,8%	15,5%	13,7%	18,2%	17,6%	11,6%

Tableau n° 27

Cette pauvreté iconique relative s'explique par le fait que la photo de presse, quand il s'agit d'événements extraordinaires, aspire à représenter des actions, ce qui lui donne la priorité par rapport au texte. Alors que généralement, dans la presse de masse, l'iconique représente beaucoup plus des situations, des états, que des actions. C'est dans le texte que l'on retrouve normalement le récit de l'action, l'illustration se contentant de reproduire les acteurs selon un codage précis. D'où le risque de tomber souvent dans les clichés et les lieux communs.

Cette règle iconique s'applique également aux newsmagazines, plus largement toutefois dans *Le Nouvel Observateur* que dans

L'Express, précisément dans les deux numéros étudiés, car celui-ci publie des enquêtes thématiques très illustrées.

Photos	L'Express		Le Nouvel Obs.		Paris-Match	
	22.03.90	30.03.90	22.03.90	29.03.90	22.03.90	29.03.90
Informations internationales	35,0%	32,2%	20,5%	24,2%	55,0%	71,1%
Politique	19,5%	22,8%	14,1%	12,6%	32,3%	43,9%
Catastrophes et faits divers	12,0%	49,0%	27,0%	10,7%	56,7%	40,5%
Economie et bourse	24,7%	21,9%	15,6%	13,0%	48,7%	14,3%
Culture et loisirs	17,0%	30,2%	28,4%	29,7%	63,7%	46,9%
Science, médecine et industrie	35,8%	33,0%	0,0%	0,0%	51,0%	17,4%
Sport et courses	50,7%	8,0%	18,7%	12,1%	0,0%	0,0%
Religion	0,0%	0,0%	0,0%	0,0%	18,2%	0,0%
Actualité sociale	0,0%	20,0%	20,4%	0,0%	10,9%	7,7%
Enseignement	0,0%	0,0%	0,0%	0,0%	0,0%	0,0%
Célébrités	0,0%	0,0%	0,0%	0,0%	71,0%	71,8%
Rapport Photo / Info	25,3%	29,5%	22,0%	23,6%	78,1%	56,2%

Tableau n° 28

Pour *Paris-Match*, l'iconique constitue un élément de base de la donne rédactionnelle. De ce fait, il n'est que très relativement tributaire des fluctuations de l'actualité.

Mais que donne-t-on à voir du congrès du Parti Socialiste ?

La principale caractéristique du fonds iconique reproduit par les différents supports étudiés consiste en une pauvreté tautologique des images dont les légendes constituent le mode d'emploi.

Quotidiens nationaux et régionaux et magazines illustrés publient des portraits de Pierre Mauroy, alors premier secrétaire du Parti Socialiste, de Marcel Debarge, promu à l'époque numéro deux du même parti. *Libération* ajoute à ces deux photos celles de Jean-Claude Petitdemange, nouveau secrétaire national aux élections, et de Gérard Lindeperg, nouveau secrétaire national chargé de la formation (p. 6). Il s'agit, dans tous les titres, de photos tautologiques identificatrices, même lorsqu'on y constate une recherche de dramatisation, comme c'est le cas avec la photo de Pierre Mauroy, saisi en gros plan, de profil, sur un fond noir aveugle (*Libération*, pp. 4-5). C'est d'ailleurs la seule « photo d'identité » où persiste une certaine recherche du détail : les lunettes, les rides accusées et le gros plan qui traduit une focalisation sur le personnage photographié. Gros plan que la presse abandonne pour le plan d'ensemble dès que la personnalité en question revient régulièrement dans le journal.

Libération se distingue des autres supports étudiés par la publication (p. 3) d'une image de la tribune du congrès où l'on voit Pierre Mauroy en discussion avec Lionel Jospin, l'artisan déclaré de son élection alors à la tête du PS. Tous les deux sont pris au second plan, ce qui souligne le caractère discret - secret ? - de leur échange, alors que le premier plan est occupé par des personnages qui ne font pas partie des figures de proue du Parti.

L'Express joue, lui aussi, sur une dramaturgie de l'image certaine (p. 53) : plan d'ensemble, contre-plongée, dominance du noir et gommage des traits des « éléphants ». L'événement, ce n'est pas ces derniers, pris chacun de son côté, c'est ailleurs qu'il faut le chercher, dans ce clair-obscur de conspiration mis en relief par la photo.

Paris-Match se contente d'interviewer Jean Poperen « sur le match Mauroy-Jospin contre Fabius » et publie, en illustration, une photo du ministre des Relations avec le Parlement prenant le petit-déjeuner avec son épouse (p. 90). Le politique rejoint ainsi l'Olympe construit par le magazine illustré, où cohabitent pêle-mêle les stars du show-biz, du sport, de l'argent et du pouvoir.

Les autres supports, *Le Parisien*, *Ouest-France et Le Nouvel Observateur*, construisent, grâce à la caricature, une autre dramaturgie de l'événement. Le dessin est ici utilisé pour briser le secret dans lequel s'est retiré le politique et sortir la représentation de celui-ci des clichés et lieux communs. Ce dessin caricatural se réapproprie ainsi les caractéristiques de la gravure dans la grande presse du siècle dernier et du début de celui-ci. Il possède en effet sur la photographie l'avantage d'illustrer, autrement bien entendu, une action et non un état, une situation. Tel est l'objectif de la caricature publiée par *Ouest-France* (p. 3) et qui montre François Mitterrand, impatient, imposant une synthèse à ses lieutenants, visiblement très peu enthousiastes. *Le Parisien* met en scène (p. 4) les éléphants du PS se bousculant sur un tabouret, dans un équilibre précaire. Et *Le Nouvel Observateur* représente (p. 67) un François Mitterrand catastrophé devant les excès d'enfants frondeurs de Laurent Fabius, Pierre Mauroy et Lionel Jospin.

Chacun de ces supports demeure ce faisant fidèle à son événementiel de journal de masse et à son épistémologie primaire, en fonction desquels il tisse sa normalité. Celle-ci est un vraisemblable construit selon des critères de sélection et de catégorisation événementiels et sensationnels auxquels chaque journal ajoute sa propre mise en rubriques. Grâce aux rubriques préconstruites pour s'adapter à ces multiples contraintes, le journal de masse tient prêt en permanence le moule, le gaufrier qu'il applique sur chaque information.

VIII. Les rubriques : la grille du sens

Le journal de masse est un lieu de production de sens... et non de réel. Même si son « faire savoir » est en fait un « faire croire » qui postule d'emblée au statut de « réel » alors qu'il n'en est qu'une mimésis. Cette mimésis obéit à des règles bien précises : le journal de masse ne mime pas n'importe quoi, mais un vraisemblable défini par ses multiples critères de sélection. A ce vraisemblable, les rubriques instaurées par le titre contribuent à donner l'aspect final, la dernière touche nécessaire à la cohérence de cet ensemble qui reproduit la symbolique d'une société tout en exerçant simultanément une fonction cathartique au sein de cette même société. « Le vraisemblable n'a qu'une seule caractéristique : il veut dire, il est un sens. »[281]

Dans ce processus de mise en forme - d'information -, la mise en rubriques assure un rôle capital. Elle constitue en fait la partie émergeante de l'iceberg de l'action d'informer. En effet, les rubriques du journal incarnent sa rhétorique, avec laquelle il tisse son effet de réel, son vraisemblable, et la grille qui permet d'élaborer la charpente du sens qu'il produit.

Il semble évident de considérer la mise en rubriques comme un simple moyen employé par le journal pour faire face à l'augmentation de sa surface rédactionnelle et à la prolifération des informations. Mais le rubriquage de l'information n'est pas le seul fait d'un classement rationnel établi suite à une convention professionnelle pour une plus grande commodité de présentation et un plus grand confort de lecture. « Cette division et ses avatars ne sont pas principalement le fait des organes d'information : ceux-ci reflètent à travers leurs systèmes de rubriques le mouvement social et ses contradictions d'une part, les sensibilités nouvelles des diverses couches de lecteurs d'autre part. »[282]

Les premiers classements des informations effectués par *la Gazette* tenaient essentiellement compte de l'éloignement spatial et temporel de leur origine. Les rubriques en tant que telles

---

281 J. KRISTEVA, « La productivité dite texte », in *Communications* n° 11, 1968, p. 61.

282 Y. DE LA HAYE, op. cit., p. 64.

apparaissent avec *la Gazette Nationale ou le Moniteur Universel.* Paru pour la première fois le 24 novembre 1789 sur 4 pages in folio, ce journal comportait 3 colonnes par page alors que les autres journaux de l'époque se contentaient d'une seule colonne de texte. Il présentait ainsi une surface rédactionnelle plus développée et construisait déjà sa « Une » autour d'un article politique et de « mélanges », style variétés ou critique d'une pièce de théâtre. La page 2 et même parfois la page 3 étaient consacrées dans leur totalité au compte rendu de l'Assemblée. Faits divers et nouveautés clôturaient le journal en page 4.[283] Très rapidement, les autres journaux adoptèrent le format et le rubriquage inaugurés par le *Moniteur*. Mais les véritables ancêtres des rubriques telles qu'elles apparaissent dans la presse de masse actuelle sont nés au début du siècle, une époque où tout ou presque devenait matière à information et donc à figurer dans les colonnes du journal et où se structuraient tous les rouages essentiels de la société française. « Parlement, Tribunaux, Salons de l'Industrie et du Commerce, Armée, Police, etc., vont trouver dans la presse, par le jeu des rubriques adéquates : politique, judiciaire, économique, militaire, sciences, faits divers, etc., des occasions de forger leur raison sociale et d'asseoir auprès de couches de lecteurs plus vastes une autorité qui, avant d'être reconnue, doit être connue. »[284] A la chronique littéraire parue au dix-huitième siècle, sont venues s'ajouter progressivement : **les informations politiques** parallèlement à la montée de l'Etat parlementaire bourgeois au début du dix-neuvième siècle ; **la chronique judiciaire** venue au même moment, avec l'autorisation de la publicité des jugements ; **la rubrique des faits divers** lorsque les *canards* sont absorbés par la grande presse dans la deuxième moitié du dix-neuvième siècle ; **la rubrique locale** parallèlement au développement de la presse quotidienne régionale et à l'urbanisation des campagnes à la fin du dix-neuvième siècle et surtout au début du vingtième ; **la rubrique**

283 M. MOUILLAUD et J.F. TETU, op. cit. p. 63.
284 Y. DE LA HAYE, op. cit., p. 64.

sportive en corollaire à l'essor du sport et de l'attrait qu'il exerce sur un public de masse à la même époque ; **la rubrique sociale** rendue nécessaire surtout en période de grève et de conflits sociaux.

En outre, la publicité exerce une influence de plus en plus grandissante sur le contenu des journaux, produits « géminés » : un journal est l'objet d'une double transaction, la première fois, il vend son contenu (publicité et rédaction) à ses lecteurs, et la deuxième fois, il vend ses lecteurs aux annonceurs qui le choisissent comme support.[285] De nombreuses rubriques ont été créées par les journaux plus dans le souci d'offrir des pages spécialisées aux annonceurs que d'ordonner au mieux le contenu du journal. Nous pensons notamment aux cahiers-rendez-vous sur l'emploi, l'art de vivre, les livres, la musique même et à d'autres qui constituent des pages privilégiées pour la publicité des entreprises, des restaurateurs, décorateurs, disques compact et autres. Pour P. Albert, la question de la prépondérance de la publicité dans l'organisation du contenu rédactionnel mérite même d'être posée sur le plan de l'information économique en général qui répond à une attente du consommateur mais est surtout une nécessité pour les entreprises. « L'essor des relations publiques est, à ce sujet, essentiel : la notion et l'action des relations publiques sont ambiguës au point de vue de l'information comme à celui de la publicité. (...) A court terme, l'action des agents de relations publiques et des attachés de presse peut être considérée comme une action d'information, mais elle s'inscrit dans une politique à long terme qui est, elle, incontestablement publicitaire. »[286]

Né de considérations éditoriales et commerciales, le rubriquage, ce marquage de l'espace du journal, constitue la grille du sens élaboré par le support. C'est le moule dans lequel le journal coule l'information-flux et les informations-unités-de-

---

285 J. MAUDUIT, « Normalité et singularité du produit de presse », op. cit., p. 10.

286 P. ALBERT, *La presse*, op. cit., pp. 54-55.

base pour en faire de l'actualité. Il ne s'agit pas dans ce façonnage industriel quotidien d'avoir l'idée d'une histoire, puis de la disposer, mais d'avoir un dispositif puis d'en déduire une histoire.[287] Les rubriques constituent ainsi la partie visible de « familles événementielles ». Elles ont « une parenté avec les « scripts » des socio-linguistes : des séquences d'action préconstruites et, par suite, pré-écrites pour le journaliste et pré-lisibles pour le lecteur ».[288]

En instaurant des rubriques, le journal construit des paradigmes (société, économie, étranger, santé), des références, selon lesquels il dispatche son contenu. Toutefois, ces paradigmes et références n'existent que dans la mesure où c'est le journal qui les instaure. C'est pourquoi les journaux de masse ont des contenus assez proches même s'il leur arrive de les classer selon des intitulés différents. Ces intitulés sont plus ou moins semblables quand il s'agit de supports appartenant à un même genre de journaux de masse : quotidiens nationaux, régionaux ou magazines illustrés d'information générale. Ainsi *Libération*, *le Monde* et *le Figaro* adoptent, à quelques nuances près, les mêmes intitulés pour organiser leurs contenus respectifs, assez semblables. Les informations internationales sont classées sous la rubrique « étranger » dans *le Monde*, « monde » dans *Libération* et « la vie internationale » dans *le Figaro*. Les faits divers et les informations judiciaires se retrouvent sous le même intitulé dans *le Monde* et *Libération* : « société ». Alors que *le Figaro* les classe sous la rubrique « notre vie ». Les quotidiens régionaux pratiquent un croisement d'une double classification : géographique d'abord et thématique ensuite, mimant ainsi le proche et le lointain de leur territoire. Alors que c'est le découpage thématique qui prime généralement dans les newsmagazines.

Charpente visible grâce à laquelle se maintient l'édifice du journal, les rubriques prétendent à la classification du monde réel

---

287 J. RICARDOU, *Le nouveau roman*, Paris, Seuil, 1973, p. 39.

288 M. MOUILLAUD et J.F. TETU, op. cit., p. 26.

mais produisent le vraisemblable du journal de masse, sa normalité. Ce sont en quelque sorte les « lieux » rhétoriques du système événementiel du journalisme de masse. « Les lieux ne sont pas les arguments eux-mêmes mais les compartiments dans lesquels on les range. »[289]

Avec les rubriques, les pages du journal deviennent de plus en plus spécialisées tout en respectant l'inscription de la partie dans le tout : chaque rubrique constitue un fragment d'un discours ininterrompu le long des pages du numéro du jour d'une part, et d'autre part dans le numéro suivant. Les rubriques permettent le collage du journal au réel qu'il prétend restituer : en fait, il s'agit de juxtaposition de représentations qui n'ont aucune chance de se rencontrer dans le réel : les négociations du GATT, dans la rubrique économique, voisinent avec l'incendie d'un immeuble vétuste à Créteil classé, selon le support, dans la rubrique société, notre vie, fait divers ou autre. Une des meilleures illustrations de ce collage est donnée par la « Une » des journaux de masse, notamment des quotidiens. Si la mise en rubrique, cette structuration thématique (étranger, intérieur, société, etc.), ou événementielle[290] (la guerre du Golfe, les élections présidentielles, etc.), ne saurait être une classification du réel, elle n'en reste pas moins le couronnement de la rhétorique du journal pour créer sa réalité, sa normalité, son vraisemblable.

---

289 R. BARTHES, « L'ancienne rhétorique », op. cit., p. 206.

290 M. MOUILLAUD et J.F. TETU, op. cit., p. 64-65.

IX. Le système événementiel du journalisme de masse

La normalité du journalisme de masse n'existe donc pas en tant que norme mais en tant que vraisemblable qui recueille la double adhésion du lectorat ciblé et des sources qui alimentent l'information-flux en ce qui devient des informations-unités-de-base. Ainsi, le vraisemblable serait « l'expression d'un contrôle qui, par certains de ses aspects, est une fonction sociale... Dans ce cadre, la fonction du « vraisemblable » ne se distingue pas de celle de la censure, dont il est le résultat : c'est de contribuer à assurer la continuité culturelle indispensable au fonctionnement d'une société »[291].

Le système événementiel du journalisme de masse fonctionne ainsi selon trois mises en forme.

La première porte sur la substance de l'information, c'est-à-dire l'information-unité-de-base, matérialisation originelle de l'événement. C'est l'événementiel, ce premier prélèvement effectué grâce à une double catégorisation : par extension, intensité et symbolique d'un côté ; et par dominance et culminance de l'autre.

La deuxième a pour objet le contenu de l'information. C'est le sensationnel qui constitue un coefficient de dramatisation de l'information et dont les catégories peuvent être considérées comme les étapes virtuelles d'une narration dont les ressorts sont la montée aux extrêmes.

La troisième et dernière porte enfin sur la forme finale de l'information, telle qu'elle est présentée au destinataire. C'est la mise en rubrique qui prétend classifier le réel alors qu'en fait elle produit du vraisemblable ou la normalité de l'information.

---

291 O. BURGELIN, « Echange et déflation dans le système culturel », in *Communications* n° 11, 1968, p. 140.

Le mouvement du système est cyclique :

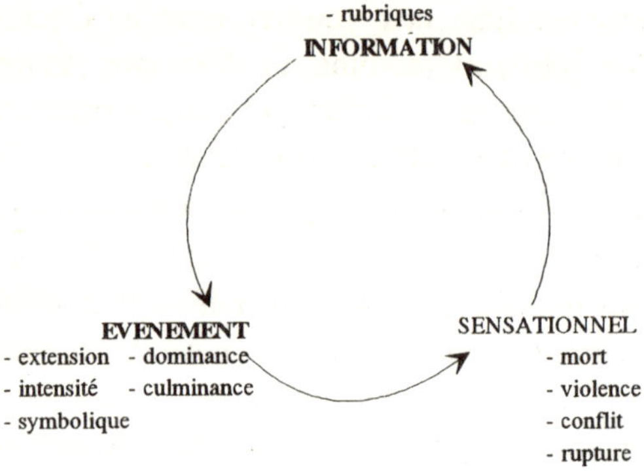

Schéma n° 5 : le système événementiel du journalisme de masse

Le sensationnel et l'événementiel constituent ainsi deux assises fondamentales du triptyque. Ils forment toutefois la partie cachée de l'iceberg de l'information dont les rubriques constituent la partie ostentatoirement mise en évidence.

Les résultats de notre travail d'analyse nous permettent d'identifier ce système événementiel comme un type d'argumentation bien spécifique, l'argumentation journalistique de masse, qui vient rejoindre l'argumentation juridique, l'argumentation politique, l'argumentation philosophique, etc. Car c'est bien d'argumenter qu'il s'agit dans ce système, dès la première sélection effectuée, ou l'événementiel, puisque le faire savoir qui constitue la mission affichée haut et fort par les journaux et les journalistes de masse est littéralement confondu, malaxé, avec le faire croire. Ce faire croire se traduit par un principe fondamental de base enseigné dans toutes les écoles de journalisme et pratiqué dans toutes les rédactions : écrire pour son lecteur, en fonction de ce lecteur, pour le séduire et obtenir son adhésion en même temps. Ainsi, dans un journal comme *le Monde*, des news comme *L'Express* et *Le Nouvel Observateur*, le discours imprimé est élaboré par l'instauration de références produisant l'image d'un savoir auquel se réduit l'information[292] :

---

292 M. MOUILLAUD et J.F. TETU, op. cit., pp. 192-193.

E. Veron l'a déjà souligné[293], les formes rhétoriques correspondantes privilégient la mise en écho, le discours indirect. Alors que les journaux comme *Le Parisien* ou *Paris-Match* privilégient le discours direct et une organisation plus hyperbolique du spectacle de l'information.

Argumenter est ici bicn différent de la démonstration relevant de la logique formelle et qui se présente dès le départ en tant que telle. L'argumentation en question fait partie d'une nouvelle rhétorique que C. Perelman définit comme suit : « La théorie de l'argumentation conçue comme une nouvelle rhétorique (ou une nouvelle dialectique) couvre tout le champ du discours visant à convaincre ou à persuader, quel que soit l'auditoire auquel il s'adresse et quelle que soit la matière sur laquelle il porte. »[294] L'objet de cette théorie est « l'étude des techniques discursives permettant de provoquer ou d'accroître l'adhésion des esprits aux thèses qu'on présente à leur assentiment »[295].

Car, finalement, c'est bien de cela qu'il s'agit, d'un discours imprimé, d'un récit, même s'il se positionne dès le départ comme du réel. C'est d'ailleurs de cette prétention originelle que découle l'ambiguïté du discours imprimé du journal de masse, entretenue, bien entendu, par la profession et les entreprises de presse dans leur ensemble et fortement appuyée par l'avènement du direct à la télévision.

Tout récit fascine : il promet une fin. « Tant qu'elle prend la forme d'un récit, l'information affiche sa réussite structurale : on y trouve, au moins, l'opposition fondatrice /avant vs après/. »[296] Mais en limitant le réel au seul récit qu'il en donne, le journal dénie le caractère essentiellement multiple de la réalité et son inévitable inachèvement.

---

293 E. VERON, *Construire l'événement*, Paris, Minuit, 1981 et « Le Hibou », in *Communications*, n° 28, 1978.

294 C. PERELMAN, *L'empire rhétorique*, Paris, Vrin, 1977, p. 19.

295 C. PERELMAN et L. OLBRECHTS-TYTECA, *Le traité de l'argumentation*, Paris, PUF, 1958, p. 5.

296 M. MOUILLAUD et J.F. TETU, op. cit., p. 174.

CONCLUSION

Arrivés à la fin de notre travail, nous pensons pouvoir affirmer l'existence d'un système événementiel du journalisme de masse. Jusqu'à présent, nous en supposions l'existence, fondant sur cette hypothèse la problématique de notre recherche. Nos résultats expérimentaux nous incitent à ancrer cette supposition dans l'univers de la connaissance plutôt que dans celui de la présupposition. Nos constats nous amènent en effet à affirmer que ce système existe et qu'il fonctionne en étroite symbiose avec le système industriel environnant, à la régulation duquel il apporte une contribution fondamentale.

Notre apport personnel dans cette recherche nous semble d'avoir démontré l'existence de ce système, et d'en avoir démonté les mécanismes, transformant ainsi les notions, souvent confuses, d'événementiel, de sensationnel et de normalité de l'information en concepts structurés.

Ce système est fermé mais non isolé, comme le trou de la légende du roi Midas[297]. Il n'est pas une simple caisse enregistreuse mais s'insère dans une série d'engrenages, constituant une partie d'un système plus large qui est le système social dans son ensemble, et entretenant des rapports d'interdépendance avec d'autres systèmes, économique, politique... et juridique qui contribuent à la complexité de ce système social.

Il ne s'agit pas pour autant d'un système de communication bidirectionnelle qui instaure un rapport dialogique avec ses destinataires. Si le journal de masse semble construire avec son lecteur une forme de dialogue apparemment ancré dans l'ici et le maintenant, il n'en reste pas moins un système de communication

297 Midas, roi de Phrygie, fils de Gordias, mêlé comme juge au concours qui opposait Apollon et Marsyas, déclare ce dernier meilleur musicien. Apollon, indigné, lui fait pousser des oreilles d'âne. Honteux, Midas cache ses oreilles sous une tiare ; son barbier, incapable de garder le silence, confie le secret qu'il était seul à posséder à un trou creusé dans le sol. Bientôt, les roseaux se mettent en bruissant à répéter la phrase compromettante : « Midas, le roi Midas a des oreilles d'âne ! »

unidirectionnelle. Cependant, ce système ne s'exerce pas selon un modèle linéaire, mécaniciste, celui de la piqûre hypodermique, sur un public passif, amorphe, inerte. Monologique, il présente des spécificités bien propres à la société industrielle et fonctionne selon une logique marchande. Le marketing des attentes, qu'on transforme en demandes et auxquelles on répond en créant une offre, un produit, en fait un dialogue différé dans l'espace et le temps. Il en est de même des contraintes de la production en série et le façonnage ; de la double contrainte de séduire, d'accrocher le destinataire, en même temps que d'obtenir l'extension maximale du public par la neutralisation du produit proposé à la consommation. Une neutralisation qui s'obtient par le respect des convenances du moment, la lisibilité immédiate des messages et leur accessibilité au plus grand nombre. Ce qui nécessite tout un façonnage industriel du produit presse : légender les photos pour échapper à la polysémie de l'image, réécrire les articles, les « chapôter », les titrer et les calibrer, façonner les rubriques par anticipation aux attentes du destinataire. L'objectif étant de limiter au minimum les erreurs d'interprétation des messages. L'entreprise de séduction trouve ses racines profondes dans le système ambiant de la mode où la nouveauté est la loi, à condition que le nouveau ressemble à l'ancien, qu'il ne dérange pas les habitudes et les attentes, qu'il soit immédiatement lisible par le plus grand nombre. Séduire revient à mettre le réel en spectacle et à présenter ce spectacle comme étant le réel, le vrai, alors qu'il n'est qu'un simili-vrai, qu'un vraisemblable.

A cette double contrainte, conformiste du nombre et pseudo-novatrice de la séduction, les journaux de masse répondent par une communication à excès contrôlé où réside leur pouvoir régulateur au sein du système social.

Car il n'existe pas de système médiatique en soi. Si le système est fermé, il n'est pas isolé. L'entreprise médiatique s'intègre dans d'autres structures, d'autres systèmes complexes, qui sont généralement en corrélation à des degrés divers, comme les systèmes politiques ou économiques.

L'objectif de ce système événementiel du journalisme de masse est d'assurer la rencontre entre destinateur et destinataire au moyen d'un produit, le journal.

C'est un système de production de sens qui prend le relais de la parole divine. Il offre certainement plus de choix que celle-ci, mais se prétend tout autant qu'elle un substitut au réel, un organisateur du réel tel qu'il doit être.

Ce système fonctionne en trois temps correspondant aux trois éléments fondamentaux qui structurent cette nouvelle rhétorique : l'événementiel, le sensationnel et le vraisemblable. Parties indissociables tant l'une de l'autre que de l'ensemble, ces trois composantes sont dans une relation de dépendance réciproque.

L'événementiel constitue le point d'ancrage du journal de masse en tant qu'entreprise marchande et entreprise de production de sens, la donne du contrat de lecture entre destinateur et destinataire ainsi que l'assise du positionnement du journal. C'est une première catégorisation qui articule l'attente d'événements du journal, au moyen du champ événementiel, et le filtre qui permet l'accès à ses colonnes à telles nouvelles et pas telles autres.

L'événementiel s'enracine dans le concept d'événement cadre mental, gaufrier que le journal applique sur l'information-flux et qui représente le type d'événements dont le journal est en attente. Cet événement-là se situe au seuil du journal. Encore en deçà de l'information, mais déjà bien au delà du réel. Cette catégorisation par extension, intensité et valeur symbolique est en fait un glaive à double tranchant : si elle permet l'admission dans les pages du journal des informations répondant aux critères requis, elle en exclut paradoxalement tout le reste qui tombe de ce fait dans les oubliettes de nos temps modernes médiatiques.

Quel que soit l'ordre de grandeur d'un événement, celui-ci ne perturbe pas l'événementiel du journal de masse et des différents genres de journaux de masse. Bien au contraire, chaque journal de masse et chaque genre de journal de masse appliquent à l'événement leur propre grille de lecture, ou plutôt d'écriture.

Cette grille combine les différents éléments constituant le contrat de lecture passé avec le destinataire d'une part, et fondant le positionnement du support de l'autre. Il s'agit précisément du champ événementiel autour duquel le journal et le genre auquel il appartient structurent leur premier prélèvement dans l'information-flux.

Le sensationnel n'est pas une déviation du système événementiel du journalisme de masse. Et le sensationnalisme, deuxième temps fondateur du triptyque, n'est pas non plus l'effet d'une stratégie de l'offre qui entend influencer la demande. A la lumière des résultats de notre travail de recherche, nous avons pu définir et structurer en catégories (la rupture, le conflit, la violence et la mort) un sensationnalisme au sens précis, qui est un cœfficient de dramatisation, un palier dans la rhétorique de l'information et un rituel régulateur au sein de la société industrielle moderne. Prélèvement de second niveau portant sur le signifié, le sensationnalisme constitue en effet le fondement du pouvoir régulateur du journal moderne, né avec la grande presse, et permet son accessibilité au plus grand nombre ainsi que son interpellation du plus grand nombre.

La pratique du sensationnalisme par les journaux de masse répond à une attente chez les millions de lecteurs de la grande presse qui ont perdu les habitudes de communication et de communion d'autrefois où le groupe vivait la rupture, le conflit, la violence et la mort, les quatre éléments immémoriaux qui irriguent le psychisme humain et qui sont refoulés des espaces de la modernité désenchantée. C'est au journal et autres médias de masse que revient, par le sensationnalisme, l'engendrement de l'enchantement du monde. C'est également au journal de masse que revient la tâche ardue de désamorcer la charge négative inhérente à la rupture, au conflit, à la violence et à la mort. Ce à quoi il parvient également avec le sensationnalisme, communication à excès contrôlé et spectacularisation à outrance qui donnent de chacun de ces éléments une hypervisibilité aveuglante. Car, encore mieux que le camouflage, cette hypervisibilité les rend encore plus invisibles. Il est permis de souligner, à ce propos, le caractère accompli d'un système qui énonce la violence et la mort dans la mesure où il les dénonce.

Le vraisemblable est le troisième et dernier temps du système événementiel du journalisme de masse. C'est l'information dans sa mouture finale, telle qu'elle est donnée au consommateur. Le vraisemblable constitue la normalité de l'information. Cette normalité n'est pas le non marqué mais conjugue événementiel et sensationnel dans sa prétention à une plénitude référentielle qui rejette son objet originel, le réel. En effet, le discours imprimé du journal de masse se positionne comme étant directement traduisible en terme de réalité alors qu'il n'est en fait qu'une représentation de cette réalité, représentation qui se doit d'avoir sa dose de normativité, sans laquelle un journal de masse ne serait rien. Né avec la rhétorique et la systématisation des techniques d'argumentation qui l'accompagnent, en même temps que se développe la démocratie en Grèce, le vraisemblable instaure de nouveaux rapports au vrai, dont l'énonciation était jusque-là le monopole de la parole divine et de la parole royale qui monopolisaient la production de sens. Le vraisemblable du journalisme de masse limite le réel au seul récit qu'il en donne, rejetant ainsi le caractère multiple de la réalité et son inachèvement. Les rubriques instaurées par le journal contribuent à la cohérence de ce vraisemblable et incarnent la charpente du sens qu'il produit en faisant croire tout en ne prétendant que faire savoir.

Bien entendu, ce système événementiel du journalisme de masse ne se limite pas à la seule presse écrite. La mise en spectacle des journaux télévisés, les reality shows, fantastiquement déceptifs mais tellement vraisemblables, témoignent de son existence dans l'audiovisuel. Mais cette extension aux télévisions et radios de masse nécessite une analyse appropriée aux « prime time » des unes et aux heures de grande écoute[298] des autres, et qui reste à faire.

---

298 Le « prime time » ou heure de grande écoute désigne la plage horaire où le taux d'audience d'une station de radio ou d'une chaîne de télévision

De même il est permis de s'interroger sur la nature de la rencontre que ce système assure entre destinateur et destinataire. Dans la société moderne marchande, cette transaction semble remise en cause avec le discrédit qui frappe les médias et leurs professionnels. Il ne faut évidemment pas prendre à la lettre ce rejet des journaux et journalistes, le discours sur les uns et les autres étant, hélas, fortement médiatisé. Mais, depuis les événements de Roumanie en 1989, notamment le trucage télévisuel des cadavres de Timisoara et le procès de Ceausescu, et la couverture de la guerre du Golfe, les destinataires du journalisme de masse ont commencé à se rendre compte que, si « on nous montre tout, l'essentiel continue à nous échapper ». La crise actuelle est venue renforcer cette tendance de méfiance des destinataires à l'égard des journaux et autres médias, accusés d'avoir finalement, en diffusant des informations, « augmenté l'ignorance dans laquelle nous sommes du monde réel, car l'ignorance n'a pas de meilleure alliée que l'illusion du savoir »[299].

Pour notre part, nous estimons qu'il n'y a pas de perversité intentionnelle des médias dans cette illusion du savoir qu'ils ont diffusé de tout temps et qui est inhérente à leur nature même : dans leur façon d'accommoder le réel, de le recréer en vraisemblable, les médias détruisent ce même réel pour n'en garder que l'actualité. L'actualité, c'est « l'« action » au sens

est élevé. Il dépend du rythme de vie, professionnel et familial, et des habitudes de l'ensemble des auditeurs ou téléspectateurs. Ainsi, **en radio**, on peut parler de trois prime time. Le premier se situe entre 7 h et 8 h 30, moment où la majorité des auditeurs se lève et moment où elle commence à travailler. Le second entre 12 h et 13 h 30, lorsque la majorité des auditeurs déjeune. Et le troisième entre 17 h et 19 h, soit entre l'heure où le plus grand nombre des auditeurs rentrent de leur travail et celle du dîner. **En télévision**, le prime time se situe entre 18 h et 22 h, avec une culminance entre 20 h et 20 h 30, appelée « peak time », tranche horaire durant laquelle les chaînes peuvent capter jusqu'à 80% de leur audience et moment de la grand-messe des J.T. (journaux télévisés).

299 Ph. BRETON, op. cit., pp. 134-135.

cinématographique, et l'« auction », la mise à prix de l'événement dans la surenchère de l'information »[300]. L'événement en question creusant devant lui le gouffre qui l'engloutit et semblant n'avoir qu'une hâte, celle de se faire oublier.

Si les destinataires des journaux de masse semblent faire la découverte que ce qui leur est donné comme réel n'est en fait qu'une illusion de la réalité, cela fait longtemps que, la contre manipulation aidant, ils opposent au discours de ces journaux un large phénomène de surdité sociale. « Les médias crient de plus en plus fort - crient la drogue, le sexe, la famine, la guerre, le racisme - pour des publics de plus en plus mithridatisés. Mais le racisme, la guerre, la famine, le sexe, la drogue font aussi partie du système marchand des médias et c'est bien ce qui leur vaut d'être à la « Une » des journaux écrits et audiovisuels. »[301]

La bourse imaginaire des valeurs fixe le taux de change des événements dans le système marchand. C'est cela qui leur donne finalement leur crédibilité, celle-ci ne supposant plus qu'une relation de l'objet au code, et non plus au réel. D'où la transfiguration médiatique des événements qui sont donnés, en toute mauvaise foi, comme réels pour être consommés comme irréels.[302] Telle est la teneur de la transaction que le système événementiel du journalisme de masse instaure, dès l'origine, entre destinateur et destinataire : les faits sont défaits dès le départ, même si aucun des deux partenaires ne le reconnaît.

Le destinataire commence à se rendre compte que le pouvoir des journaux de masse ne réside pas seulement dans ce qu'ils peuvent montrer, mais aussi dans ce qu'ils parviennent à cacher, à effacer, à faire oublier[303]. Or, la promotion spectaculaire est

---

300 J. BAUDRILLARD, *L'illusion de la fin ou la grève des événements*, op. cit., p. 30.

301 J. MAUDUIT, *Du rôle de la presse dans la féminisation de la société française*, op. cit., pp. 444-445.

302 J. BAUDRILLARD, *L'illusion de la fin ou la grève des événements*, op. cit., pp. 88 et 134.

303 P. VIRILIO, *L'art du moteur*, Paris, Galilée, 1993.

une des formes de l'oubli, au même titre que la destruction lente ou violente de la mémoire.

L'oubli, c'est aussi la mémoire hachée par l'instantanéité médiatique ou prise dans le tourbillon de l'accélération des temps qui rythment la vie des sociétés industrielles modernes au sein desquelles les médias de masse occupent une position centrale.

Il est banal de rappeler à ce propos que le temps est devenu une des principales valeurs marchandes de notre époque, qu'il s'agisse du temps de travail, du temps des loisirs ou même du temps social. Notre temps à nous, ce n'est pas le temps instituant, fondateur, inaltérable de la métaphysique, ce n'est plus le temps concret, qualitatif et ritualisé des sociétés traditionnelles, c'est le temps fragilisé, linéaire et surcompressé du monde industriel que structurent les médias de masse, c'est le temps produit commercialisé par ces mêmes médias qui proposent à leurs annonceurs des cibles-temps. Aussi, croyons-nous, dans la remise en cause de la transaction entre les journaux de masse et leurs destinataires, c'est plutôt cette expérience de la temporalité qui est en question, dans la mesure où « elle change profondément sous l'effet des médiatisations. Tout tend à se réduire à la simultanéité, à la contemporanéité, à la prédominance de l'instant, et conduit ainsi à une rapide dé-historisation des temps sociaux mis en miettes »[304].

304 G. BALANDIER, *Le désordre*, op. cit., p. 160.

BIBLIOGRAPHIE

I. SOCIOLOGIE DE LA PRESSE, DES MEDIAS ET DE LA COMMUNICATION

F. BALLE, J.G. PADIOLEAU, *Sociologie de l'information, textes fondamentaux*, Paris, Larousse, 1973.

G. BATESON, *Steps to an Ecology of Mind*, San Francisco, Chandler, 1972 (trad. fr. : *Vers une écologie de l'esprit*, Paris, Seuil, vol. 1 1977, vol. 2 1980).

G. BATESON, *Mind and Nature. A Necessary Unity*, New York, Dutton, 1979 (trad. fr. : *La Nature et la Pensée*, Paris, Seuil, 1984).

R. BOURE, I. PAILLIART (réuni par), « Les théories de la communication », in *Cinémaction*, n° 63, mars 1992.

Ph. BRETON, *L'utopie de la communication*, Paris, La Découverte, 1992.

J. CAZENEUVE, *La société de l'ubiquité*, Paris, Denoël/Gonthier, 1972.

J. CAZENEUVE, *Les communications de masse*, Paris, Denoël/Gonthier, 1976.

C. COSSETTE, *Communication de masse, consommation de masse*, Québec, Boréal Express, 1975.

J. DURAND, *Les formes de la communication*, Paris, Dunod, 1981.

R. ESCARPIT, *Théorie générale de l'information et de la communication*, Paris, Hachette Université, 1976.

E. GOFFMAN, *La mise en scène de la vie quotidienne*, Paris, Minuit, 1973, 2 vol.

J.N. KAPFERER, *Les chemins de la persuasion : mode d'influence des médias sur les comportements*, Paris, Dunod, 1986.

E. KATZ, « La recherche en communication depuis Lazarsfeld », in *Hermès n° 4*, Paris, 1979, pp. 77-91.

J. KLAPPER, *The Effects of Mass Communications*, Glencoe, Free Press, 1955.

M. MC LUHAN, *La galaxie Gutenberg*, Paris, Mame, 1967, 2 vol.

M. MC LUHAN, *Pour comprendre les médias*, Paris, Seuil, 1968.

M. MC LUHAN, G. FIORE, *Message et massage*, Paris, J.J. Pauvert, 1968.

A. et M. MATTELART, *Penser les médias*, Paris, La Découverte, 1986.

J. MAUDUIT, *Du rôle de la presse dans la féminisation de la société française*, thèse d'Etat, CELSA, Paris IV, 1985.

J. MAUDUIT, « Normalité et singularité du « produit » de presse », in *Revue française du marketing*, novembre-décembre 1983, pp. 5-16.

M. MATHIENS (sous la direction de), *La physique des sciences de l'homme. Mélanges pour Abraham Moles*, Strasbourg, Oberlin, 1989.

A. MOLES, *Sociodynamique de la culture*, La Haye et Paris, Mouton, 1967.

E. MORIN, *L'esprit du temps*, Paris, Grasset, 1962, 2 vol.

J. MOUSSEAU, *Les communications de masse, l'univers des mass-médias*, Paris, Hachette, CEPL, 1972.

V. PACKARD, *La persuasion clandestine*, Paris, Calmann-Levy, 1958.

L. QUERE, *Des miroirs équivoques*, Paris, Aubier Montaigne, 1982.

R. RIEFFEL, *L'élite des journalistes*, Paris, PUF, 1984.

C. SHANNON et W. WEAVER, *The Mathematical Theory of Communication*, Urbana-Champaigne (Ill), University of Illinois Press, 1949 (trad. fr. : *La théorie mathématique de la communication*, Paris, Retz-CEPL, 1975).

J. STOETZEL, « Les fonctions de la presse », in *Etudes de presse*, n° 1, 15 juillet 1951, pp. 37-42.

P. WATZLAWICK, J. BEAVIN, *Une logique de la communication*, Paris, Seuil, 1972.

N. WIENER, *Cybernetics, or Control and Communication in the Animal and the Machine*, Paris, Hermann, 1948 (trad. fr. : *Cybernétique et société*, Paris, Synoptique, 1972).

Y. WINKINS (textes recueillis et présentés par), *La nouvelle communication*, Paris, Seuil, 1981.

A. L'événementiel

J. BAUDRILLARD, *L'illusion de la fin ou la grève des événements*, Paris, Galilée, 1992.

O. BOYD BARRET, M. PALMER, *Le trafic des nouvelles mondiales d'information*, Paris, Alain Moreau, 1981.

M. DE CERTEAU, *L'écriture de l'histoire*, Paris, Gallimard, 1975.

P. GAILLARD, *Techniques du journalisme*, Paris, PUF, Que sais-je, 1985.

J. GRITTI, *L'événement. Techniques d'analyse de l'actualité*, Paris, Fleurus, 1969.

J. GRITTI, H. BOURGES, *Le village planétaire : l'enjeu de la communication mondiale*, Dakar, Nouvelles Editions Africaines, 1986.

S. MC BREAD, « Difficultés dans la circulation de l'information », in *Voix multiples : un seul monde*, Paris, Documentation française, nouvelles éditions africaines, UNESCO, pp. 169-193.

A. MOLES, « Notes pour une typologie des événements », in *Communications* n° 18, 1972, pp. 90-96.

P. NORA, « Le retour de l'événement », in *Faire de l'histoire*, Paris, Gallimard, 1974, vol. 1, pp. 210-227.

A.J.TUDESQ, « Les conditions de la production du discours de la presse quotidienne régionale », in. P. CHARAUDEAU, *La Presse, produit, production, réception*, Paris, Didier érudition, 1988, pp. 27-43.

A.J.TUDESQ (sous la direction de), *La presse et l'événement*, Paris, Mouton, 1973.

E. VERON, *Construire l'événement*, Paris, Minuit, 1981.

E. VERON, « L'analyse du contrat de lecture : une nouvelle méthode pour l'étude de positionnement des supports de presse », in *Les médias. Expériences, recherches actuelles, applications*, Paris, IREP, 1985.

B. Le sensationnalisme

1. Généralités

G. AUCLAIR, *Le mana quotidien*, Paris, Anthropos, 2e édition, 1982.

J.P. SEGUIN, *Nouvelles à sensation, canards du XIXe siècle*, Paris, Armand Colin, 1959.

R. PUCHEU, *Le journal, les mythes et les hommes*, Paris, Les Editions Ouvrières, 1962.

M. SPORTES, *Je t'aime, je te tue*, Paris, Seuil, 1985.

R. TOPOR, *La cuisine cannibale*, Paris, Seuil, 1970.

2. Des « porte-étendards »

Fait divers

R. BARTHES, *Structure du fait divers, essai critique*, Paris, Seuil, 1981.

N. LANTZ, *Le fait divers à l'Est Eclair*, Paris, 1983.

M. LECERF, *Le fait divers*, Larousse, 1981.

ROMI, *Histoire de cinq siècles de faits divers*, Paris, Hachette, 1962.

Violence

J.C. CHESNAIS, *Histoire de la violence en Occident de 1800 à nos jours*, Paris, Robert Lafont, 1981.

R. GIQUEL, *La violence et la peur*, Paris, France-Empire, 1979.

Y. MICHAUD, *La violence*, Paris, PUF, 1986.

Terrorisme

A. EL ACRA, *Les problèmes politico-ethniques du terrorisme*, thèse de 3e cycle, Paris IV, 1977.

M. CONFINO, *Violence dans la violence*, Paris, Maspero, 1983.

R. GAUCHER, *Les terroristes*, Paris, Albin Michel, 1973.

J. SERVIER, *Le terrorisme*, Paris, PUF, 1979.

M. WIEWORKA, *Sociologie du terrorisme*, thèse d'Etat, Ecole des Hautes Etudes des Sciences Sociales, 1988.

M. WIEWORKA, D. WOLTON, *Terrorisme à la « Une ». Media, terrorisme et démocratie*, Paris, Gallimard, 1987.

3. Un rituel régulateur

J. BAUDRILLARD, *L'échange symbolique et la mort*, Paris, Gallimard, 1976.

P. BAUDRY, *Une sociologie du tragique*, Paris, Cujas, 1983.

R. GIRARD, *Des choses cachées depuis la fondation du monde*, Paris, Grasset, 1978.

M. MAFFESOLI, *Essai sur la violence*, Paris, Librairie des Méridiens, 1984.

C. Le vraisemblable ou la normalité de l'information

ARISTOTE, *Rhétorique*, Paris, Librairie Générale Française, 1991.

Y. BAREL, *La quête du sens, comment l'esprit vient à la cité*, Paris, Seuil, 1987.

R. BARTHES, « L'ancienne rhétorique », in *Communications*, n° 16, 1970, pp. 172-223.

R. BARTHES, « L'effet de Réel », in *Communications,* n° 11, 1968, pp. 84-89.

J. BAUDRILLARD, *La société de consommation*, Paris, Gallimard, 1976.

O. BURGELIN, « Echange et déflation dans le système culturel », in *Communications*, n° 11, 1968, pp. 122-140.

M. DETIENNE, *Les maîtres de vérité dans la Grèce archaïque*, Paris, Maspero, 1967.

J. GRITTI, « Les médias accréditent la morale ambiante », in *Projet*, n° 207, sept. - oct. 1987, pp. 86-93.

J. KRISTEVA, « La productivité dite texte », in *Communications* n° 11, 1968, pp.59-83.

Ch. METZ, « Le dire et le dit au cinéma », in *Communications* n° 11, 1968, pp. 22-33.

C. PERELMAN, *L'empire rhétorique*, Paris, Vrin, 1977.

C. PERELMAN et L. OLBRECHTS-TYTECA, *Le traité de l'argumentation*, Paris, PUF, 1958.

PLATON, *La République*, Paris, Flammarion, 1966.

K. POPPER, *La quête inachevée*, Paris, Calmann-Levy, 1981.

J. RICARDOU, *Le nouveau roman*, Paris, Seuil, 1973.

E. VERON, « Le Hibou », in *Communications*, n° 28, 1978, pp. 69-125.

J. VOILQUIN, *Les penseurs grecs avant Socrate*, Paris, Garnier/Flammarion, 1964.

II. PRESSE

A. Histoire

P. ALBERT, *La presse française*, Paris, La documentation française, 1990.

P. ALBERT, F. TERROU, *Histoire de la presse*, Paris, PUF, 4e édition, 1985.

G. BELLANGER, J. GODECHOT, P.GUIRAL, F. TERROU (sous la direction de), *Histoire générale de la presse française*, Paris, PUF, 5 vol., 1969-1976.

C. BAUDINAT, *Le petit homme et le grand journal*, Paris, Julliard, 1973.

M.P. HAMELET, *Un prolétaire au Figaro, de Pierre Brisson à Robert Hersant*, Paris, Grasset, 1987.

J. M. JEANNENEY, J. JULLIARD, *Le Monde de Beuve-Méry ou le métier d'Alceste*, Paris, Seuil, 1978.

M. LEGRIS, *Le Monde tel qu'il est*, Paris, Plon, 1976.

J. KAYSER, *La mort d'une liberté*, Paris, Plon, 1955.

J.G. PADIOLEAU, *Le Monde et le Washington Post*, Paris, PUF, 1985.

B. Structure de la presse contemporaine

P. ALBERT, *La presse*, Paris, PUF, 3e édition, 1968 (Que sais-je ?).

P. ARCHAMBAULT, J.F. LEMOINE, *Quatre milliards de journaux, la presse de province*, Paris, Alain Moreau, 1977.

F. BALLE, *Et si la presse n'existait pas...*, Paris, J.C. Lattès, 1987.

F. BALLE, *Médias et sociétés*, Paris, Montchrestien, 4e édition, 1988.

J.M. CHARRON, *La presse*, Paris, Seuil, 1991.

E. DERIEUX, J.C. TEXIER, *La presse quotidienne française*, Paris, Armand Colin, 1974.

L.G. GAYAN, *La presse quotidienne régionale*, Paris, Milan Midia, 1990.

Y. GUILLAUMA, *La Presse en France*, Paris, La Découverte, 1988.

A. MABILEAU, A.J. TUDESQ, *L'information locale*, Paris, A. Pédone, 1980.

M. MATHIENS, *La presse quotidienne régionale*, Paris, PUF, 2e édition, 1986.

G. ROUZET, « Le Parisien », in *Décisions médias*, janvier 1992, pp. 38-39.

F. TERROU, *L'information*, Paris, PUF (Que sais-je ?), 3e édition, 1968.

B. VOYENNE, *L'information aujourd'hui*, Paris, Armand Colin, 1979.

B. WOUTS, « Le redressement et le développement du Monde », in *Communication et langage* n° 75, 1er trimestre 1988, pp. 63-69.

C. Monographies de presse

R. BRUNOIS, *Le Figaro face aux problèmes de la presse quotidienne*, Paris, PUF, 1973.

G. HANOTEAU, *La fabuleuse aventure de Paris-Match*, Paris, Plon, 1976.

N. MUCHNICK, *Le Nouvel Observateur*, Paris, Gallimard, 1974.

F. ROTH, S. SIRITZKY, *Le roman de L'Express*, Paris, Seuil, 1979.

F.M. SAMUELSON, *Il était une fois Libé*, Paris, Seuil, 1979.

III. DEMARCHES METHODOLOGIQUES

A. Analyse de contenu

L. BARDIN, *L'analyse de contenu*, Paris, PUF, 3e édition, 1983.

B. BERELSON, *Content Analysis in Communication Research*, New York, III. Univ. Press, 1952, Hafber Publ. Co., 1971.

M.C. D'UNRUG, *Analyse de contenu et acte de parole*, Paris, Delarge, 1974.

F. RICHAUDEAU, *Le langage efficace*, Paris, CEPL, Denoël, 1973.

B. Analyse du discours imprimé

P. ALBERT, « Comment étudier un journal ? », In *Les cahiers français*, n° 178, notice 6, oct. - déc. 1976.

P. CHARAUDEAU (sous la direction de), *La presse produit, production, réception*, Paris, Didier Erudition, 1989.

D. GROJNOWSKI, « Le discours de presse », in *Presse-Actualités*, n° 149, nov. 1980, pp. 45-49.

M.M. GRUENAIS, « Titres de presse et langue de pouvoir », in *Langage et Société*, n° 31, 1985.

Y. DE LA HAYE, *Dissonances*, Grenoble, La pensée sauvage, 1985.

Y. DE LA HAYE, *Journalisme, mode d'emploi, des manières d'écrire l'actualité*, Grenoble, La pensée sauvage, 1985.

J. KAYSER, *Le quotidien français*, Paris, Armand Colin, 1963.

V. MORIN, *L'écriture de presse*, Paris, Mouton, 1966.

M. MOUILLAUD, J.F. TETU, *Le journal quotidien*, Lyon, PUL, 1989.

E. VERON, « Quand lire c'est faire », in *Sémiotique II*, pp. 33-56, Paris, IREP, 1983.

C. Analyse iconique

R. BARTHES, *La chambre claire*, Paris, Cahiers du cinéma - Gallimard - Seuil, 1980.

R. BARTHES, « Rhétorique de l'image », in *Communications* n° 4, 1964.

P. BOURDIEU (sous la direction de), *Un art moyen, la photographie*, Paris, Minuit, 1965.

B. COCULA, C. PEYROUTET, *Sémantique de l'image : pour une approche méthodique des messages visuels*, Paris, Delagrave, 1986.

J. DURAND, « Rhétorique et image publicitaire », in *Communications* n° 15, 1970.

J. GRITTI, « La photographie de presse », in *Bulletin de recherche sur l'enseignement français*, n° 21, fév. 1980, pp. 55-69.

A.M. THIBAULT-LAULAN, *Le langage de l'image*, Paris, Editions universitaires, 1971.

LINDEKENS, *Eléments pour une sémiotique visuelle de la photographie*, Paris - Bruxelles, Didier - Aimav, 1971.

LINDEKENS, *Essai de sémiotique visuelle*, Paris, Klincksieck, 1976.

A. MOLES, *Vers une théorie écologique de l'image*, Paris, Editions universitaires, 1972.

IV. LINGUISTIQUE, SEMIOLOGIE

R. BARTHES, *Mythologies*, Paris, Seuil, 1957.

R. BARTHES, *S/Z*, Paris, Seuil, 1970.

E. BENVENISTE, *Problèmes de linguistique générale*, Paris, Gallimard, 1966.

O. DUCROT, *Les mots du discours*, Paris, Minuit, 1980.

U. ECO, *La guerre du faux*, Paris, Grasset, 1985.

U. ECO, *Le signe*, Bruxelles, Editions Labor, 1988.

A.J. GREIMAS, *Sémiotique et sciences sociales*, Paris, Seuil, 1976.

A.J. GREIMAS, J. COURTES, *Sémiotique, dictionnaire raisonné de la théorie du langage*, Paris, Hachette Université, 1979.

L. HJELMSLEV, *Le langage*, Paris, Minuit, 1966.

L. HJELMSLEV, *Prolégomènes à une théorie du langage*, Paris, Minuit, 1968.

R. JAKOBSON, *Essais de linguistique générale*, Paris, Minuit, 1963, 2 vol.

C. KERBRAT-ORECCCHIONI, *L'implicite*, Paris, Armand Colin, 1986.

H. LABORIT, *La nouvelle grille*, Paris, Lafont, 1979.

J. MARTINET, *Clefs pour la sémiologie*, Paris, Séghers, 1978.

G. MOUNIN, *Introduction à la sémiologie*, Paris, Minuit, 1970.

E. VERON, « Sémiosis de l'idéologie et du pouvoir », in *Communications*, n° 28, 1978, pp. 7-20.

V. PHILOSOPHIE, SOCIOLOGIE, PSYCHOLOGIE ET PSYCHANALYSE

P.L. ASSOUN, *L'Ecole de Francfort*, Paris, PUF, 1987.

G. BACHELARD, *La terre et les rêveries de la volonté*, Paris, Librairie José Corti, 1948.

G. BALANDIER, *Le désordre*, Paris, Fayard, 1988.

G. BALANDIER, *Sens et puissance*, Paris, PUF, 1971.

J. BAUDRILLARD, *A l'ombre des majorités silencieuses*, Paris, Denoël/Gonthier, 1982.

J. BAUDRILLARD, *De la séduction*, Paris, Denoël, 1979.

J. BAUDRILLARD, *Les stratégies fatales*, Paris, Grasset, 1983.

J. BAUDRILLARD, *Le système des objets*, Paris, Denoël/Gonthier, 1976.

P. BOURDIEU, *Ce que parler veut dire*, Paris, Fayard, 1982.

P. BOURDIEU, *La distinction*, Paris, Minuit, 1979.

E. CANETTI, *Masse et puissance*, Paris, Gallimard, 1986.

G. DE TARDE, *L'opinion et la foule*, Paris, Alcan, 1910.

G. DE TARDE, *Les Lois de l'imitation* (1892), réimpression Slatkine, Genève, 1979.

E. DURKHEIM, *De la division du travail social*, Paris, PUF, 1986.

E. DURKHEIM, *Le suicide*, Paris, PUF, 1973.

J.M. FERRY, *Harbermas, l'éthique de la communication*, Paris, PUF, 1987.

M. FOUCAULT, *Les mots et les choses, une archéologie des sciences humaines*, Paris, Gallimard, 1969.

S. FREUD, *Essais de psychanalyse*, Paris, Payot, 1948.

J. FREUND, *Georg Simmel, Sociologie et épistémologie*, Paris, PUF, 1991.

J. HABERMAS, *L'espace public : archéologie de la publicité comme dimension constitutive de la société bourgeoise*, Paris, Payot, 1978.

J. HABERMAS, *Théorie de l'agir communicationnel*, Paris, Fayard, 1987, 2 vol.

M. HORKEIMER, Th. W. ADORNO, « La production industrielle des biens culturels. Raison et mystification des masses », in *La dialectique de la raison*, Paris, Tel-Gallimard, 1983, pp. 129-176.

C.G. JUNG, *L'homme et ses symboles*, Paris, Lafont, 1964.

W. KORNHAUSER, « Mass society », in *International Encyclopedia of the Social Sciences*, ed. D. L. Sills, New York, Macmillan, 1968, vol. 10.

G. LE BON, *La psychologie des foules*, Paris, PUF, 1963.

P. LEGENDRE, *Paroles poétiques échappées du texte*, Paris, Seuil, 1982.

C. LEVI-STRAUSS, *Anthropologie structurale*, Paris, Plon, 1958.

G. LIPOVETSKY, *L'empire de l'éphémère*, Paris, Gallimard, 1987.

H. MARCUSE, *L'homme unidimensionnel*, Paris, Minuit, 1968.

E. MORIN, *Les stars*, Paris, Seuil, 1972.

E. MORIN, *L'homme et la mort*, Paris, Seuil, 1976.

S. MOSCOVICI, *L'âge des foules*, Paris, Complexe, 1991.

D. RIESMANN, *La foule solitaire*, Paris, Arthaud, 1971.

M. ROBERT, *D'Oedipe à Moïse*, Paris, Calmann-Levy, 1974.

G. SCHMIT, *La notion du politique*, Paris, Calmann-Levy.

L. SFEZ, *Critique de la communication*, Paris, Seuil, 1988.

J. STOETZEL, *La psychologie sociale*, Paris, Flammarion, 1963.

P. VIRILIO, *L'art du moteur*, Paris, Galilée, 1993.

TABLE
DES MATIERES

INTRODUCTION 9
PREMIERE PARTIE : L'EVENEMENTIEL : LA PREMIERE CATEGORISATION 37
I. Le système de production de sens 41
I.1. Le journal prend le relais de la parole divine 43
I.2. La masse, donnée de base de la modernité et des médias 49
I.3. Le journal de masse, un système de production de sens 58
II. L'événementiel : une épistémologie primaire 61
II.1. Au début de la chaîne : les agences 63
II.2. L'événement : un cadre mental 65
II.3. L'événementiel : un premier prélèvement 66
III. Analyse morphologique du corpus : le champ événementiel est une attente d'événements 71
III.1. Les quotidiens nationaux : un découpage temporel 73
III.2. Les quotidiens régionaux : pour un néoarchaïsme 77
III.3. Les magazines d'information générale : un champ thématique truffé de morceaux d'événements 80
IV. Analyse sémiologique des titres 85
IV.1. L'événementiel du journalisme de masse : une catégorisation par intensité, extension et symbolique 87
IV.2. L'événementiel de chaque journal : un effet de « dominance » et de « culminance » 90
IV.2.1. Le Figaro : ce dont il faut parler selon un honnête homme 92
IV.2.2. Libération : l'événement dans sa force perturbatrice 94
IV.2.3. Le Monde : l'institutionnel et le diplomatique 95
IV.2.4. Le Parisien : le factuel et le fait divers 98
IV.2.5. Ouest-France et La Voix du Nord : le jeu des solidarités locales 100
IV.2.6. L'Express et Le Nouvel Observateur : harceler sur un thème choisi 103
IV.2.7. Paris-Match : le rose, le noir et l'image interdite 105
V. Analyse de l'annonce proclamatoire de l'événement : ancrage du journal dans son épistémologie primaire 107
V.1. La chute du Mur de Berlin : l'émotion d'abord 111
V.2. La chute de Ceausescu : un sublime fortement symbolique 114
VI. Analyse sémiologique du message iconique : un fonds commun et des hiérarchisations multiples 119
VI.1. Album : mort et vie du mur 123

VI.2. Les photos roumaines : le dictateur absent, présent, obsédant 136
DEUXIEME PARTIE : LE SENSATIONNEL ET LA NORMALITE DE L'INFORMATION : DRAMATISATION ET VRAISEMBLABLE 147
I. Du terrorisme et du sensationnalisme 149
I.1. De la prise de pouvoir à la prise de parole 151
I.2. Presse-terrorisme : un rapport de couple 155
I.3. Le sensationnalisme, principe fondateur du journalisme de masse 158
I.4. ... Et rituel régulateur dans les sociétés industrielles modernes 162
II. Le sensationnalisme se structure en catégories 165
II.1. La rupture, porte ouverte sur l'extraordinaire, le caché et l'anomique 167
II.2. Le conflit : au cœur du social et du sensationnel 169
II.3. La violence sensationnelle : culture de la peur et apologie de la sécurité 170
II.4. La mort : une angoisse cachée inéchangeable 174
III. Le sensationnalisme est la valeur de base à la bourse de l'information 179
III.1. Fusion de l'informatif et du sensationnel 187
III.2. Les bonnes nouvelles sont les mauvaises 189
III.3. Caractériser l'attente du destinataire 190
IV. Catharsis, déni, représailles ou l'exploitation journalistique du terrorisme 195
IV.1. L'annonce de l'événement : une déréalisation par l'hypervisibilité 198
IV.2. Le message iconique : forte implication et effet d'ellipse 200
IV.3. Le discours sur l'événement : face à l'irrationalité du phénomène, le rationalisme de l'auteur 201
IV.4. Le sensationnalisme du sens large au sens précis 202
V. De la normalité dans l'information 205
V.1. Redondance et autocensure pour un effet de banalisation 208
V.2. Cadrage pour un effet médiatique 209
VI. Du vraisemblable : la parole laïque porteuse de sens et de pouvoir 211
VII. Le vraisemblable est la normalité de l'information 221
VII.1. Le champ événementiel est une constante 224
VII.2. La normalité de l'information est événementielle et sensationnelle 228

VII.3. L'annonce de l'événement : l'émotion toujours privilégiée 230
VII.4. Le message iconique : pauvreté tautologique 234
VIII. Les rubriques : la grille du sens 239
IX. Le système événementiel du journalisme de masse 247
CONCLUSION 253
BIBLIOGRAPHIE 263

L'Harmattan

au carrefour des cultures

SOCIOLOGIE

AGACHE Christine	*Les identités professionnelles et leur transformation. Le cas de la sidérurgie. (Coll. Logiques Sociales), 1993, 264p........*
AROCENA José	*Le développement par l'initiative locale. Le cas français (Coll. Logiques sociales), 228p..*
AUBERT France	*Variations sociologiques. En hommage de P.Ansart, 1992, 319p..*
BAGLA-GOKALP Lusin	*Entre terre et machine. Industrialisation et travail des femmes. (Coll. Logiques sociales), 1993, 239p.......................*
BARON G.-L.	*Informatique, communication et société. (Sous la direction de G.-L. Baron, F. Paoletti, R. Raynaud), 1993, 210p.............*
BAROUCH G. CHAVAS H.	*Où va la modernisation? Dix années de modernisation de l'administration d'Etat en France. (Coll. Logiques Sociales), 1993, 283p..*
BAROUCH Michel	*La décision en miettes, système de pensée et d'action à l'oeuvre dans les milieux naturels. Préf.de M.Crozier, 240p........*
BARRAU Annick	*Humaniser la mort. Est-ce ainsi que les hommes meurent? (Coll. Logiques Sociales), 1993, 186p.................................*
BARRAU Annick	*Socio-économie de la mort. De la prévoyance aux fleurs du cimetière. (Coll. Logiques Sociales), 1992, 176p...................*
BARREYRE Jean-Yves	*Les loubards. Une approche anthropologique. (Coll. Logiques Sociales), 1992, 117p...*
* BAUDELOT Ch.& MAUGER	*Jeunesses populaires. Les générations de la crise (Coll. Logiques Sociales), 1994, 384p..*
BAUDOUX C.& ZAIDMAN C.	*Egalité entre les sexes. Mixté et démocratie. (Coll. Logiques Sociales), 1992, 300p..*
BENGHOZI Pierre-Jean	*Le cinéma entre l'art et l'argent, 204p...............................*
BES M.P. (coord.)	*L'information face au changement technique. Une approche multidisciplinaire. Dossier coord.par M.P.Bes, J.L.Leboulch, 1993, 223p..*
BIHR Alain	*Entre bourgeoisie et prolétariat. L'encadrement capitaliste (Coll. Logiques Sociales), 418p..*
BINST Marianne	*Du mandarin au manager hospitalier (Coll Logiques Sociales),....*

BIZEUL Daniel	*Civiliser ou bannir, les nomades dans la société française (Coll. Logiques Sociales), 270p*........
BIZEUL Daniel	*Nomades en France. Proximités et clivages. (Coll. Logiques Sociales), 1993, 286p*........
BLANC M. & LE BARS S.	*Les minorités dans la cité. Perspectives comparatives. (Coll. Logiques Sociales), 1993, 214p*........
BLANC M. et autres	*Pour une sociologie de la transaction sociale. (Coll. Logiques sociales), 1992, 294p*........
• BLANC M. et autres	*Vie quotidienne et démocratie. Pour une sociologie de la transaction sociale (suite) (Coll. Logiques Sociales), 1994,*........
• BOURGOIN Nicolas	*Le suicide en prison (Coll. Logiques Sociales), 1994, 270p*........
BOUSQUET Gilles	*Apogée de déclin de la modernité. Regards sur les années 60. Préf.de M.Maffesoli, 1993, 266p*........
BOUTINET Jean-Pierre	*Du discours à l'action : les sciences sociales s'interrogent sur elles-mêmes, 304p*........
BOYER Henri	*Langues en conflit. Etudes sociolinguistiques, 1991, 274p*........
BOYER Henri	*Le langage en spectacle. Une approche sociopragmatique., 1991, 150p*........
BREBANT Brigitte	*La pauvreté, un destin ? (Coll. Logiques Sociales), 184p*........
BRUNE François	*Les médias pensent comme moi, 1993, 173p*........
CALOGIROU Claire	*Sauver son honneur. Rapports sociaux en milieu urbain défavorisé (Coll. Logiques Sociales), 150p*........
CARO Guy (ss dir.)	*De l'alcoolisme au bien boire. T1. (Coll.Logiques Sociales)*........
CARO Guy (ss dir.)	*De l'alcoolisme au bien boire. T2. Préf.d'E.Morin, 418p*........
CARRETEIRO T. Cristina	*Exclusion sociale et construction de l'identité. (Coll. Santé, Sociétés et Cultures), 1993, 270p*........
CASTEL R.& LAE J-F.	*Le revenu minimum d'insertion. Une dette sociale. (Coll. Logiques Sociales), 1992, 232p*........
CENTRE DE SOCIOLOGIE	*Ces réseaux que la raison ignore. (Centre de Sociologie de l'Innovation). (Coll. Logiques Sociales), 1992, 246p*........
CHAPUIS Robert	*L'alcool, un mode d'adaptation sociale?, 224p*........
CHAUVENET Antoinette	*La protection de l'enfance. Une pratique ambiguë. (Coll. Logiques Sociales), 1992, 210p*........
CHAUVIERE & GODBOUT	*Les usagers entre marché et citoyenneté. (Coll. Logiques Sociales), 1992, 332p*........
CHESNEL Marc	*Pour un espace de loisirs différent, 1993, 248p*........
CHOMBART DE LAWE	*Culture. Action des groupes dominés. Rapport à l'espace et développement local, 320p*........
CHOMBART DE LAWE	*La banlieue aujourd'hui (Coll. Changements), 320p*........
CHOMBART DE LAWE	*La culture et le pouvoir (Coll. Changement), 304p*........
• CHRISTEN-GUEISSAZ E.	*Miroir social, estime de soi au temps de la retraite (Coll. Logiques Sociales), 1994, 254p*........
CMVV Equipe Recherche	*Valeurs et changements sociaux. Préface de L.V.Thomas. (Coll. Logiques Sociales), 1993, 158p*........
• COENEN-HUTHER Josette	*La mémoire familiale (Coll. Logiques Sociales), 1994, 268p*........
• COSTES Laurence	*L'étranger sous terre? Commerçants et vendeurs à la sauvette du métro parisien (Coll. Logiques Soc.), 1994, 186p*........
COUSIN & MORFIN	*Aspirations religieuses des jeunes lycéens, 172p*........
CREZE F.	*Repartir travailler. La réinsertion professionnelle des femmes (Coll. Logiques Sociales), 192p*........
Collectif	*Chronique d'une passion. Le mouvement de libération des Femmes à Lyon (Coll. Logiques Sociales)*........
• Collectif	*Jeunes en révolte et changement social (Coll. Logiques Sociales), 1994, 196p*........
Collectif	*Le projet. Un défi nécessaire face à une société sans projet, 1993, 425p*........
Collectif	*Le travail et sa sociologie (Coll. Logiques Sociales), 304p*........
• Collectif	*Les hommes, leurs espaces et leurs aspirations. Hommage à Paul-Henry Chombart De Lauwe, 1994, 480p*........
Collectif (Paris-X)	*Organisation et management en question(s), 228p*........

Achevé d'imprimer le 19 décembre 1995
sur les presses de Dominique Guéniot,
imprimeur à Langres

Dépôt légal : décembre 1995 - N° d'imprimeur : 2577